JOSEF SUDBRACK

TRUNKEN VOM HELL-LICHTEN DUNKEL DES ABSOLUTEN

JOSEF SUDBRACK

TRUNKEN VOM HELL-LICHTEN DUNKEL DES ABSOLUTEN

DIONYSIOS DER AREOPAGITE UND DIE POESIE DER GOTTESERFAHRUNG

JOHANNES

Umschlagbild:
«Wurzel Jesse» (Ausschnitt)
Kirchenfenster der Kathedrale von Saint-Denis, XII. Jhdt.

Druck: Offizin Chr. Scheufele, Stuttgart
ISBN 3 89411 367 7

INHALT

HINFÜHRUNG

Verschiedenes hat sich diese Arbeit vorgenommen:

– Vor allem will sie in einen der bedeutendsten Texte der abendländischen Geistesgeschichte einführen, in das Werk des Ps. Dionysios, genannt auch der Areopagite. Nicht nur in der christlichen Theologie und Mystik nimmt er einen herausragenden Platz ein; heute wird er im Gespräch der Religionen immer wichtiger. Doch in der griechischen Originalsprache ist der Text nur Spezialisten zugängig, was sich in mangelhaften Übersetzungen und mißverstehenden Deutungen niederschlägt. Hier werden die Texte in der genauen Wörtlichkeit zitiert, mit der die Verantwortlichen der kritischen Ausgabe des «Corpus Dionysiacum» sie übertragen haben. Doch um die schwierigen Ausführungen einem breiteren Leserkreis zugängig zu machen, werden sie in Auszügen, neuen Zusammenhängen und – wenn sinnvoll – typographisch aufgelockert dargeboten.

– In der Mitte aber steht das Buch der «Theologia Mystika», die das Werk des Dionysios krönt und seinen Einfluß begründet. Sie wurde unverkürzt neu übersetzt. Dabei zeigte sich, daß gerade in einer strengen Wörtlichkeit die poetische Gestalt des griechischen Originals zum Vorschein kommt. Schon darin wird das Anliegen der negativen, «apophatischen» Theologie des Dionysios sichtbar: Man könne von Gott eher sagen, was er nicht ist, als was er ist – und selbst dieses negative Nicht-

Sagen, Nicht-Erkennen müsse man loslassen, um sich Gott zu öffnen. – Ähnlich will doch auch die Poesie (Kunst, Symbol) das rational-sachliche Alltagsreden übersteigen, um das eigentlich-Gemeinte aufscheinen zu lassen.

– Dies führte zum Nachsinnen über das Sprechen, Denken und Erfahren von Gott. Das oft verkannte Anliegen der «Mystik» wurde wichtig; das Paradox, Gott in «vermittelter Unmittelbarkeit» (K. Rahner) zu erfahren, gewann an Sinn. «Gott an hat ein Gewand» nennt es Hölderlin. Bei Dionysios sammelt sich dies ein im Nachdenken über «Schönheit». Das Ästhetische, die Poesie ist kein Nebenweg zum Religiösen, sondern erfließt aus dem Versuch, Göttliches, Unendliches in «profaner, endlicher» Sprache zu sagen; es gilt doch, die «Gestalt des Gestaltlosen» zu erfahren.

– Um aber nicht vom konkreten, wenn auch «apophatisch-negativen» Erfahren und Sprechen über Gott in die Abstraktion abzugleiten, stehen neben der «Theologia Mystika» des Dionysios andere poetische Texte der Jahrhunderte – vom mythischen Ursprung bis zur Moderne. Ihre Vielfalt und Unterschiedlichkeit zeigt: Das Göttliche ist jenseits allen Begreifens und reicht doch in das menschliche Begreifen und Erfahren hinein, ja bestimmt und prägt das Mühen des Menschen um Sinn, um das Absolute, um Gott.

– Ob hiermit nicht der (christlichen) Theologie eine (die) zentrale Aufgabe gestellt ist? Ob das Religionsgespräch nicht auf dieser Basis aufruhen muß, besonders auch das Gespräch mit der modernen Religiosität? Ob im rechten Begreifen des Dionysios nicht die Werte sichtbar werden, die ein Leben erst lebenswert machen? Ob überhaupt die menschliche Existenz erst von hierher zu verstehen und zu beurteilen ist? Solche Fragen werden zusammengehalten von dem vor-religiösen Anliegen: Welchen Grad an Realität haben Symbol und Bild, hat die poetische Form, hat der künstlerische Inhalt?

– Eines ist dabei wichtig: Dieses Fragen darf (kann) man nicht in unbeteiligter Distanz angehen. Man muß das eigene Engagement, die eigene Weltsicht mit einbringen. Das mindert keineswegs die Verantwortung vor der Wahrheit sondern stellt sie auf die rechte, menschliche Basis. Mehr noch als jede runde Weltbegegnung läßt sich die Gottesbegegnung nicht in Naturwissenschaft und Rationalität auflösen; aber sie muß sich – wie Popper zeigt – empirisch und rational «falsifizieren» lassen. Dies aber geschieht insbesondere: Im Gespräch mit anderen Weltsichten: Ob der christliche Glaube ihren Anfragen Stand hält? Und mehr noch: Ob er der Erfahrungstiefe der «Seele» entspricht? Dionysios stellte sich dem im Blick auf den Neuplatonismus.

Drei Bemerkungen sind anzufügen:
– Fast mit jedem Abschnitt wurde dem Autor bewußt, daß er damit einen «neuen» Fragebereich berührt, aber nicht in gemäßer Sorgfalt monographisch behandeln kann. Besonders bedauerlich ist dies zum Thema: Religion und Poesie. Was der Literatur- und Kulturwissenschaftler George Steiner in seinem Aufsehen erregenden Buch: «Von realer Gegenwart», 1989/90 (161), aufgrund der Analyse von Dichtung und Poesie schrieb,

> – Eine auf Korrespondenz, Entzifferbarkeit und Wahrheitswerte gegründete Semantik und Poetik ... ist strenggenommen untrennbar vom Postulat einer theologisch-metaphysischen Transzendenz –

muß auch in umgekehrter Richtung bedacht werden: Braucht nicht der genuine Umgang mit der Transzendenz – Steiner spricht von Gott, sein Mitverfasser Botho Strauß vom Christentum – poetisch-ästhetische Kategorien, um dem Thema gerecht zu werden? Doch die breite Thematik des Buches forderte Einschränkungen. Auch mein schwindendes Augenlicht behinderte oft die sorgfältigere Auseinandersetzung.

Überhaupt ist das Buch eher als ein «Gespräch» mit den Zeichen der Zeit (II. Vatikanum) und wichtigen Autoren zu verstehen, denn als die systematische Abhandlung (abgesehen vom Thema: Dionysios). Daher kommen Wiederholungen und Verweise auf andere Publikationen, die ich der Thematik widmete.

– Besonders die Auseinandersetzung mit den «Erfahrungen des Bösen», mit dem «Abgrund Gott» verlangt heute einen verschärften Blick, wie es K.-J. Kuschel unter diesen Überschriften aus der Perspektive heutiger Dichtung heraus versucht (Im Spiegel der Dichter, 1997). Es spricht für die menschliche Kompetenz der «Theologia Mystika», daß sie die Fenster dorthin weit öffnet.

– Die Theologie des Dionysios wird aktuell gerade für den Menschen von heute. Muß nicht auch im inter-religiösen Gespräch das christliche Bekenntnis zur Wahrheit der Dogmen sich bewußt bleiben, daß zwischen der (notwendigen!) «Formulierung» und der «gemeinten Sache» stets die Differenz zum «je-größeren» Gott bleibt? Dionysios schuf deshalb die sich übersteigernde «negative» Theologie, in der selbst die Negation überschritten wird.

Es verwundert wahrhaftig nicht, daß die Bücher dieses, ansonsten unbekannt gebliebenen Theologen, das «Corpus Dionysiacum», einen solch hohen Rang in der christlichen und abendländischen Geistesgeschichte und weit darüber hinaus erlangt und bis heute behalten haben.

(Das Manuskript wurde, außer kleinen Nachträgen, 1999 abgeschlossen).

ERSTER TEIL

DIE POETISCHE MYSTIK DES AREOPAGITEN DIONYSIOS

Es ist wohl einmalig in der Geistesgeschichte, daß ein unbekannt gebliebener Autor mit wenigen, schwer verständlichen Schriften für eine ganze Kultur maßgebend wurde, für die Kultur des christlichen Abendlandes. Doch die Zeugnisse über ihn sind einstimmig. Nicht nur Hans Urs von Balthasar[1] verehrt ihn, den sogenannten Ps. Dionysios (um 500) als Gipfel christlicher Mystik und Theologie. Auch Kurt Flasch[2], der ihn als Fälscher brandmarkt, anerkennt seine Bedeutung. Doch um seine historische Rolle recht einzuschätzen, ist zu wissen, daß er kein Einzelgänger ist, sondern einer breitgefächerten, frühchristlichen Mentalität Stimme gibt. Wie ein Seebecken sammelt er Einflüsse der Tradition und gibt sie in neuer Gestalt an die Geschichte weiter. Dort fließen sie zum einen im intellektuell-theologischen Flußbett als «Negative Theologie» weiter; d.h.: nämlich vom Letzten, Umfassenden, Absoluten, von Gott ist besser zu sagen, was er nicht ist, als was er ist. Das andere Flußbett heißt modern «Mystik»[3]: daß im Tiefengrund

[1] Herrlichkeit. Eine theologische Ästhetik II, Einsiedeln 1962 (^{3}1984), 145-214. Das Essai hat vorliegende Arbeit weitgehend beeinflußt.

[2] «Die Entlarvung des Pseudo-Dionysius Areopagita ist ein wissenschaftliches Unikum»; in: FAZ 1962, Nr 33, Sonntagsbeilage: Strahl des göttlichen Dunkels.

[3] Das vorchristlich kaum gebrauchte Adjektiv «mystisch» bekam im Christentum eine Schlüsselstellung für das Verständnis von Schrift und Sakrament;

der Welt das Absolute erfahren und zugleich jedes Erkennen und Erfahren überstiegen wird. Dionysios prägte für beides das Wort: «Theologia Mystika».

Mit der Vorstellung seines Werkes ist ein Drittes[4] hervorzuheben: Die poetische Gestalt seiner «Mystischen Theologie», was von seinem Denken und Erfahren nicht zu trennen ist. Das führt zur Grundfrage: Bekommt nicht jedes Sprechen vom Absoluten, von Gott poetische Züge, sobald es sich vom Sandkastenspiel reiner Logik löst und auf den Boden des Erfahrens und existentiellen Suchens tritt? Christoph Jamme[5] nennt als Philosophiehistoriker den Grund. In umfassender Analyse des modernen Denkens zeigt seine Untersuchung: «Gott an hat ein Gewand» (ein sprechendes Hölderlinzitat!):

> Die Lebenswelt ist symbolisch strukturiert, weshalb Symbolisierung ein Grundbedürfnis des Menschen ist.

Das aber besagt zugleich auch:

> Eine definitive Weltdeutung ist nicht (mehr) möglich; möglich sind aber symbolische Weltdeutungen.

wurde dann besonders mit Dionysios zum Erfahrungsbegriff: Die Substantiva «Mystiker-(in)» und «Mystik» entstanden erst im Schulbetrieb des 17. Jhts. Das pantheisierende und auf Innerlichkeit beschränkte Verständnis, das in der Religionswissenschaft vorherrscht, erwuchs in der Schule Hegels: K. Rosenkranz mit der Prägung «Deutsche Mystik». Dazu mein Buch: Gottes Geist ist konkret. Spiritualität im christlichen Kontext, Würzburg 1999.

4 J. Vanneste, Le Mystère de Dieu, essai sur la structure rationelle de la doctrine mystique du pseudo Denys l'Aréopagite, (o.O.) 1959, bringt eine satzrhythmische Übersetzung. E. v. Ivánka, Dionysius Areopagita, Von den Namen zum Unnennbaren, Einsiedeln ²1981 (Freiburg ³1990), versucht sprachlich dem Ästhetischen zu entsprechen. K. Ruh, Geschichte der abendländischen Mystik, München, I, 50, erwähnt die poetische Form negativ: «stilistischer Überschwall». (I. Die Grundlegung durch die Kirchenväter und die Mönchstheologie des 12. Jhts., 1990; II. Frauenmystik und Franziskanische Mystik der Frühzeit, 1991; III. Die Mystik des deutschen Predigerordens und ihre Grundlegung durch die Hochscholastik, 1996; IV. Die niederländische Mystik des 14. bis 16. Jhts., 1999). Diese Blindheit erstaunt, da doch die Quelle des Dionysios, die Theologie des Proklos, hymnisch ist. Vgl. W. Beierwaltes, Proklos. Grundzüge seiner Metaphysik, Frankfurt ²1979, z.B. 327.

5 Grenzen und Perspektiven philosophischer Mythos-Theorien der Gegenwart, Frankfurt 1991, 300f; als Taschenbuch: Suhrkamp W 1433, 1999.

Doch Jamme betont: Dieser «mythopoetische» Zugang zur Welt ist nicht «irrational»:

> Ist doch auch die Kunst, bzw. die ästhetische Erfahrung eine Form von Rationalität und Erkenntnis, allerdings eine Vernunft, die sich auf «Anschauung» bezieht.

Mir sprangen diese Zusammenhänge in die Augen, als ich die fast unverständlichen Übersetzungen[6] der «Theologia Mystika» dem Essai gegenüberstellte, das von Balthasar ihrem Autor als einem Zeugen der «Theologischen Ästhetik», als einem Fächer-Blatt im «Fächer der Stile» widmete. Er sei der

> ästhetischste aller christlichen Theologen ... sein durchaus ästhetisch bestimmtes Weltbild wird neben Augustin zur zweiten Säule der abendländischen Theologie... (Die) ganze Theologie ist für ihn ein einziger Akt heiliger Liturgie. In ihr (spielen) die Kategorien des Ästhetischen und der Kunst eine entscheidende Rolle.

Beim Übersetzen der «Theologia Mystika» erlebte ich es selbst: Erst die poetische Gestalt bringt den Text zum Klingen. Gerade sie gibt auch philologisch exakt das Original wieder. Es ist nämlich ein satz-rhythmischer Text, dessen dynamische, sich mit «un-» und «Über-» ins Paradoxe übersteigende Wortreihungen zum persönlichen Nachvollzug einladen.

So sollte man den Hymnus, den die «Theologia Mystika» auf die Gotteserfahrung anstimmt, zunächst als Kunstwerk «genießen», sich in seine Poesie einspüren. Das öffnet den Erfahrungsraum für das ganze Werk des Dionysios.

[6] A.M. Ritter, (Anm. 7) XII, kritisiert an J.G.V. Engelhardts verdienstvollem Versuch von 1823 die sklavische, oft den Sinn verfehlende Wörtlichkeit. Die Übersetzung W. Tritschs von 1956 aber sei «ein abschreckendes Beispiel dafür ..., wie sich Text-‹Buchstabe› und Übersetzer-‹Geist› auf keinen Fall voneinander entfernen dürfen». Das Balthasar-Zitat (Anm. 1) 15. 171.

I. Die «Theologia Mystika»[7]

DIONYSIOS DER AREOPAGITE
ÜBER DIE MYSTISCHE THEOLOGIE
An Timotheus[8]

Kap. I: Was das göttliche Dunkel ist

(1) «DREIFALTIGKEIT[9],
überwesenhaft
und übergöttlich
und übergut,
Bewahrerin der Gottesweisheit[10] der Christen,
führe uns auf den
überunerkennbaren
und überhellen
und höchsten
Gipfel der mystischen Worte[11].
Dort sind verborgen
die einfachen

[7] Die «Theologia Mystika» (= TM) wurde neu übersetzt. Ansonsten wird – außer einigen Texten nach von Balthasar – die zuverlässige Neuübersetzung aus der Bibliothek der griechischen Literatur, Stuttgart, zitiert. Sie wurde erstellt nach der kritischen Ausgabe des Corpus Dionysiacum (I. u. II. Berlin 1990/1991): G. Heil, Über die himmlische Hierarchie, Über die kirchliche Hierarchie, 1986 (= CH, EH); B.R. Suchla, Die Namen Gottes, 1988 (= DN); A.M. Ritter, Über die Mystische Theologie und Briefe, 1994 (= TM, meine Übersetzung). Das Sachmaterial stammt, wenn nicht anders angemerkt, aus diesen Arbeiten.

[8] Mit der Nennung des Paulusschülers Timotheus will Dionysios seinen Ps. Anspruch rechtfertigen.

[9] Griechisch: TRIAS, Dreiheit.

[10] Griechisch: THEOSOPHIA; Dionysios übernimmt den neuplatonisch-gnostisch gefärbten Begriff ohne Bedenken.

[11] Griechisch: MYSTIKA LOGIA, die Worte der Heiligen Schrift.
a) MYSTIKOS, 34mal bei Dionysios, besonders in TM; das Wort erhält durch ihn über den geläufigen Bibel-hermeneutischen und sakramentalen Sinn hinaus die Bedeutung des sich ins Nicht-Erkennen übersteigenden Erkennens.
b) LOGIA, schon platonisch ein Orakelspruch, also eine Offenbarung.

und unverhüllten
und unwandelbaren
Geheimnisse der Gotteswissenschaft[12];
– gemäß dem überlichten Dunkel des Schweigens,
das in seiner äußersten Finsternis
das Überhellste überstrahlt
und im ganz und gar Unfaßbaren
und Unüberschaubaren
die augenlosen Geister[13] übererfüllt,
mehr als der überschönste Glanz.»
DAS SEI MEIN GEBET[14]!
Du aber, o lieber Timotheus,
mühe dich ernsthaft um die mystische Schau:
Laß die Sinneswahrnehmungen
und Verstandesbemühungen
und alles Sinnenhafte
und Geistige
und alles Nichtseiende
und Seiende,
und spanne dich erkenntnislos aus
hin zum Geeintwerden – soweit möglich –
mit DEM,
DER alles Sein
und Erkennen übersteigt.
Durch das
– im Freiwerden und Ablösen von allem geschehende –
Hinaustreten[15] aus dir
wirst du
in Reinheit alles von dir abtuend
und von allem gelöst

[12] Griechisch: THEOLOGIA.
[13] Wohl nach Proklos: Das Paradox des Geistigen.
[14] Schon Platon kennt einen betenden Beginn.
[15] Griechisch: EK-STASIS, Aus-Sich-Heraus-Stehen, -Treten; schon vorher gebraucht für die ekstatischen Phänomene der Mysterienreligionen.

hinangehoben
zum überwesentlichen Strahl des göttlichen Dunkels.

(2) Sieh zu,
daß kein Uneingeweihter[16] dies hört;
jene meine ich,
die in den seienden Dingen befangen sind
und die sich einbilden,
über das Seiende hinaus
existiere nichts in überwesentlicher Weise,
sondern glauben,
durch Wissen DEN zu erkennen,
DER «das Dunkel zu seiner Hülle» (Ps 18,12) gemacht hat.
Wenn aber die göttlichen Einweihungen[17]
schon diese übersteigen,
was ist dann von jenen zu halten,
die noch weniger eingeweiht[18] sind,
die den alles überschreitenden Urgrund
sogar danach bestimmen,
was im Bereich des Seienden das Niederste ist,
und sagen,
daß nichts
die von ihnen gebildeten,
gottlosen und vielfältigen
Gestalten
übersteige;
wobei wir doch IHM, dem Urgrund,
zugleich zu-
und wieder ab-weisen müssen,
was von allem zu sagen ist,

[16] Das geistige Verständnis der Arkandisziplin als Aussondern von Uneingeweihten findet sich auch bei Platon. Hier gilt sie metaphysisch-spirituell für die, die den Hinweis der Welt auf Gott mißverstehen.

[17] Griechisch: MYSTAGOGIA, Hinführung ins Mysterium.

[18] Griechisch: A-MYSTOI, nicht so sehr modern: ohne Erfahrung, sondern: ohne Bezug zum Mysterium.

und es IHM
hinwiederum in höherem Maße
zu-zu-weisen haben;
da ER über allem
überseiend ist,
und man doch nicht glauben darf,
daß die Bejahungen den Verneinungen[19] widersprächen;
sondern daß ER
ohne jegliches Entbehren
über allem steht,
sowohl den Verneinten
wie den Behaupteten[20].

(3) Deshalb sagt der göttliche Bartholomäus[21],
daß die Gotteswissenschaft
sowohl umfangreich sei
wie auch ganz schmal,
und das Evangelium
sowohl weit und groß
wie zugleich ganz knapp in sich gesammelt[22].
Mir scheint er wunderbar begriffen zu haben:
Die gütige Allursache ist
sowohl viel-aussagbar
wie wortkarg auszusprechen
und zugleich unaussagbar;

[19] Griechisch: KATA-PHASIS, gegen APO-PHASIS, s. 25ff.

[20] Vgl. die Schlußphrase von TM.

[21] Eine apokryphe Schrift oder nur zur Fiktion apostolischer Herkunft wie (Anm. 8) erwähnt.

[22] Das biblische Wort als «Verbum abbreviatum», «abgekürztes, komprimiertes Wort» enthält in seiner Kürze Gottes Fülle, so wie in Christus, dem menschgewordenen Wort Gottes Unendlichkeit lebt. Dazu H. de Lubac zusammenfassend: L'Écriture dans la Tradition, Paris 1966 (deutsch: Typologie, Allegorie, Geistiger Sinn, Freiburg 1999, 204-217); grundgelegt in Exégèse médiévale. Les quatre sens de l'Écriture, Paris, 4 Bde. 1959-1964. Hier in Anlehnung an Röm 9,28 u. Jes 10,23 Vulgata: «Das Wort wird der Herr ausführen auf der Erde, indem er es vollendet und zugleich einschränkt.»

  da IHR kein Wort
    und keine Denkvorstellung entspricht.
Denn überwesentlich
  steht ER über allem,
und nur denen zeigt ER sich
  unverhüllt
  und in Wahrheit,
die hindurchschreiten
  durch das Reine
    und Unreine,
die hinüberschreiten
  über jeden Aufstieg aller heiligen Gipfel[23],
die hinter sich lassen
  alle göttlichen Lichter
  und Klänge
  und himmlischen Worte,
und die ins Dunkel (Ex 20,21; 19,9) eindringen,
  wo – wie die Schriften[24] sagen –
    DER in Wahrheit ist,
    DER jenseits von allem ist.
Denn nicht ohne Grund ist es,
  daß dem göttlichen Mose[25] zunächst befohlen wird,
    sich zu reinigen
    und dann von den Nicht-Gereinigten sich abzusondern;
  und daß er
      nach der Ganzreinigung
    die vielstimmigen Trompeten hört
    und die vielen Lichter (Ex 19,16; 20,18) sieht,
      die reine und vielfältige Strahlen aussenden;

[23] Nach A.M. Ritter wohl die himmlischen Hierarchien; im Hintergrund steht aber der Aufstieg des Mose auf Sinai.

[24] Wie in (Anm. 11) die Heilige Schrift.

[25] Insbesondere Gregor von Nyssa (nach K. Rahner und J. Daniélou durch eben diese allegorische Theologie der Vater der christlichen Mystik) hat nach älteren Vorbildern, insbesondere Origenes, eine mystische Lebenslehre nach dem Leben des Mose entworfen.

daß er dann
von den vielen abgesondert wird
und mit den auserwählten Priestern (Ex 19,22) hinaneilt
auf die Höhe der geistlichen Aufstiege;
und daß er auch dort
nicht Gott begegnet,
IHN auch nicht sieht
– denn ER ist unanschaubar –,
sondern nur den Ort[26],
wo ER ist (Ex 20,21; 24,9-11; 33,21).
Das aber bedeutet – meine ich –,
daß das Göttlichste
und Höchste
unter dem Anschaubaren
und Denkbaren
nur andeutende Wortzusammenstellung für das ist,
was immer noch unter DEM steht,
DER dies überragt.
Daran zeigt sich – jenseits von allem Begreifen –
seine Gegenwart,
die dahinschreitet
über den Höhen seiner geheiligten Orte,
wohin sich unser Geist emporzuschwingen vermag.
Und dann befreit er (Mose) sich
von allem Sichtbaren
und Sehenden
und versinkt
in das Dunkel,
das in Wahrheit mystisch ist;
alles Wißbare hinter sich lassend
und eingehüllt
in das ganz Unfaßbare
und Unsichtbare;

„Wolke des Nicht-Wissens"

[26] Die byzantinische Theologie kennt eine Theologie des Ortes Gottes, da Gott selbst jenseits aller Erfahrung ist.

ganz DEM,
DER jenseits von allem ist,
zu eigen
und doch niemandem zu eigen,
weder sich selbst
noch einem anderen;
geeint dem völlig Unerkennbaren
in höherer Weise
durch das Leersein aller Erkenntnisfähigkeit
übergeistig erkennend dadurch,
daß er nichts erkennt.

Kap. II: Wie man vereint sein
und Hymnen darbringen soll dem, der
der Grund von allem und über allem ist

Demgemäß bitten wir
in diesem überleuchtenden Dunkel zu weilen
und durch Unsehen und Unerkennen
zu sehen und zu erkennen,
was über Sehen und Erkennen hinaus
das Nicht-Sehen und Nicht-Erkennen ist
– das nämlich ist das wahre Sehen und Erkennen –,
und dem Überwesenhaften
auf überwesenhafte Weise
Hymnen darzubringen,
indem wir IHM alles Seiende absprechen
– wie die Bildhauer[27] das im Stein verborgene
Standbild dadurch formen, daß sie alles weghauen,
was den reinen Anblick der verborgenen Figur
verstellt, und durch das bloße Weghauen die in ihm
selbst verborgene Schönheit aufleuchten lassen –.

[27] Nach Platons Bildungsideal; hier typischerweise in prosaischer Sprache.

Es ist geziemend – glaube ich –,
die Verneinungen
in gegenläufiger Weise zu den Bejahungen
hymnisch zu besingen.
Bei letzteren nämlich begannen[28] wir,
mit dem Höchsten
durch das Mittlere hindurch
bis zum Untersten hinabsteigend.
Hier aber machen wir Aufstiege
vom Untersten
bis zum Aller-Anfänglichsten,
alles beiseite lassend,
um in unverhüllter Weise
jenes Nicht-Erkennen zu erkennen,
das von allem,
was uns an jeglichem Seienden wißbar ist,
nur verhüllt wird,
und um jenes überwesenhafte Dunkel zu sehen,
das durch alles Licht der seienden Dinge
verborgen wird.

Kap. III: Von welcher Art die bejahenden und die verneinenden[29] Theologien sind

In den **«Umrissen der Theologie»**[30] haben wir
die Grundsätze der bejahenden Theologie
hymnisch besungen:
Inwiefern die göttliche und gute Natur
«eins»-seiend genannt wird,
inwiefern «dreifaltig»-seiend.

[28] So wohl in der fiktiven (?) «Symbolischen Theologie» (Anm. 32. 41), während die TM den Aufstieg beim Sinnenhaften beginnt.
[29] Kata- und apo-phatisch (Anm. 19).
[30] Eine der wohl fiktiven Schriften (Anm. 41).

Was inbezug auf sie Vaterschaft und Sohnschaft besagen,
was die Gottesaussage des Geistes[31] bedeutet.
Wie die dem Guten herzinneren Lichter entsprungen sind
aus dem unstofflichen und unteilbaren Guten
und doch – in IHM und in sich und ineinander –
in der ewigen Ruhe des Entspringens bleiben.
Wie der überwesentliche Jesus
in der Wahrheit menschlicher Natur seiend wurde.
Und was auch alles von dem nach den Schriften
Ausgedrückten in den «Umrissen der Theologie»
hymnisch zu besingen ist.

Im **«Buch der göttlichen Namen»**:
Wie Er gut genannt wird,
wie Sein,
wie Leben und Weisheit und Macht,
und welche anderen Gottesbezeichnungen
im geistigen Bereich es auch gibt.

In der **«Symbolischen Theologie»**[32]:
Welches die von den Sinnendingen
auf Göttliches übertragenen Bezeichnungen,
welches die göttlichen Formen,
welches die göttlichen Gestalten und Teile und Organe,
welches die göttlichen Orte und Kleinodien,
welches die Leidenschaften,
welches die Traurigkeiten und Zornesausbrüche,
welches die Trunkenheiten und Unmäßigkeiten,
welches die Schwüre und
welches die Verwünschungen,
von welcher Art der Schlaf und das Erwachen,
und wie viele andere heilig-gestalteten Formen
an symbolischen Gottesnachbildungen es auch gibt.

[31] Vielleicht auf damalige Kontroversen um den Hl. Geist bezogen.
[32] Wohl fiktiv (Anm. 41).

Und du – so glaube ich – hast begriffen,
warum die letzteren viel wortreicher sich darstellen
als die ersteren.
Notwendigerweise sind die «Umrisse der Theologie»
weniger wortreich als die «Symbolische Theologie».
Denn je mehr wir zu Höherem emporsteigen,
desto abgekürzter[33] werden die Worte
im Sinnkreis des Geistigen.
Und so werden wir **jetzt**,
wenn wir uns über den Geist hinaus
ins Dunkel hineinversenken,
nicht Wortknappheit finden,
sondern ganz und gar Unwortbarkeit und Undenkbarkeit.
In jenem nämlich stieg das Wort
vom Höchsten zum Letzten hinab,
und weitete sich in entsprechender Fülle
nach dem Maße des Abstiegs.
Jetzt aber, vom Untersten zum Höheren aufsteigend,
verdichtet es sich im Maße des Aufstiegs
und wird ganz und gar geeint mit dem Unaussprechbaren.
Warum – so fragst du wohl –
beginnen wir mit dem Höchsten,
wenn wir die positiven Gottesaussagen,
und mit dem Letzten,
wenn wir die verneinenden Gottesaussagen setzen?
Weil beim Sagen dessen,
was über alle Aussage hinaus liegt,
es nötig ist,
die positiven Aussagen dort anzusetzen,
wo sie IHM am nächsten kommen;
weil beim Negieren auf DEN hin,
DER über allen negativen Aussagen ist,

[33] S. Anm. 22. Die symbolische Ausdeutung der vielen geschaffenen Wirklichkeiten erfordert mehr Platz als die Darstellung des «Göttlichen» in sich, wie es die TM versucht.

bei dem anzusetzen ist,
was am weitesten von IHM entfernt ist.
Oder ist ER
nicht mehr Leben und Güte
als Luft und Stein,
und nicht mehr einer,
der nicht-«trunken» und nicht-«ekstatisch-rasend» ist,
als einer,
der nicht-«sagbar» und nicht-«denkbar» ist?[34]

Kap. IV: Daß der alles Sinnenhafte überragende Urgrund in keiner Weise zum Sinnenhaften gehört

Wir sagen also,
daß der Urgrund von allem, der über allem ist,
weder seinslos ist,
noch ohne Leben,
noch vernuftlos,
noch geistlos;
weder ein Körper ist,
noch eine Gestalt,
noch eine Form,
noch ein So-Beschaffen-Sein,
noch ein So-Groß-Sein,
noch ein So-Schwer-Sein besitzt;
weder im Raum ist,
noch gesehen wird;
weder Tastsinn hat,
noch wahrnimmt,
noch wahrnehmbar ist;

[34] Die subtile, wenn auch nicht unbedingt einleuchtende Hermeneutik der positiven und negativen Sprechweise über das Göttliche zeigt, wie bewußt Dionysios sich der Kühnheit seines Unterfangens ist.

weder Unordnung hat,
noch Verwirrung
von leiblichen Leidenschaften bedrängt;
weder kraftlos,
noch Sinnenhaftem unterworfen,
weder des Lichtes bedürftig ist.
Und Veränderung,
oder Verderbnis,
oder Teilung,
oder Mangel,
oder Zerfließen,
oder irgendetwas von Sinnenhaftem
ist ER weder,
noch hat ER es.

Kap. V: Daß der alles Geistige überragende Urgrund in keiner Weise zum Geistigen gehört

Weiter emporsteigend sagen wir,
daß ER
weder Seele ist,
noch Geist;
weder Vorstellung,
noch Meinung,
noch Sagen,
noch Denken hat;
weder Wort ist,
noch Gedanke;
weder gesagt wird,
noch gedacht;
weder Zahl ist,
noch Ordnung;
weder Grösse,
noch Kleinheit;

weder Gleichheit[35],
noch Ungleichheit;
weder Ähnlichkeit,
noch Unähnlichkeit;
weder steht ER,
noch wird ER bewegt,
noch pflegt ER Ruhe;
weder hat ER Kraft,
noch ist ER Kraft;
weder ist ER Licht,
nocht lebt ER,
noch ist ER Leben;
weder ist ER Sein,
noch Ewigkeit,
noch Zeit;
weder ist ER geistig zu berühren,
noch mit verstehender Einsicht;
weder ist ER die Wahrheit,
noch die Herrschaft,
noch die Weisheit;
weder ist ER eins,
noch die Einheit;
weder die Gottheit,
noch die Güte;
weder ist ER Geist – wie wir es verstehen –,
noch Sohnschaft,
noch Vaterschaft,
noch irgend etwas anderes,
was von uns
oder irgend jemand anderem unter den Seienden
zu erkennen ist;

[35] Mit «Reich der Ähnlichkeit-Unähnlichkeit, Gleichheit-Ungleichheit» wurden seit Platon über Augustinus bis ins Mittelalter hinein die himmlische und irdische Welt unterschieden.

weder gehört ER unter das Nicht-Seiende,
noch unter das Seiende;
weder erkennt etwas Seiendes IHN so, wie ER ist,
noch erkennt ER etwas Seiendes als Seiendes;
weder gibt es ein Wort von IHM,
noch einen Namen,
noch ein Wissen;
weder ist ER Dunkelheit,
noch Licht,
weder Irrtum,
noch Wahrheit.
Keine Bejahung überhaupt
und keine Verneinung mittels dessen,
was unter IHM liegt,
trifft IHN,
oder sagt etwas,
was ER nicht ist.
Denn ER ist über jeder Bejahung
als der völlig eines-seiende Urgrund von allem,
und über jeder Verneinung,
als die Erhabenheit des von allem völlig Gelösten,
die alles überragt.

II. Zum Verständnis des Textes

Man muß den Text in seiner Bild-Dynamik (Aufstieg auf den Berg), in seinen Reihungen, seinen Wortprägungen, seinen Negationen, besonders in seinen «über»- und «un»-Hyperbeln unmittelbar auf sich wirken lassen, muß ihn als poetischen Ausdruck einer Erfahrung mitvollziehen – dann erhalten auch die kontrovers diskutierten Hintergründe der dionysischen Mystik Aussagekraft.

Bewußt stellen wir ihn vor unter dem Stichwort «trunken». «Das trunkene Schiff» nannte Arthur Rimbaud (1854-1891) sein programmatisches Gedicht, dessen wilde, ekstatische Verse – entstanden in einem ebenso wilden Leben – nach Paul Zech[36] eine Revolution in der europäischen Dichtung auslösten: Surrealismus und Expressionismus wurden geboren. «Trunken» aber ist in allen Kulturen ein Stichwort für mystische Erfahrung. Die abendländische Tradition nennt das ekstatische Erleben des Absoluten «sobria ebrietas, nüchterne Trunkenheit»[37] – gleich ob die abrahamitische Überlieferung von Gott oder die sufitisch-islamische von Allah oder die orgiastische der Mysterienreligionen von Bacchos oder die neuplatonische vom «Hen» sprechen. Es ist auch kein Zufall, daß auf dem Weg zu dieser trunkenen Erfahrung Rauschmittel (Wein, der Gottespilz Peyote, Hanfrauchen im Islam, «Soma» im Hinduismus, sogar Sexualität im Tantrismus) und Körpertechniken (vom Yoga bis zum holotropen Atmen Stanislav Grofs, der als New-Age-Protagonist mit LSD anfing) wichtig sind. Daß diese Trunkenheit «nüchtern» sein muß, ist für die Ethik des Christentums selbstverständlich. Aber als Symbol – Wein, Rausch, Orgasmus – ist Trunkenheit eine Metapher für die Gipfelerfahrung der Gottesbegegnung. So weiß es die sinnenhafte Poesie des Kirchenlehrers Johannes vom Kreuz; so las man es schon im alttestamentlichen Hohenlied der Liebe (5,1):

> Trinke meinen Wein und die Milch,
> Freunde, eßt und trinkt,
> berauscht euch an der Liebe.

Ein frommer Mönch kommentiert dies im Sankt Trudperter Hohelied[38]:

[36] Rimbaud. Ein biographischer Essay und die szenische Ballade «Das trunkene Schiff», Berlin 1987; Rimbaud, J.A., Sämtliche Dichtungen des Jean Arthur Rimbaud, Dt. Nachdichtung von Paul Zech, München 1963 (Taschenbuch, Frankfurt 1990).

[37] H. Lewy, Sobria ebrietas. Untersuchungen zur Geschichte der antiken Mystik, Gießen 1929.

[38] Das St. Trudperter Hohelied. Eine Lehre der liebenden Gotteserkenntnis, hgg. und kommentiert von Fr. Ohly, Frankfurt 1998, zur Stelle.

> Die Gott so essen, sind seine Freunde. Die Trunkenen jedoch sind ihm noch lieber; denn das sind die, denen das Gute zur Gewohnheit wurde.

Dionysios überträgt diese Symbolik sogar auf Gott selbst (Brief IX,5):

> In unserem Sprachgebrauch hat ja Trunkenheit einen abschätzigen Sinn und bezeichnet eine unmäßige Überfüllung und ein Außersichgeraten des Verstandes und der Sinne. Von Gott ausgesagt darf aber unter Trunkenheit, in höherem Sinne, nichts anderes verstanden werden als die übervolle Unermeßlichkeit alles Guten, die in ihm als Ursache präexistiert. Aber auch das von Sinnen Sein, das der Trunkenheit zu folgen pflegt, muß, wenn es um Gott geht, im Sinne seiner alles Denken übersteigenden Transzendenz verstanden werden, kraft deren er erhaben ist über alles Denken, er, der sowohl Denken wie Gedachtwerden, ja das Sein selbst übersteigt. Mit einem Wort: Gott ist von allem, was es an Gutem gibt, zugleich «trunken» und ihm entzogen...
>
> Dies als Ausgangspunkt nehmend, werden wir in derselben Weise auch die Festmähler der Heiligen in der Gottesherrschaft verstehen. Es heißt ja, der König selbst werde erscheinen ... und «ihnen aufwarten» (Lk 12,37; Joh 13,1-17). Es zeigt das gewissermaßen eine gemeinsame und einträchtige Teilhabe der Heiligen an den Gütern Gottes.

So ist die «Mystische Theologie» des Dionysios «trunken» von der Teilhabe am Geheimnis Gottes; «trunken» in «ek-statischer» (sich übersteigender) Weise und nicht nur «enstatisch» (in sich verharrend)[39].

[39] Die Unterscheidung ek- und en-statisch (nach außen – nach innen) stammt wohl von Pierre Rousselot SJ, hat aber in der Geschichte der christlichen Mystik viele Vorbilder.

Das zeigt schon das narrative Grundmuster des Textes: Mose steigt auf den Gottesberg Sinai und begegnet auf dessen Gipfel Gott im Helldunkel der Wolke (Ex 20,21):

> Mose näherte sich der dunklen Wolke, in der Gott war.

Die Entfaltung dieses Vorübergangs Gottes (Ex 33,18-23)[40] wurde zum biblischen Ursymbol der Gotteserfahrung:

> Du wirst meinen Rücken sehen. Mein Angesicht kann niemand sehen.

Schon die Verklärung Jesu im Neuen Testament ist nach diesen Bildvorgaben komponiert. Als Petrus mit drei Hütten die Lichterfahrung festhalten will, ist sie entschwunden. Die Theologen der Väterzeit fanden im Mose-Aufstieg das Bild für den Weg des Menschen zu Gott. Mit Dionysios wurde es regelrecht kanonisch. Auch Luther beruft sich auf diese Szene und argumentiert gegen die katholische Theologie: Man könne Gott nur «von hinten» («posteriora Dei»), im Entschwinden sehen, ihn aber nicht durch «Werke» festhalten.

Dieses Bildfeld wurde zum Rahmen der totalen Transzendenz Gottes. Auch wenn Gott mystisch ins «helle» Diesseits der Erfahrung tritt, bleibt er zugleich im dunkeln «Jenseits» des Nichterkennens verborgen. Er begegnet nur im «Vorübergang». Deshalb schwelgt Dionysios in «über»- und «un»-Präfixen. Damit gibt er dem «Je-Anderen» und «Je-Größeren» der Gotteserfahrung worthafte Gestalt. Meister Eckhart mahnt: Man müsse den erfahrenen «Gott um Gottes willen lassen», Ignatius von Loyola feiert «die je-größere (mas) Ehre Gottes» und Augustinus weiß: «Wenn du begreifst, ist es nicht Gott.» Dies besingt der Hymnus der «Theologia Mystika» und

[40] In: Urchristliche Mystik. Neutestamentliche Studien, Darmstadt 1956, distanziert sich E. Lohmeyer vom religionsgeschichtlichen Begriff der «Mystik» (Anm. 3), aber entwirft unter dem sprechenden Titel: «Und Jesus ging vorüber» (57-79) ein Konzept von Mystik, das der Bibel, der christlichen Tradition und eben auch Dionysios entspricht – nach der Exegese Luthers zu Gen 33,23: Man kann Gott nur von hinten sehen.

unterstreicht schon von den ersten Versen an die radikale Transzendenz Gottes:

> DER, DER alles Sein und Erkennen übersteigt...
> über allem überseiend ist...
> sowohl den Verneinten wie den Behaupteten.

I) Der betende Beginn spannt den christlichen Rahmen und entwirft die Grunddynamik: Erfüllt-Werden vom Licht, das sich zugleich übersteigt ins überlichte Dunkel, ins Geheimnis Gottes; Erkennen im Nicht-Erkennen.
– (1) Deshalb die Mahnung, alles (auch sich selbst) hinter sich zu lassen, aus sich herauszutreten (wörtlich: Ek-Stase).
– (2) Die symbolische Auslegung der Arkandisziplin (Ausschluß der Uneingeweihten vom Gottesdienst) stellt den Text in eine kosmische Liturgie hinein. Man verfehlt das Göttliche, wenn man es in menschliches Erkennen und Erfahren bannt. Man materialisiert es damit zum Götzen.
– (3) Liturgie, Askese und Lehre von Gott, der zugleich einfach wie allumfassend ist, klingen zusammen auf das Ziel hin: Erkennen Gottes durch totales Nicht-Erkennen.

II) Nur ein liturgischer Hymnus wird dieser Wahrheit gerecht. Doch auch dies weniger bejahend (kataphatisch), als kenne man Gott, als verneinend (apophatisch): alles ablegend und deshalb aufsteigend! Gelangte nicht auch der menschgewordene Logos durch «Ab»-Steigen in den Tod zur «Auf»-Erstehung.

III) Die knappe Inhaltsangabe[41] des zum Teil fiktiven Gesamtwerks rechtfertigt noch einmal die apophatisch-verneinende Methode. Schon im Wortsinn von kata- und apo-(phatisch) klingt die Dynamik von Ab- und Aufstieg an: «Kata» – bejahend meint zugleich «hinab», «Apo» – verneinend aber «hinauf».

[41] Die Gesamtübersicht der überlieferten (fett gedruckten) und der von Dionysios nur erwähnten, wohl fiktiven (Anführungszeichen) Schriften orientiert

IV) Die erste apophatische Reinigung negiert daher alle dinghaften Aussagen von Gott; doch schon dies läßt – in subtilen Zwischentönen – erahnen, daß auch deren tiefere Wahrheit in Gott selbst zuhause ist.

V) Radikaler, blasphemisch klingend werden auch die geistigen Aussagen von Gott verneint, das Reden von Gottheit, Geist, Vaterschaft, Sein. Doch selbst diese negative Theologie muß nochmals überstiegen, negiert werden; denn auch sie bleibt zurück hinter der je-größeren Wahrheit des Ur-Grundes.

Ein solcher Text ist nicht analytisch von Einzelaussagen zu verstehen, sondern nur im dynamischen Zusammenklang des hymnischen Ganzen zu würdigen. Sein eigentlicher Platz ist der liturgische Vollzug.

III. Zur Geschichte der Schriften des Dionysios

a) Über den Autor

Die «Theologia Mystika» bildet den schmalen Höhepunkt der vier Bücher und zehn Briefe des Dionysios. Sein Werk ist als Einheit verfaßt – vielleicht entsprechend dem paulinischen Schrifttum, das nach dem syrischen Kanon ebenfalls vier grö-

sich an H.U. von Balthasar, der aber lieber von verloren gegangenen Schriften spricht.

GESAMTDARSTELLUNG
«Umriße der Theologie»

GOTT IN SICH
Mystische Theologie
Briefe 1 – 5

GOTT IN BEZUG ZUR WELT
Über die göttlichen Namen
Brief 4 u. 5 (Christologie)
«Symbolische Theologie»
«Über das gerechte und göttliche Gericht»

DIE GESCHAFFENE WELT
Himmlische Hierarchie
Kirchliche Hierarchie
Briefe (passim)
«Über die Seele»

LITURGIE ALS ORT DES VOLLZUGS
«Göttliche Hymnen»

ßere und zehn kleinere Briefe umfaßt. Nur innerhalb dieses Gesamtentwurfs ist die «Theologia Mystika» zu verstehen[42]. Ein syrischer Mönch hat sie um das Jahr 500 verfaßt[43]. Wir wissen kaum etwas von den weiteren Umständen. Einige apologetische Züge durchziehen das Werk: Gegen eine «nestorianische Trennungschristologie» (nach der hilfreichen Terminologie von A. Grillmeier: Gottheit und Menschheit Jesu werden in aristotelischer Logik scharf unterschieden) feiert Dionysios die Einheit beider Naturen in Christus. Sich darauf beziehend besingt er auch die Einheit des göttlichen Urprinzips mit der Schöpfung. Damit steht er in der Tradition der kappadozischen Kirchenväter des 4. Jahrhunderts (Basileios, Gregor von Nazianz, Gregor von Nyssa, Chrysostomos): Um Gottes Immanenz in der Schöpfung gegen pantheistisches Mißverstehen[44] zu schützen, wird zugleich das unfaßbare Geheimnis der Jenseitigkeit Gottes betont. Dionysios hat dies mit Hilfe des heidnischen Neuplatonismus Plotins und seines Schülers Proklos radikalisiert.

Mit dem Pseudo-Namen Dionysios (und einigen Andeutungen im Text) gibt er sich als Schüler des Apostels Paulus aus. Auch dieser lobte in seiner Areopagpredigt zu Athen (Apg 17) das Suchen der Heiden:

> Was ihr verehrt, ohne es zu kennen, das verkündige ich euch.

Damit akzeptierte auch er ihre «pantheistische» Gottesvorstellung:

[42] K. Ruh bricht zur Bestimmung des Mystikbegriffs die TM aus dem Gesamtwerk heraus (Anm. 47).

[43] Die Legende identifiziert drei Personen: Das von Paulus bekehrte Mitglied des Areopags; den Autor des Corpus Dionysiacum; einen legendären Märtyrerbischof von Paris, der nach seiner Enthauptung seinen Kopf vom Hinrichtungsplatz am Montmartre bis zur Grabesstelle im späteren St. Denis trug. Daß K. Flasch (Anm. 2) den Weingott Dionysos anfügt, ist eher Willkür.

[44] Das Wort «pantheistisch» wird im Folgenden oft ohne Differenzierung benutzt. Dabei sind wir uns bewußt, daß vieles, was dem Wortlaut nach «pantheistisch» klingt, durchaus Gott in seiner ansprechbaren «Du»-haftigkeit meint und sogar die christliche Gotteserfahrung vertiefen kann.

> In ihm leben wir, bewegen wir uns und sind wir. Wir sind von seiner Art.

Erst als Paulus auf Jesus, den Auferstandenen, die Erfüllung aller Sehnsucht zu sprechen kam, verließen ihn die Athener. Nur «Dionysios, der Areopagit» und einige andere folgten ihm. Seinen Namen übernimmt unser Autor. Diese Pseudepigraphie war damals nichts Ungewöhnliches oder gar Anrüchiges[45]. Schon einige Paulusbriefe sind Pseudoschriften, bewegen sich aber im paulinischen Geist.

Der Autor der dionysischen Schriften stellt sich mit seinem Namen bewußt in die Nachfolge der paulinischen Heidenpredigt. Es sei legitim und notwendig, die Weisheit der Heiden zu übernehmen. «Raub der Ägypter» nannten dies die Kirchenväter. Wie die Juden beim Auszug aus Äypten das Gold ihrer Herren solle man alles Wertvolle der Heiden ins Christentum übernehmen. Dionysios polemisiert tatsächlich gegen eine Tendenz der damaligen Reichs-Kirche, das Heidentum radikal zu verketzern. Sein neuplatonischer Gewährsmann, Proklos, war doch Leiter der philosophischen Akademie zu Athen, die Kaiser Justinian 519 auflöste. Im VI. und VII. Brief warnt Dionysios,

> eine Religion oder eine Anschauung, die Dein Mißfallen erregt, in den Schmutz zu ziehen... Widerlegst Du ... diesen einen, so wird der andere und danach ein Dritter über dieselbe Sache einen Streit anzetteln. Ist hingegen die wahre Lehre einmal in gehöriger Weise festgestellt worden und bleibt sie von den anderen allen unwiderlegt, so wird alles, was sich nicht in jeder Hinsicht genau so verhält, in sich selbst zusammenfallen vor dem, was unerschütterlichen Bestand hat: dem wesenhaften Wahren.

Dies ist sein Anliegen: «Die wahre Lehre in gehöriger Weise festzustellen». Er tut es im Dialog mit dem Neuplatonismus,

[45] Pseudepigraphie in der heidnischen und jüdisch-christlichen Antike, hgg. von N. Brox, Darmstadt 1977.

greift dessen philosophisches, «pantheistisch» genanntes Instrumentarium auf und integriert es christlich. Das steht in großer Tradition. Fast alle Kirchenväter sind neuplatonisch beeinflußt. Die große Ausnahme, Tertullian, fiel von der Großkirche ab zu einer fundamentalistischen Sekte! Erst im Mittelalter wurde die denkerische Grundlage des Neuplatonismus abgelöst durch die Philosophie des Aristoteles.

Muß das Christentum heute nicht in ähnlicher Weise – mit K. Rahner, H.U. von Balthasar, aber auch Kardinal Ratzinger – die sogenannte kopernikanische Wende Kants, das Denken von der Subjektivität her, übernehmen? Nicht die Legitimität des Anliegens steht zur Frage, sondern nur, ob es Dionysios (und uns heute!) gelingt, die christliche Botschaft im philosophischen Denken der Zeit ungebrochen auszuformulieren.

b) Die älteren Deutungen

Zweifelsohne verdanken die dionysischen Schriften ihren beispiellosen Erfolg dem biblischen Ps. Namen. Die feste («mystische») Speise, die Paulus seinen Korinthern (1 Kor 3,2; Heb 5,12-14) noch vorenthielt, habe sein Schüler Dionysios ihnen und uns dargereicht.

Doch auch die inhaltliche Qualität der Schriften ist Grund für ihren Erfolg. Das zeigt sich schon mit ihrem Eintritt in die Geschichte. Die Integration des neuplatonischen Denkens in die christliche Botschaft war damals verbunden mit der oben genannten christologischen Streitfrage. Im Gespräch zu Konstantinopel von 532 berief sich Bischof Severus ausdrücklich gegen die nestorianische Trennungschristologie auf Dionysios. Es ging um die Einheit der göttlichen und menschlichen Natur in Christus. Im Zusammenhang damit steht wahrscheinlich auch die Polemik des Dionysios im VIII. Brief gegen antihierarchische Tendenzen im Mönchtum, die implizit den «göttlichen» Charakter im Aufbau der kirchlichen Hierarchie vernachlässigten.

Anfangs gab es noch Zweifel an der Authentizität der Schriften. Doch mit den Scholien (Kommentare) des Johannes von Skythopolis (vor 550) und der Dionysios-Legende, daß er beim Tod Marias dabei war, fallen sie fast völlig weg. Die Schriften bekommen einen beinahe apostolischen Rang. Die Kirche der Orthodoxie reiht Dionysios um 800 in den Heiligenkalender ein. Auch für die westliche Kirche wird er Kronzeuge der Gotteserfahrung und prägt die gesamte Spiritualität. Das «Dictionnaire de Spiritualité»[46] belegt dies mit einer dicken Monographie. K. Ruh[47] streicht wie viele andere die Bedeutung der dionysischen «Negativen Theologie» für die Mystik heraus.

Erst im Humanismus kommen Zweifel an der Authentizität des Schrifttums auf. Martin Luther[48] lehnte es aus eher ideologischen Gründen (Pantheismusgefahr) in scharfer Weise ab:

> In seiner mystischen Theologie erweist er sich als höchst verderblich, indem er mehr als Platoniker denkt, denn als Christ. Christus kannst du dort so wenig kennen, daß du ihn vielmehr wieder vergißt, wenn du ihn bereits kennst. Ich rede aus Erfahrung.

Im reformatorischen Lager blieb die Stellungnahme zwiespältig. Die katholische Theologie verteidigte hartnäckig die Authentizität, bis 1895 zwei katholische Theologen[49] unabhängig voneinander bewiesen: Das «Corpus Dionysiacum» hänge vom Neuplatonismus des Proklos (†485) ab. Dessen

[46] Es zeigt den engen Horizont vieler deutschsprachiger Mystik- und Meditations-Veröffentlichungen, von diesem Standardwerk keine Notiz zu nehmen.

[47] (Anm. 4) Bd. III, 57: Die TM «wurde zum Grundbuch der Schultheologie, zumal der Dominikaner». Die Einengung von Mystik auf die negative Theologie der TM (I, 58. 60) zerreißt das Gesamtcorpus und damit die «ganze Spannung von Kataphatik (bejahend) und Apophatik (verneinend)», von Balthasar (Anm. 1) 182.

[48] De captivitate babylonica, WA 6, 1452.

[49] H. Koch, Proklos als Quelle des Ps. Dionysius Areopagita in der Lehre vom Bösen, Philologus 54, 1895, 438-454; J. Stiglmayr, Der Neuplatoniker Proklos als Vorlage des sogenannten Dionysios Areopagita in der Lehre vom Übel, Hist. Jahrb. 16, 1895, 721-748. (Vorher in einer Feldkirchener Festschrift).

Schrift «Über das Wesen der Übel»[50] gab den Ausschlag. Die Forschung bestätigte es.

c) Zur modernen Deutung

Der Abbau der Autorität des Dionysios war so radikal, daß H.U. von Balthasar[51] es nur bedauern konnte:

> Das kann die heutige zumal deutsche Gelehrtenwelt ihm nicht verzeihen; nachdem ihre Tankformationen verwüstend über seinen Garten gefahren waren, wuchs für sie dort kein Gras mehr; was übrigblieb, war das großgeschriebene PSEUDO-, von vielerlei Verächtlichmachung unterstrichen.

K. Flaschs[52] Essai in der FAZ stellt Dionysios als Betrüger hin, obgleich er anderswo[53] gerechter argumentiert. So schreibt er mit Hugo Ball, der im «Byzantinischen Christentum» Dionysios feiert[54]:

> Dieser Meister der Form und der hierarchischen Weihe diszipliniert die Exzesse des Mönchtums, um einen anderen Exzeß und eine höhere Ekstase zu lehren. Ball sieht

[50] Proklos untergliedert den plotinischen Weg deutlicher in (negative) hierarchische Stufen, die zu selbstständigen Seins-Wirklichkeiten werden (entsprechend den Hierarchien des Dionysios); s. 133ff.

[51] (Anm. 1) 147.

[52] (Anm. 2) «Polizeilich und meldetechnisch war der größte der Theologen (so Nikolaus von Kues) eine Vierpersonenperson, wenn nicht ein Hochstapler und Betrüger»; (Anm. 43).

[53] Sein Vortrag von Schwerte (13.12.1992): Cusanus und Dionysius, Nachdenken über die Unnennbarkeit Gottes, war mir nicht zugänglich. Vgl. in: Das philosophische Denken im Mittelalter. Von Augustin zu Machiavelli, Stuttgart 2000, 85-92: «Mit dieser Fiktion (Pseudo) spekulierte der Verfasser auf erhöhtes Prestige, was sich in Ost und West bald auch einstellte.»

[54] Zitiert nach P. Sloterdijk / T.H. Macho (Hgg.): Weltrevolution der Seele, Zürich 1993. Vgl. K. Flasch: Von der Kritik der Deutschen Intelligenz zu Dionysius Areopagita, in: Dionysius Dada Areopagita. Hugo Ball und die Kritik der Moderne, Hgg. B. Wacker, Paderborn 1996, 113-130. H. Ball widmete in: «Byzantinisches Christentum», Neuausg. Einsiedeln, dem Dionysios begeisterte Seiten.

> ihn als einen Philosophen des Priestertums. Es ist ein Priestertum, das auf Erleuchtung und gültige Selbstmitteilung gegründet ist, nicht auf Macht und Organisation.

Auch der sonst behutsame W. Haug[55] fällt ein kategorisches Verdikt über die Christlichkeit des Dionysios.

Konträr dazu steht das voluminöse Buch von G.-Kl. Kaltenbrunner: Dionysius vom Areopag. Das Unergründliche, die Engel und das Eine[56]. Ein Füllhorn von historischem Wissen und Unwissen wird ausgeschüttet, um mit leeren Hypothesen die Authentizität der dionysischen Schriften zu retten. Das Ganze dient dem fundamentalistischen Versuch, das Weltbild von Engelchören und archaisch-hierarchischem Kosmos zu retten. Kaltenbrunner spricht Dionysios an:

> Wie lächerlich mutet sich der Versuch gewisser bilderstürmerischer Pedanten an: Dich als «Betrüger» hinzustellen und Deinen erhabenen Namen als Versteck eines Heuchlers.

Als in hellenistische und ägyptische Esoterik Eingeweihter habe ihn Paulus in die christlichen Mysterien eingeführt. Seine Mysterienschriften, als Schatz eines Geheimbundes tradiert,

[55] Christus tenens medium in omnibus. Das Problem der menschlichen Eigenmächtigkeit im neuplatonischen Aufstiegskonzept und die Lösung Bonaventuras, in: Homo medietas, Festschrift für A.M. Haas, Bern 1999, 79-96.

[56] Zug 1996, 71. 37. Die 1385 Seiten wimmeln von interessanten Hinweisen, kommen aber auf dem Boden eines fundamentalistischen Katholizismus in die Nähe zur esoterischen Gnosis. Kaltenbrunner erfindet (454-531) ohne jede philologische Basis die Geschichte der «Überlieferung der Abgeschiedenen». Als Paulusschüler habe Dionysios «seine Lehre einem kleinen Kreis von Eingeweihten vorgetragen, in dem sie dann jahrhundertelang von Generation zu Generation an immer neue Adepten weitergegeben worden ist. Die Akademie des Paulus-Schülers Dionysios (war) ein ausgesprochen esoterischer Bund traditioneller Art. Er glich dem Orden der Pythagoräer. Erst in einer äußersten Notlage, als der Bestand der athenischen Esoteriker-Akademie durch schwerwiegende Gefährdungen bedroht war, entschlossen sich die verantworteten Lehrer zu dem vordem verpönten und für frevlerisch erachteten Schritt, das areopagitische Werk aufs Geratewohl zu veröffentlichen.»

seien «erst gegen Ende des fünften Jahrhunderts an die Öffentlichkeit» gelangt, um mit «apostolischer» Autorität gegen Irrlehren aufzutreten.

Indiskutabel sind andere Unternehmen wie das von Willigis Jäger[57], der mit Falschzitaten Dionysios in sein pantheistisches Weltbild einspannt.

Die Extrem-Deutungen dieser Nicht-Fachleute (!) basieren alle auf dem gleichen Unverständnis, daß nämlich die «Wahrheit der Poesie» entweder photographischer Abklatsch der Wirklichkeit oder Betrug sein müsse.

Das Urteil der Fachleute steht über solchen Deutungen. In seiner Übersetzung der «Mystischen Theologie» unterstreicht A.M. Ritter (1994) mit J. Vanneste (1959) die schlichte Christlichkeit der neuplatonischen Fassung:

> Ein christlich modifizierter neuplatonischer Aufriß, dem er einzelne christliche Elemente eingefaßt hat.

B.R. Suchla (1988), mit Ritter Herausgeberin und Kommentatorin der Werke des Dionysios, setzt den Akzent noch stärker auf das Christliche. Der evangelische Theologe W. Völker (1958) deutet Dionysios sogar konsequent aus christlicher Erfahrung heraus. P. Rorem (1984) ergänzt dies durch den Hinweis auf stilistische und liturgische Hintergründe. A. Louth bestärkt es noch einmal mit der gewaltigen Wirkungsgeschichte. Andere Forscher geben einer werk-immanenten Interpretation den Vorzug. So der emigrierte Russe Vl. Lossky (zusammenfassend 1963), der Franzose R. Roques (viele sorgfältige Schriften), der Deutsche B. Brons (1976), der Amerikaner B. McGinn synthetisierend in seiner Mystikgeschichte (I, 1994): Es sei eine gelungene Synthese der christlichen Botschaft mit neuplatonischer Philosophie.

[57] Geh den inneren Weg, hgg. von W. Jäger, Freiburg 1999 (Neuausstattung 2000), 26f. 98. Jäger nimmt die Autorität des Dionysios in Anspruch, ohne zu merken, daß kein Zitat echt ist, sondern alle nur mißdeutende moderne «Meditationen» sind.

Ausnahmslos alle aber loben den Essai H.U. von Balthasars, dem die Deutung E. von Ivánkas (1994) wohl am nächsten kommt. McGinn: «Die wohl bedeutendste zeitgenössische Würdigung»; Ritter (kritisch, aber doch): «schon sprachlich einer der Höhepunkte der holistischen Dionysios-Deutung». Selbst Flasch stimmt ironisch lächelnd in das Lob ein. So muß auffallen, daß von Balthasars methodischer Zugang vom ästhetischen Gesamtkonzept her kaum berücksichtigt wird.

IV. Der symbolische Ansatz und das Weltbild der Einheit und Schönheit

a) Einheit mit Gott – neuplatonisch und christlich

Die neuplatonische Weltsicht[58] schenkt Dionysios das Gespür für die «mystische» Einheit der Wirklichkeit. Vielheit und Unterschiede seien geborgen in einer größeren Einheit. Ästhetisch gleicht dies einem Kunstwerk, das in jedem einzelnen Element das Gesamtwerk aufleuchten läßt. (Die Holographie erreicht Entsprechendes.) Modern übersetzt: Welt und Geschichte, Glück und Tragik sind aus einem letzten Sinn (= Einheit) heraus zu würdigen. Das «Corpus Dionysiacum» kreist um diesen Sinn, diese Einheit. So beginnt das Buch «Über die himmlische Hierarchie» biblisch mit einem viel kommentierten Lobpreis der Einheit[59], integriert so neuplatonisches Denken ins Christentum.

«Jede gute Gabe
und jedes vollkommene Geschenk ist von oben,
kommt vom Vater der Lichter herab» (Jak 1,17).
Aber auch umgekehrt:

[58] Die Übersetzungen der Bibliothek der gr. Literatur (Anm. 7) listen die Parallelen zum (Neu-)Platonismus auf. W. Beierwaltes (Anm. 4) macht das gleiche von Proklos her.

[59] Die Himmlischen Hierarchien sind Urbilder der Kirchlichen Hierarchien.

Jedes Hervortreten
der vom Vater ausgehenden Lichtausstrahlung,
die uns als Gabe des Guten erreicht,
nimmt als einende Kraft
in der Orientierung nach oben
die Scheidung von uns weg
und führt uns zur Einheit des Vaters zurück,
der alles in sich versammelt,
und zur Ungeschiedenheit,
die Gott gleich macht.
Denn es heißt: «Aus ihm ist alles und auf ihn hin»,
wie das geheiligte Wort sagt (Röm 11,36).

Die Schöpfungsvielfalt offenbart den Reichtum ihres einen Ursprungs. Sie ist das bunte Lichtspektrum, das aus der einen Sonne hervorbricht. Der neuplatonisch verstandene Hervorgang der Welt aus dem «Einen» ist Bild der Schöpfung der Welt. Aus der Kraft dieses Ursprungs strebt alles wieder zurück zur Quelle, zur Sonne, zur Ur-Einheit, zum Vater, zur Gottgleichheit. Dionysios kreist um diese Rückkehr zur Einheit.

Anders gesagt: Alles hat einen Tiefengrund, in dem es erst wirklich das ist, was es sein soll, in dem es Sinn findet. Und dieser Grund ist Gott, der in allumgreifender schöpferischer Einheit sich dem Menschen zuneigt.

b) Einheit in Gott als Erkenntnisweg

Eine solche Sicht durchzog – wenn auch in unterschiedlicher Gestalt – die Weltanschauung des Abendlandes bis zum Realismus der Naturwissenschaften und zur Säkularisierung des Religiösen. Die moderne Anziehungskraft ostasiatischer und esoterischer Religiosität liegt nicht zuletzt darin, daß sie eine ähnliche Einheitsvorstellung von Gott und Welt verkündet. Eben dies hat Plotin, der Vater des Neuplatonismus, in bewunderungswürdiger Weise durchdacht – dies so großartig, daß nach H.U. von Balthasar keiner der großen nichtchristlichen Denker dem Christentum nähersteht als Plotin.

Der moderne Mensch kann zu diesem Weltbild Zugang finden über die entsprechende Auffassung von Gotteserkenntnis: Schönheit, Ordnung, Wahrheit der Schöpfung spiegeln ihren Schöpfer wieder, sie sind – im Gegensatz zum Chaos – von Einheit geformt. Es ist der klassische Weg der «Gottesbeweise»: Von «Ab-» zum «Ur-Bild»; neuplatonisch: vom «Vielen zum Einen». Noch der Spötter Voltaire[60] konnte schreiben:

> Wir beweisen die Wirklichkeit Gottes, indem wir die Augen aufmachen,

das Schöne, die Ordnung sehen. Viele Naturwissenschaftler denken heute ähnlich[61], wie schon Paulus schreibt (Röm 1,20):

> Seit der Erschaffung der Welt wird seine unsichtbare Wirklichkeit in den Werken der Schöpfung mit der Vernunft wahrgenommen, seine ewige Macht und Gottheit.

Dionysios zitiert dies im IV. Kapitel von «Die Namen Gottes», aber wehrt sich zugleich gegen die Identifikation des Welt- mit dem Gott-Schönen. Er beschreibt das Verhältnis der beiden Existenzweisen des Schönen als Ruf und Gerufenwerden. Damit legt er einen ethischen Auftrag in die Theologie des Schönen. Dazu benutzt er eine von Platon stammende Etymologie des griechischen Wortes für Schönheit (kallos); es hänge zusammen mit «rufen» (kalein).

> (Die überwesentliche Ursache) heißt ... Schönheit,
> weil sie allem Seienden auf eine jedem angemessene Weise
> Schönheit mitteilt,
> und weil sie
> als Ursache der guten Übereinstimmung
> und Herrlichkeit aller Dinge

60 Nach Kaltenbrunner (Anm. 56) 308.

61 S. «Der Spiegel» Nr. 52, 1998, 166: «Der erschöpfte Schöpfer»; vgl. (Anm. 67).

wie das Licht seine Schönheit verleihenden Mitteilungen
des quellenhaften Strahls in alle Wesen hineinblitzt,
alles zu sich ruft (kalein),
weshalb es auch Schönheit (kallos) genannt wird,
und alles in allem in ein und dasselbe zusammenführt.
(DN IV,7 umgestellt)

Es ist ein optimistisches Bild von der Welt als Kunstwerk, an der die Hand des Künstlers zu spüren ist. Moderne Künstler wie ein Franz Marc oder Vinzenz van Gogh sehen in ähnlicher Weise die Natur als Sichtbarwerden einer umfassenden Schönheit, von Einheit und Harmonie geprägt. Dionysios aber verdichtet das Bild biblisch. Auch dort ruft die Welt als Werk Gottes laut:

Die Himmel rühmen die Herrlichkeit Gottes...
Ein Tag sagt es dem anderen...
Die Botschaft geht durch die ganze Welt...
Die Sonne frohlockt wie ein Held. (Ps 19,1-7)

Darin lebt ein allegorisch-symbolisches Weltbild, wonach die Schöpfung von der Schönheit und Harmonie des Weltschöpfers kündet. De Lubac[62] kann hierzu Thomas von Aquin als einen der ungezählten christlichen Zeugen anführen:

Was von Gott erkannt werden kann, liegt auch den Heiden durch ihre natürliche Vernunft offen: Gott hat es nämlich offenbart durch das Vernunftlicht und durch die Geschöpfe, denen er Sein schenkte.

Nur auf dem Hintergrund dieses Weltbildes ist Dionysios verständlich.

[62] Über die Wege Gottes, Freiburg 1958 (Neuausgabe 1992: Auf den Wegen Gottes), 227; vgl. 277: «Nicht nur in der alten Tradition, sondern auch bei den großen Theologen des 13. Jahrhunderts und insbesondere beim heiligen Thomas vermittelt die Symbolik neben der ‹Wissenschaft› ständig die Zugänge religiöser Einsicht.» Das Material dazu in Exégèse médiévale (Anm. 22). In Deutschland hat sich (neben von Balthasar) besonders der Germanist Fr. Ohly um die allegorisch-symbolische Überlieferung gekümmert.

c) Einheit in Gott als Seinswahrheit

Für ihn aber gründet das Verhältnis von Urbild/Gott und Abbild/Welt im Sein. Die Welt ist nicht nur ein Bild von Gottes Schönheit, sondern seinshaft diese Schönheit selbst. Platons Lehre, die Plotin systematisierte, weiß von ontologischer Selbigkeit. Im Abbild wird das «geistige» Urbild «materiell» konkret. Es fällt zwar vom ursprünglichen Reichtum ab, dünnt die in sich gesammelte, «geistige Fülle» gleichsam zur «materiellen» Vielfalt aus, ist – nach Platons Höhlengleichnis – nur «Schatten» der ursprünglich dichten Seins-Wahrheit. Doch der religiöse Mensch erspürt auch darin – wie der Künstler im Bild – die Seins-Harmonie des Ganzen: Für den Christen zeigt sich es als Hoffnung, die Paulus in der Apotheose der Auferstehungserfahrung schildert:

> Dann wird Gott alles in allem sein. (1 Kor 15,28, die Einheitsübersetzung verfälscht «sein» zum machohaften: dann wird Gott «herrschen».)

Licht ist das beste Bild für diese Weltsicht und ist für Dionysios (wie für die Bibel) mehr als nur Bild. So ist die Sonne als Quelle eins mit ihren Ausstrahlungen und zugleich von ihnen unterschieden; denn diese sind dünner, weniger «lichthaft». Das Schlußkapitel der «Himmlischen Hierarchie» (XV,2) schildert diese Einheit und Verschiedenheit des Lichts im Bild des Feuers, das – im Wesen unsichtbar, ungreifbar – «plötzlich» (ein mystisches Fachwort) in der Materialität der Dinge aufflammet (Übersetzung H.U. von Balthasar, 184f):

> Die heiligen Gottaussager beschreiben in der Tat vielfach
> die überseiende und gestaltlose Wesenheit
> unter Bildern des Feuers,
> weil dieses, wenn solche Sage verstattet ist,
> von der urgöttlichen Eigentümlichkeit
> viele Abbilder darbietet.
> Denn das sinnliche Feuer ist sozusagen in allem

und leuchtet unvermischt durch alles hindurch,
indem es zugleich von allem getrennt bleibt;
während es allstrahlend ist,
ist es doch zugleich wie geheim,
an und für sich unerkennbar,
wenn kein Brennstoff vorliegt,
an dem es seine eigentümliche Kraft offenbaren mag.
Es ist unbezwingbar und nicht festzubannen,
selbstherrlich allen Dingen gegenüber
und verwandelt alles, dem es inne wird,
in das eigene Wesen und Wirken hinein.
Es teilt sich jedem mit,
das sich ihm, auf welche Weise immer, nähert;
es belebt und verjüngt
durch seine lebenspendende Wärme,
erleuchtet durch seine nicht zu hemmenden Strahlungen,
ist unbesiegt, unvermengt,
kritisch zertrennend, unveränderlich,
nach oben strebend, scharf zupackend,
hochfahrend und keiner Kriecherei zugänglich,
immerbeweglich, selbstbeweglich,
Fremdes bewegend,
allumgreifend, doch selbst unumgriffen,
keines anderen bedürftig,
im Verborgenen sich selber vermehrend,
an den es aufnehmenden Stoffen
seine eigene Gewaltigkeit zeigend,
unternehmerisch, schaffensmächtig,
allem unsichtbar anwesend,
scheinbar nicht-seiend, wenn man nicht darauf achtet,
aber unter dem Reiben, das wie ein Suchen nach ihm ist,
plötzlich (exaiphnês) als das Einwohnende
und doch seinem eigenen Wesen Gehorchende
aufblitzend, und dann wieder ungreifbar entfliegend,
und in allen seinen allseligen
Selbstverschenkungen ungemindert.

Und noch viele andere Eigenschaften des Feuers
könnte man finden,
die ein anschauliches Bild
für die urgöttliche Seinskraft ergäben.

Feuer (das «Göttliche») ist die geheime Energie, die überall sichtbar wird, wo es warm, hell, lebendig ist, und der all dies das Leben verdankt. Aber es selbst ist mehr und umfassender und dichter und anders als dies alles, worin es lebt und wohinein es sich im wörtlichen Sinn «äußert». Feuer ist Gleichnis für den letzten Urgrund. Der vorsokratische Philosoph Herakleitos[63] sah tatsächlich im Feuer die Kraft des Weltprozesses:

Alles ist Austausch des Feuers und das Feuer Austausch von allem.

Auch für Johannes vom Kreuz ist Feuer ein zentrales Bild seiner Mystik. Die Philosophie spricht vom «Sein», das jedes Ding zum «Seienden» macht, wie das Feuer allem Lichthaften sein Licht schenkt.

Unser Text zeigt, daß die Sprache des Dionysios, sobald sie sich diesem Ursprung nähert, fast von selbst poetische Kraft gewinnt und dem Hymnus der «Theologia Mystika» näherkommt.

Seine dynamischen Einheitsaussagen aber sind nicht nur platonisches Erbe, sondern haben biblische Grundlagen. Auf einige entsprechende Einheitsaussagen des Neuen Testamentes sei kurz hingewiesen:

Das «Licht» des Wortes, durch «das alles geworden ist» (Joh 1).

Der «Geist» Gottes, in dem der «ganze Kosmos seufzt und sich nach Gott sehnt», und in dem der Mensch als «Erstlingsgabe» durch sein Seufzen den Kosmos hin zu Gott trägt (Röm 8,22-28).

63 W. Capelle, Die Vorsokratiker, Stuttgart 1968, 52f.

> Der Geist wird enthüllen, daß «Gott alles in allem ist» (1 Kor 15,28).

Gewiß, in der neuplatonischen Denkform des Dionysios klingt vieles anders. Sie verlegt den Akzent, den die Bibel eher auf den Endpunkt der Geschichte setzt, wo «Gott alles in allem» sein wird, zeitlos in die Erfahrung der Gegenwart. Sie schaut in die Höhe, daß Gott jetzt schon alles in allem ist, und nicht so sehr in die Zukunft der Hoffnung. Doch auch die Gegenwartserfahrung ist biblisch fundiert. Der Kolosserbrief (1,16) feiert im «Jetzt»

> (daß) alles durch Christus und auf ihn hin geschaffen ist.

«Der Geist des Herrn erfüllt den Erdkreis», heißt es im Buch der Weisheit, und er, der alles zusammenhält, kennt jeden Laut. (1,7)

d) Die Vielfalt des Schönen – die Bücher von der «Himmlischen und Kirchlichen Hierarchie»

Dem Leser von heute, der zu Dionysios greift, bereitet das allegorisch-symbolische Weltbild wohl weniger Schwierigkeit als das streng-hierarchische Denken. Das Substantiv «Hierarchie» ist tatsächlich eine Neubildung des Dionysios. Der Beginn der «Kirchlichen Hierarchie» umschreibt seine umfassende Bedeutung für die Einheit der von Gott stammenden Wirklichkeit:

> «Hierarchie» insgesamt ist – nach der verehrungswürdigen Autorität unserer geheiligten Überlieferung – die Gesamtbezeichnung für alle vorhandenen geheiligten Akte (und Erkenntnisvorgänge), die allgemeinste Zusammenfassung der geheiligten Akte in dieser oder jener speziellen Hierarchie. Die Hierarchie bei uns ist demgemäß und wird definiert als die Tätigkeit, die alles umfaßt, was an geheiligten Akten in ihrem Bereich vorkommt... Das Prinzip dieser Hierarchie ist die «Quelle des Lebens» (vgl. Jer 2,13), das Sein der Güte, die eine Ursache dessen, was ist, Dreiheit,

> aus der das Sein und das Gut-Sein (vgl. Gn 1,31) allem Seienden aus Güte zukommt.

Hierarchie meint die Ordnung der Wirklichkeit, die als «Schönheit» sichtbar ist, als «Gutheit» zum Tun auffordert, als «Wahrheit» Verstehen schenkt, als «Heiligkeit» zu verehren ist. Sie hat ihren seinshaften Grund im Ursprung von Allem, im dreieinen göttlichen Leben. Hiervon ist die «Theologia Mystika» trunken. Der Schluß der «Kirchlichen Hierarchie» faßt zusammen:

> So groß und so schön, mein Sohn, sind die vom Einen bestimmten Anschauungen von der Hierarchie bei uns, die vor mein inneres Auge getreten sind.
>
> Auch Dir werden, wie ich glaube, in jedem Fall noch mehr weithin leuchtende und göttlichere Schönheiten einleuchten, wenn Du das Gesagte als Sprossen einer Leiter zu höherem Licht benutzt.

Die Hierarchie stellt die Sprossen der Leiter zum Urschönen dar. Die Vielheit der Dinge strahlt deshalb zugleich «Einheit» aus, weil sie in hierarchischer Ordnung lebt. Besonders wenn Dionysios den «Frieden» besingt, wird die Verknüpfung der Vielheit zur Einheit durch die Ordnungs-Kraft des Ur-Einen faßbar. Der moderne Mensch kann hier die Faszination des Hierarchischen nachempfinden. Das Viele, Unterschiedliche verknüpft sich zur «Friedens»-Einheit in hierarchischer Ordnung. Nach Dionysios ist Friede Ausstrahlung von Seins-Hierarchie; Gottes Einheit ist zugleich ihr Grund wie ihr Gipfel (DN XI,2):

> Man muß zunächst in der Tat auch behaupten,
> daß er der Schöpfer des Friedens an sich,
> des gesamten Friedens
> sowie jedes einzelnen Friedens ist
> und daß er alles in jener unvermischten Einung
> miteinander verbindet,
> gemäß welcher alles ungeteilt

und zusammenhängend
geeint ist
und dennoch zugleich
in der für einen jeden
charakteristischen Beschaffenheit
unversehrt besteht,
weil es nicht durch Mischung
mit dem Entgegengesetzten entstellt wird,
aber auch nicht etwas
von seiner einenden Klarheit
und Reinheit verliert...
Die Gesamtheit des vollkommenen Friedens reicht freilich
aufgrund der sehr einfachen
und unvermischten Gegenwart
ihrer einsmachenden Kraft
bis zu allem Seienden,
weil sie alles eint,
die äußersten Enden durch die mittleren verknüpft,
so daß das Mittlere mit dem Äußeren
in einer einzigen naturgemäßen Freundschaft
miteinander verbunden ist,
die Teilnahme an sich
auch den entlegensten Enden
des Universums schenkt,
durch die Einheiten, Identitäten,
Einungen und Sammlungen
alles miteinander verwandt macht,
während der göttliche Friede natürlich ungeteilt verharrt,
in einem einzigen alles begreiflich macht,
alles durcheilt
und dennoch aus seiner charakteristischen Identität
nicht heraustritt...

«Hierarchie» ist nach Dionysios das Strukturprinzip, aus dem heraus die bunte Vielfalt des Wirklichen unterschiedlich bleibend dennoch – in hierarchischer Abhängigkeit – zusammenklingt zur Einheit des Schönen, Wahren, Guten, zur Friedensgestalt des Seins.

In seiner Untersuchung «Zum Wandel der Sozialgestalt der Kirche» zeigt der Soziologe M.N. Ebertz[64], wie sehr gerade der «hierarchische» Zug des Schönen Barockbauten und feierliche Riten dem modernen Menschen anziehend macht.

(1) Was die **«Himmlische Hierarchie»** anbetrifft, darf man es dem Historiker überlassen, den neun Engelchören in ihren Stufen und Abhängigkeiten nachzugehen. Nur fundamentalistische Engstirnigkeit oder gnostische Neugierde kann darin ein glattes Abbild der Wirklichkeit suchen und so die dionysische Schau auf esoterische Eindeutigkeit reduzieren. Die Engelchöre, die sich in dreimaliger Dreiheit nach dem trinitarischen Urprinzip gliedern, spiegeln das Staunen vor der kosmischen Ordnung, das auch Immanuel Kant[65] bewegte:

> Zwei Dinge erfüllen das Gemüt mit immer neuer und zunehmender Bewunderung und Ehrfurcht, je öfter und anhaltender sich das Nachdenken damit beschäftigt: der bestirnte Himmel über mir und das moralische Gesetz in mir.

Nach seiner «Grundlegung der Metaphysik der Sitten» führt beides, die «Ansehung der Natur» und die «Absicht der Freiheit»

> auf absolute Notwendigkeit irgend einer obersten Ursache der Welt ... eines vernünftigen Wesens als solchen.

Viele Naturwissenschaftler von heute werden in ihrer Forschung von ähnlichem Staunen geleitet. Albert Einstein[66] schrieb kategorisch:

[64] Erosion der Gnadenanstalt. Zum Wandel der Sozialgestalt von Kirche, Frankfurt 1998, 31ff.

[65] Werkausgabe VII, Frankfurt ^{6}1982 (^{11}1991), 300. 101.

[66] Zitiert nach Kaltenbrunner (Anm. 56) 135.

> Ohne den Glauben an die innere Harmonie dieser Welt könnte es keine Naturwissenschaft geben.

Paul Davies[67] faßt diese Mentalität moderner Naturwissenschaft zusammen:

> Es (gibt) unter Naturwissenschaftlern ein wachsendes Bewußtsein der Bedeutung der Hierarchie in den Strukturen der Natur.

In der Engelhierarchie (III,2) schreibt Dionysios recht ähnlich:

> Wer das Wort «Hierarchie» ausspricht, bezeichnet ganz allgemein eine Art von geheiligter Gliederung, Abbild der Schönheit des Gottesprinzips, welche in hierarchisch gegliederten Ordnungen und Wissenschaften die Mysterien der ihr eigenen Erleuchtung begeht und sich an das ihr eigene Prinzip angleicht, so weit es ihr zusteht.

Der Kommentator G. Heil meint dazu:

> Die Schönheit ist sozusagen die Entelechie des hierarchischen Lebens.

Diese Schönheit der zur Einheit geordneten Hierarchie ist Grund für das Staunen Kants vor dem bestirnten Himmel, das viele Wissenschaftler beseelt, die in ihrer Forschung den Geheimnissen der Natur nachgehen.

(2) In der **«Kirchlichen Hierarchie»** legt Dionysios die in Gott gründenden himmlischen Strukturen auf die Struktur der Kirche um, setzt sie in der kirchlichen Ordnung fort. Auch hier wecken die hierarchischen Gliederungen der kirchlichen Stän-

[67] Gott und die moderne Physik, München 1986, 289. Vgl. H. Muschalek, Gottbekenntnisse moderner Naturforscher, Berlin ^{4}1964. Auch H.-P. Dürr, Das Netz des Physikers. Naturwissenschaftliche Erkenntnis in der Verantwortung, München-Wien 1988; J. Polkinghorne, An Gott glauben im Zeitalter der Naturwissenschaften. Die Theologie eines Physikers, Gütersloh 2000, formt daraus eine «theologische» Physik und «physikalische» Theologie; vgl. (Anm. 61).

de – stets im Dreier-Schema – beim heutigen Leser kaum mehr als historisches Interesse: In aktiver Funktion: Bischof, Priester, Diakon; passiv: Mönche, Volk, Katechumenen (die noch vor der Tür der Taufe stehen). Aber was als Sinn der sakramentalen Riten beschrieben wird (es sind wiederum drei zentrale): Sichtbar-, Erfahrbar-Machen des Unsichtbaren, kann auch heute noch zum Verständnis von Ritus und Weihe anregen.

So schildert Dionysios breit den uns fremd gewordenen Ritus der «Ölweihe» (IV,C, 2 u. 3). In der syrischen Liturgie war geweihtes Öl Grundsubstanz der sakramentalen Vollzüge: Sein Wohlgeruch wurde verstanden als Atmosphäre (modern: Aura), die den heiligen Ort, den heiligen Ritus, den heiligen Gegenstand, den heiligen Menschen umhüllt. Gottes Gegenwart wird im «odor sanctitatis» seiner Seligen, im «Geruch ihrer Heiligkeit» sinnenhaft erfahren:

> Nachdem wir die äußere Harmonie der ganzen schönen heiligen Handlung betrachtet haben, wollen wir den Blick auf ihre noch göttlichere Schönheit lenken und schauen, was sie für sich ist ... und wie sie ihren beseligenden Glanz sichtbar ausstrahlt und uns mit dem Wohlgeruch erfüllt, der denkenden[68] Wesen nicht verhüllt ist... Wenn nämlich die Wahrnehmung sinnlicher Wohlgerüche Wohlbefinden verursacht und bei gleichzeitiger reichlicher Lustempfindung unseren Geruchssinn speist, ... entsprechend könnte man sagen, daß auch die Kräfte unseres Denkens ... in der natürlichen Stärke des Unterscheidungsorgans in uns ... den Wohlgeruch ... des Gottesprinzips wahrnehmen und sowohl mit geheiligtem Wohlbefinden als auch mit allergöttlichster Speisung erfüllt werden.

Als Urbild des «Sakramentalen» macht die konkrete, historische Gestalt Jesu als «Gestaltung des Gestaltlosen» in seinem «Menschsein» das unfaßbare «Göttliche» sinnenhaft erfahrbar, «riechbar», ver-«kost»-bar.

[68] «Denkend»: nicht rationalistisch, sondern im damaligen Sinn: «geistig».

Zu Beginn des Abschnitts (IV,C,0) beschreibt Dionysios dies als dynamische Struktur des «Schönen»: geistige Gehalte sinnenhaft erfahrbar zu machen.

> Das Bild nämlich, wenn es das unbeschreibliche Wesen der gottgleichen Tugend gut nachgeahmt hat, schaut auf jene wohlduftende Gedankenschönheit und prägt sich so nach deren Muster und bildet sich zum schönen Abbild heraus.
>
> Und wie bei den sinnlichen Bildern der Maler auf das Urbild unverwandt hinsieht und sich auf nichts anderes Sichtbares ablenken läßt, ... so schenkt auch den Gedankenmalern, die das Schöne lieben, die unverwandte, durch nichts abgelenkte Schau auf die wohlduftende verborgene Schönheit das geistige Bild ohne Abweichung und ganz nach Gottes Gestalt.

Besonders das Kirchliche – Diener der Kirche wie sakramentale Handlungen – spiegelt das Göttliche nach dem Urbild des menschgewordenen Gottessohnes. Die Heilige Schrift aber ist das Lehrbuch dieses Spiegelns. So deutet Dionysios auch die Liebesgesänge des Hohenlieds (Brief IX,1):

> ... all die Ausbrüche sinnlicher, der Materie verfallener, Leidenschaft..., wie sie für Freudenmädchen passen mögen...
>
> Wer deren im Inneren verborgene Schönheit zu schauen imstande ist, der wird finden, daß diese Zeichen allesamt geheimnisvoll, gottgestaltig und voll des Lichtes sind, welches uns Kunde gibt von Gott.

Was im Gottmenschen Jesus nach Joh 1,14 als substantielle Einheit lebt:

> Wir haben seine Herrlichkeit gesehen, die Herrlichkeit des einzigen Sohnes vom Vater, voll Gnade und Wahrheit,

wird in der Kirche und ihren Sakramenten mystisch weitergegeben.

Damit ist weiterhin das Paradigma zum Verständnis der ganzen Weltwirklichkeit gesetzt. Auch sie weist nach der Offenbarung in ihrer sinnenhaften Greifbarkeit hin auf höheres Geistiges; sie repräsentiert als Abbild das Urbild. Nach Paulus (Röm 1,20f) erkennt doch der Mensch Gottes

> unsichtbare Wirklichkeit an den Werken der Schöpfung mit der Vernunft.

Was Gott uns in der Schöpfung schenkte, hat er in Jesu menschlicher Sichtbarkeit der göttlichen Herrlichkeit grundlegend erschlossen.

e) Die Urgestalt des Schönen – das Buch von den «Namen Gottes»

Im schwierigsten seiner Bücher über «Die Namen Gottes» umkreist Dionysios in «kataphatischer Weise», also mit positiven Aussagen, den göttliche Urgrund aller Schönheit – und macht dabei zugleich bewußt, daß diese «Schönheit» auch immanent in der Welten-Schönheit lebt. Man muß sich oft zwingen, den vertrackten Satzgebilden nachzugehen. Doch diese Schwierigkeit ist auch sachbedingt: sie spiegelt das Verborgensein der göttlichen Schönheit in allem und jedem – und nicht zuletzt in der Sprache. Die «Theologia Mystika» (3) faßt das Ziel dieses Buches zusammen. Dionysios will von Gott sprechen,

> wie Er gut genannt wird,
> wie Sein,
> wie Leben und Weisheit und Macht,
> und welche anderen Gottesbezeichnungen
> im geistigen Bereich es auch gibt.

Doch dies muß so geschehen, wie es Gott selbst offenbart; denn (DN I,1)

> man darf überhaupt nicht wagen, irgendetwas über die überwesentliche und verborgene Gottheit zu sagen oder gleichwohl zu denken

> mit Ausnahme dessen, was uns durch göttliche Eingebung in der Heiligen Schrift geoffenbart worden ist.

Nur Gott selbst kann sein Geheimnis aufbrechen und sich den Geschöpfen kundgeben. Doch selbst dies schränkt Dionysios noch ein. Ein Vergleich mit den reinen Geistern zeigt die Begrenzung unseres Verstehens, daß

> das Göttliche (sich) gemäß der Fassungskraft eines jeden der Vernunftwesen (enthüllt), ... indem die urgöttliche Güte in heilsamer Gerechtigkeit von dem Meßbaren das Unermeßliche auf Gott gemäße Weise als unbegreiflich fernhält.

Und – bei allem Wissen von Gott – Gott selbst überragt nochmals jede Gotteserkenntnis aller geschaffenen Wesen (I,4):

> (Ihn) zu erkennen oder zu beschreiben oder überhaupt irgendwie zu schauen (ist) nicht möglich, weil er allem entrückt und überunerkennbar ist und
>
> einerseits zwar die Gebiete aller substantiellen wahren Erkenntnisse und Kräfte allzumal und insgesamt auf eine alle Begriffe überschreitende Weise in sich ehevor enthält,
>
> andererseits aber auch in unfaßbarer Macht über den innerweltlichem Denken entrückten Vernunftwesen thront.

Die Dialektik eines Erkennens, das im Nicht-Erkennen seine Wahrheit findet, durchzieht das ganze Werk des Dionysios. Sein Umgehen damit zwar ist nicht immer logisch konsequent, aber gerade diese Inkonsequenz spiegelt das Hell-Dunkel, in das sich Dionysios hineinwagt.

Das Urprinzip nämlich, das nur selbst sich vollkommen erkennt, hat in vielfacher Weise (Schöpfung, Offenbarung) die Weltwirklichkeit aus sich herausgesetzt. Deshalb ist es als Ursache, als Quellort von alledem in alledem zu erkennen. Die Weltwirklichkeit in ihrer «schönen Einheit» ist voll und ganz nur in ihrem Gegründetsein in Gott zu erkennen. Von Gott aber weiß die schon von Gregor von Nyssa ausformulierte

Theologie: Er ist von uns Menschen nicht rein in sich selbst, sondern nur in seinem abbildhaften Wirken, wo er als urbildhafter Grund sich seinshaft spiegelt, zu verstehen (I,7):

> Auf diese Weise werden folglich für die Ursache von allem, die noch dazu jenseits von allem ist, sowohl das Namenlose als auch alle Namen des Seienden passen, so daß sie als Königin des Alls vollkommen in Erscheinung tritt, alles um sie herum besteht und von ihr als Veranlassung, als Urgrund und als Endziel abhängig ist und sie selbst gemäß der Schrift «alles in allem» (1 Kor 15,28) ist und wahrhaft gepriesen wird
>
> als Schöpferin, Urgrund, Vollendung
> und Zusammenhalt von allem,
> als Bewachung und Haus,
> ferner als diejenige, die alles zu sich hinwendet,
> und zwar auf geeinte, unwiderstehliche
> und enthobene Weise.
>
> Sie ist nämlich nicht nur Ursache des Zusammenhaltes
> oder des Lebens oder der Vervollkommnung...
> Vielmehr hat sie alles Seiende
> auf einfache und unumgrenzte Art
> durch die ganz vollkommenen Güteerweise
> ihrer ... Vorhersehung
> in sich vorausgenommen
> und wird daher von allem Seienden
> in völliger Übereinstimmung
> gepriesen und benannt.

Nachdrücklich aber warnt Dionysios davor, mit dem «Benennen» Gottes nun Gott zu etwas Handhabbarem, leicht zu Greifendem zu machen (I,5):

> Keiner ... darf ... die erzgöttliche Überwesenheit,
> was auch immer die Übersubstanz der Übergüte ist,
> als Verstand oder Kraft,
> als Vernunft, Leben

oder Manifestation des Seins preisen,
sondern nur
als jeglicher Beschaffenheit und Bewegung,
jeglichem Leben,
jeglicher Vorstellungskraft und Meinung,
jeglichem Namen, Wort, Gedanken, geistigen Begreifen,
Sein und Stand,
jeglicher Stellung, Einung, Grenze und Unendlichkeit
und allem, was existiert,
überweit entrückt.

Da sie aber als Substanz der Güte durch ihr Sein
selbst die Ursache von allem Seienden ist,
so muß sie von allen verursachten Wesen
als erzgütige Vorhersehung der Ordnung
von Gott her und auf Gott hin
gefeiert werden.

Denn es besteht alles sowohl um sie herum als auch um ihretwillen, «und sie selbst ist vor allem, und alles hat in ihr seinen Bestand» (Kol 1,17).

Wenn Dionysios vom Göttlichen spricht, wird seine Sprache hymnisch. Hier geht es um eine Art doppelter Erkenntniswahrheit: Gott in sich selbst ist nur sich selbst bekannt; doch wir Menschen erkennen den gleichen Gott als Urgrund von Schöpfung und Erlösung. Damit erkennen wir zugleich, daß unsere Weltwirklichkeit in ihrer Wahrheit aus und in dem einen Gott existiert. Im Hesychasmusstreit des orthodoxen Mittelalters hat Gregorios Palamas daraus die Theologie der zweifachen Wahrheit des einen Gottes geformt:
– Gottes Selbstand (ousia) erkennt nur Gott;
– Gott als Quellort allen Seins (energeia) zu erkennen, ist Ziel der geschaffenen Geister.
Und dies leuchtet auf als Harmonie, Ordnung, Schönheit, als Friede!

Das zweite Kapitel (3) weiß unter dem Wort: «Niemand ist gut außer Gott, dem einen» (Mk 10,18), daß der dreifaltige

Gott trotz und in all unserem Nicht-Können zu preisen, also auch mit Namen zu benennen ist:

> Die geeinten Namen der gesamten Gottheit sind nun ...
> das Übergute, das Übergöttliche ...
> und alle Bezeichnungen,
> die zur überragenden Privation
> (zur negativen Theologie) gehören,
> außerdem auch alle Namen,
> die der Ursache eignen,
> das Gute, das Schöne, das Seiende,
> das Lebenzeugende, das Weise
> und all jenes, was infolge ihrer wohltätigen Gaben
> die Ursache aller Wohltaten genannt wird.

Mit diesen Namen ist der Inhalt folgender Kapitel skizziert. Doch vorher noch wird (III,1) – wie in der «Theologia Mystika» – zum Gebet ermahnt:

> Es geziemt sich ..., daß wir zuerst mit unseren Gebeten zu ihr (der Ursache) als Prinzip der Güte hingeführt werden und uns ihr in höherem Grade nähern und hierbei in die sehr gütigen Gaben, die sich bei ihr gründen, eingeweiht werden.

Nun geht Dionysios den verschiedenen Gottesnamen nach: Güte unter dem Bild des Sonnenlichts; Sein, wozu auch Leben und Weisheit gehören und wobei nochmals eingeschärft wird, daß damit nicht Gottes Wesen, sondern nur sein Wirken benannt ist; Unsterblichkeit, die in der orthodoxen Theologie für das kalte Wort «Ewigkeit» steht; Weisheit; dann auch Namen wie Kraft, Gerechtigkeit, Heil, Erlösung; auch der Große und der Kleine, der Ähnliche und der Unähnliche[69]. Ein Kapitel preist Gott als den Allmächtigen und den Alten der Tage; ein weiteres als den Frieden oder als den Heiligen der Heiligen.

[69] In Anlehnung an das Dogma des IV. Konzils im Lateran, daß jede Aussage über Gott mehr unähnlich als ähnlich ist; s. 272.

Eine alles umgreifende Zusammenfassung krönt die Aussagen (XIII,1):

> Das Bedeutendste in dieser Abhandlung ...!
> Denn die göttliche Offenbarung verkündet
> von der Ursache des Universums
> sowohl alles als auch alles zu gleicher Zeit
> und feiert sie sowohl als
> ‹Vollkommene› (vgl. Mt 5,48)
> als auch als die
> ‹eine einzige› (vgl. 1 Tim 2,5).

f) Der Gipfel des Schönen – die «Theologia Mystika»

Das begeistert Geschilderte führt zur dunkel-hellen Wolke selbst, in die Mose auf Sinai eintritt und von der alles erst Sinn erhält: In die «Über-Un-Erkennbarkeit» des göttlichen Urgrundes.

Der Jesuitenkünstler, Andreas Pozzo (†1700), der durch die malerische Ausgestaltung riesiger Kuppeln (San Ignacio, Rom; Universitätskirche, Wien) berühmt wurde, beschreibt in seinem theoretischen Werk[70] den «Augenpunkt»; das ist die perspektivische Mitte, auf die hin er seine gewaltigen, Himmel und Erde umfassenden Gemälde ausrichtet. So ähnlich muß auch das Werk des Dionysios verstanden werden. Die Schönheit, die er im hierarchischen Aufbau von Himmel und Erde, Engel und Kosmos, mit den vielen Namen Gottes findet, hat Sinn und Bestand, erhält Schönheit vom Augenpunkt her, in dem das Erkennen zum Nichterkennen, das Licht zum Dunkeln, die Helle zur Nacht wird.

Diesen «Augenpunkt» besingt die «Theologia Mystika». Er ist als mathematischer «Punkt» nur unvollkommen bezeichnet; denn er umfaßt zugleich die Weite der himmlischen und kos-

[70] Perspectiva pictorum et architectorum, Rom 1693; Augsburg 1706.

mischen Schönheit. Auch «Dunkel» und «Nacht» malen ihn nur unvollkommen; denn er ist das Wesen allen Lichts. Die barocke Kuppelgestaltung mag eine Ahnung dieser Schönheit und dieses Friedens vermitteln, wie es Dionysios im Aufschwung seiner Mystik erfährt (TM V):

> Keine Bejahung überhaupt
> und keine Verneinung mittels dessen,
> was unter IHM liegt,
> trifft IHN,
> oder sagt etwas,
> was ER nicht ist.
> Denn ER ist über jeder Bejahung
> als der völlig eines-seiende Urgrund von allem,
> und über jeder Verneinung,
> als die Erhabenheit des von allem völlig Gelösten,
> die alles überragt.

Weil das Religiöse den Menschen auszeichnet, ahnt er die Kraft dieses Geheimnisses, das gerade deshalb, weil es Geheimnis bleibt, den Phänomenen der Welt in Raum und Zeit Sinn und Bestand gibt. Hier ist man gewohnt, von Mystik zu sprechen; einer Mystik, die als Einheit erfahren wird, aber die Vielfalt der Phänomene nicht zerstört, sondern auf diesen «Augenpunkt» hin ausrichtet; einer Mystik, die deshalb «schön» ist.

V. Das «Eine» Plotins und das Suchen nach Ganzheit

Kaum sonstwo ist das Sprechen und Erfahren vom «Einen» so lebendig wie in der neuplatonischen Philosophie und Mystik. B.R. Suchla als Herausgeberin und Übersetzerin der «Namen Gottes» nennt das Werk des Dionysios einen

> Versuch, durch eine fast intrikat zu nennende Verchristlichung die heidnische Metaphysik von Neuplatonismus

und Aristotelismus umzubewerten und dadurch letztlich zu überwinden.

Dionysios stellt das Denken des «Hen», des «Einen» ins biblische Weltbild von Schöpfer und Schöpfung hinein: Aus dem «Einen», Allumfassenden erfließt die Schöpfung, die Vielfalt der Weltwirklichkeit, ohne sich je von diesem «Einen» zu lösen. Dorthin zurückzufließen ist Sinn der geschaffenen Wesen. Durch alle Schriften des Dionysios klingt hindurch, was er in «Die Namen Gottes» (XIII, 2 u. 3) schreibt:

> Das eine einzige aber wird sie (die Ursache des Universums) genannt, weil sie gemäß der überragenden Stellung der einen einzigen Einheit auf einfache Weise alles ist und, ohne aus dem einen einzigen herauszugehen, eben alles verursacht.
>
> Es gibt nämlich nichts Seiendes ohne Partizipation aus dem Einen, ... es hat so, wie jede Zahl an der Einzigkeit Anteil hat ..., das Universum und jedes Teil des Universums Anteil an dem einen einzigen, und nur durch die Existenz des einen einzigen existiert alles Seiende.

Dann faßt Dionysios nochmals zusammen:

> Ganz besonders muß man wissen, daß
> gemäß des vorher dargelegten Begriffs
> eines jeglichen Einen
> das Geeinte als geeint bezeichnet wird,
> und daß das Eine der Grundstoff von allem ist.
>
> Wenn man das eine einzige wegnähme,
> so gäbe es weder eine Gesamtheit
> noch einen Teil
> noch irgend etwas anderes des Seienden.
>
> Alles nämlich hält das eine einzige
> auf einfache Weise
> ehevor
> und umschlossen in sich selbst.

Nochmals sei gesagt: Man darf (und muß manchmal auch) daran zweifeln, ob es Dionysios gelingt, die neuplatonische Philosophie des Einen bruchlos ins Christentum zu integrieren, ob er nicht doch das Denkmodell vom «Einen» zu ungebrochen als Realität des «Einen» annimmt. Aber man sollte nicht an der christlichen Intention des Dionysios und auch nicht an der Legitimität des Versuchs zweifeln. Dann aber wird man manche, wichtige Einsicht aus dem genialen Versuch des Dionysios mitnehmen können.

a) Die Einheit des Wirklichen in moderner Systematik

Diese «intellektuelle» Mystik des Einen, in dem alles Wirkliche gründet und deren «Wahrheit» Plotin nach dem Urteil seines Biographen mehrfach erlebte, gehört nur auf den ersten Blick in vergangene Welten hinein; – als habe der Mensch von heute mit der Naturwissenschaft sich weit vom Einheits-Weltbild alter Zeiten entfernt; als wachse der Abstand der Moderne dazu. Die sogenannte Postmoderne vergrößere ihn mit dem Abbau von Werten und Gewißheiten, mit ihrer Unbestimmtheit und Pluralität, ihrer Beliebigkeit (P. Feyerabend: «anything goes»); und noch einmal überbietend im Dekonstruktivismus J. Derridas, der alles «destruiert», negiert, was den Anschein von Absolutheit in sich trägt. Ist das plotinisch-dionysische «Eine» zum Märchen vergangener Tage geworden?

Doch nicht nur Chr. Jamme[71] macht in seiner Analyse der modernen Philosophie darauf aufmerksam, wie sehr die heutige Zeit nach Einheit und Ganzheit dürstet. Eine Konfrontation mit einem hervorragenden Zeugnis von heute soll helfen, den Entwurf des Dionysios recht einzuschätzen.

In einer breiten Öffentlichkeit, in Kursangeboten, Literatur, Veranstaltungen verschiedenster Art zeigt sich eine wachsende Bewegung, die – auch wenn aus dubiosen Quellen der New-

[71] S. Anm. 5.

Age-Ideologie[72] hervorgegangen – Sinn, Einheit, Wert, Absolutes sucht. Sie will den Abbau des symbolischen Ganzheitsdenkens rückgängig machen und – zwar anders als die klassiche abendländische Religiosität – eine Einheitssicht von Welt gewinnen. Wie breit diese Tendenz ist, zeigt sich daran, daß sie von unbedarfter Esoterik bis zu höchst differenzierten Neuansätzen reicht. Der Büchermarkt quillt über von dererlei Angeboten; sie tragen oft den Namen «Transpersonale Psychologie» und versprechen «Selbst-Findung»[73].

Ken Wilber[74] heißt einer der führenden Köpfe dieser Bewegung. Er beruft sich auch ausdrücklich auf Plotin, der doch schrieb:

> Alles ist eines und eines ist alles und unendlich die Herrlichkeit.

Die Entsprechung zur hinduistischen Formel:

> Die Welt ist illusorisch:
> Brahman allein ist wirklich; Brahman ist die Welt,

zeige, wie Kultur-übergreifend diese Sicht sei. Denn auch Brahman ist das Eine, Allumfassende.

Weithin gilt dieses Denken als «Spiritualität»[75], die hinter der materialistischen, technischen Welt einen tieferen, allen ge-

[72] Nach meinen ausführlichen Äußerungen in: Neue Religiosität – Herausforderung für die Christen, Mainz 1987 (^{4}1990), habe ich in vielen kleineren Veröffentlichungen die Entwicklung dieser «Spiritualität» verfolgt.

[73] Aus der «Humanistischen Psychologie» als der dritten Kraft neben der klassischen und der analytischen Psychologie entstanden, untersucht sie besonders «person-übergreifende», «bewußtseinserweiternde» Erfahrungen.

[74] Eros, Kosmos, Logos. Eine Vision an der Schwelle zum nächsten Jahrtausend, Frankfurt 1996 (^{3}1998), 422f (1. Bd. einer geplanten Trilogie); zusammenfassend: Naturwissenschaft und Religion. Die Versöhnung von Weisheit und Wissen, Frankfurt 1998, 21. Die Diskussion dazu aufgreifend: Das Wahre, Schöne, Gute. Geist und Kultur im 3. Jahrtausend, Frankfurt 1999. Ergreifend ist sein Buch über den Krebstod seiner Frau, Mut und Gnade, München 1992 (Sonderausgabe 1998).

[75] Dazu auf meist evangelischem Hintergrund und nicht immer zur Klärung beitragend: J.E. Schnorrenberg, Hgg., Spiritualität. Orientierung – Klärung – Vertiefung, Frankfurt 1999; Bericht der Tagung s. Anm. 243.

meinsamen Sinn kenne. Wilber zementiert dieses religiöse Weltbild in wissenschaftlicher Reflexion. Er möchte es in Naturwissenschaft und Psychologie verankern – von der Atomphysik über biologische Entwicklungslehre bis zur Tiefenpsychologie – und in der mystischen Erfahrung zum Leben erwecken. Grundmodell ist der lebendige Organismus. In ihm sind die kleineren Einheiten (wie die Zellen) jeweils in ein größeres Ganzes (Organe wie Leber oder Herz) integriert, erhalten erst von diesem Ganzen her ihre je-spezifische Wertigkeit. Diese Struktur, die Einzelne zur Einheit bindet, ohne sie aufzulösen, nennt Wilber «Holon», das Ganze. Auch Dionysios liebt das Wort[76]. In der Weise eines immer umfassenderen «Holon» baue sich die Wirklichkeit auf: von der Atomstruktur über die Minerale, über lebendige Organismen, über den Menschen, dessen Körper eine organische Einheit (Holon) bildet, über die noch heranwachsende Einheit der menschlichen Gesellschaft und die makrobiologische Einheit von Erde und Weltall, bis zum Zusammenschwingen des gesamten kosmischen Netzwerks, bis zum übergreifenden «Holon», Gott genannt, der als Raum und Zeit übergreifend nicht mit Kategorien von Raum und Zeit zu begreifen ist.

Je nach Seinsstufe hat das «Holon» unterschiedliche Gestalt. Diese Stufen bilden nach Wilber die «Große Kette des Seins» (Buchtitel),

> ein reiches Gewebe ineinandergreifender Ebenen, die «vom Stoff über den Körper und den Geist zur Seele und zum GEIST reichen». Jede höhere Ebene umfängt ihre niedrigeren Dimensionen in einer Aufeinanderfolge von Verschachtelungen des Seins, so daß alle Dinge und Ereignisse in der Welt mit allen anderen verwoben sind und alles letztlich vom GEIST, von Gott, von der Göttin, von Dao, von Brahman, vom Absoluten umfangen und in dieses «eingefaltet» ist.

[76] Vgl. den Wortindex der kritischen Ausgabe (Anm. 7) 11. 290f.

Das ist dionysische Sprechweise in moderner Form. Wilber beruft sich für das Wort «Hierarchie» auch tatsächlich auf Dionysios.

Die Menschheit in ihrem Raum-Zeit-Bewußtsein befände sich zwar erst in der «Halbzeit der Evolution» (Buchtitel); doch ihr Bewußtsein entwickle sich notwendigerweise zum vollendeten Netzwerk der Wirklichkeit. Das Ganze (Holon) lebe in seiner energetischen Urkraft jetzt schon und werde von den Mystikern erfahren, von allen aber ersehnt, und sei im Vorentwurf zu erkennen, den Wilber im Grundmuster beschreibt. Dieser sich entwickelnde Bewußtseinskern – von den Religionen als Gott verehrt – heiße bei Hegel (man nennt Wilber den modernen Hegel) Geist, bei Plotin «to Hen», das Eine. Das neue allerdings, was die Weltsicht Wilbers von der des Plotin und auch der des Dionysios abhebt, liegt im «Evolutiven». Den plotinischen Aufstieg zum «Einen» legt Wilbers evolutive Weltsicht um in die geschichtliche Entwicklung des Bewußtseins. Die integrierende Funktion des «Holon» wertet damit die materielle Vielfalt nicht ab als «weniger-Sein», sondern bringt sie ein als «Sein-unterwegs»; damit wird auch die Vielfalt von Materie und Geschichte positiver, als es der Neuplatonismus tut, ins Gesamt-Netzwerk der Wahrheit einbezogen. Doch auch für Wilber ist erst das eine allumfassende «Holon» der absolute Sinn der Wirklichkeit, ist eben das, was Christen und andere Gott nennen und was der Mystiker «jetzt» erfährt.

b) Die Erfahrung der Einheit als Bewußtwerden der eigenen Identität

Wilber[77] baut sein Weltbild nicht nur intellektuell auf Naturwissenschaft auf, sondern gründet es vorher noch in persönlicher Erfahrung. Mystiker, große Menschen werden jetzt

[77] Eros, Kosmos, Logos (Anm. 74) 216. 257f.

schon von dieser Einheit des Göttlichen berührt, die den energetischen Antrieb der Evolution ausmacht.

> Authentische Spiritualität muß auf unmittelbarer spiritueller Erfahrung aufruhen, und diese muß streng den drei Strängen aller gültigen Erkenntnis unterworfen werden: Injunktion, Wahrnehmung und Bestätigung/ Widerlegung, oder Paradigma, Daten und Falsifizierbarkeit.

Das heißt: Man begibt sich zuerst in den Entwurf einer Erfahrung hinein (Injunktion in ein vorliegendes «Paradigma»); verifiziert, macht dann die Erfahrung (Wahrnehmung der Daten); muß sich aber nach K. Popper der kritischen Überprüfung (Falsifizierbarkeit) stellen.

Diese Erfahrung nun, die Injunktion erlaubt, findet Wilber in den Paradigmen der mystischen «esoterischen», «prämodernen Religionen».

> In kontemplativen Praktiken, echten Bewußtseinsexperimenten, die in unmittelbarer Erfahrung gründen. Yoga, Zazen, Shikantaza, Satsanga, kontemplatives Gebet, Dikr, Daven, Taji – das ist nichts, woran man «glaubte», das sind Injunktionen, Praktiken, Paradigmen.

Damit allerdings wertet Wilber gegen die christliche Tradition «Glauben» als blindes, irrationales, Erfahrungs-leeres Für-Wahr-, Für-Wirklich-Halten ab und kann dagegen leicht «Erfahrung» setzen, die sich aus der «Injunktion» in die aufgezählten Praktiken ergibt. Die damit evozierte «Erfahrung» wird – legitim oder illegitim – von der Religionsphänomenologie weithin «Mystik» genannt. Wilber beschreibt sie als Bewußtseinserweiterung, als Erfahrung von Einheit, von Nicht-Dualität, von Aufhebung des Subjekt-Objekt-Gegensatzes, von Verschmelzung mit dem Ganzen usw.; eine Erfahrung, auf die hin viele Meditationspraktiken zielen. Nach Wilber ist es auch Plotins Erfahrung vom «Einen».

Doch hier hat das «Falsifizieren» anzusetzen. Ist die Deutung dieser Erfahrung als Erfahrung des Göttlichen stimmig?

Edith Zundel[78] bejaht dies und deutet diese Erfahrung in ihrer hilfreichen Wilber-Anthologie als Überwindung der menschlichen Grundangst.

> Auf der personalen Ebene gehört Angst notwendigerweise zum Menschen, sobald er sich seiner Individualität und damit seines Abgesondertseins vom anderen bewußt wird. Ganz ähnlich wie bei Sartre: «Die Hölle, das sind die anderen», heißt es auch in den Upanishaden: «Wo es ein anderes gibt, da ist Furcht.» Aber hier, wie in der Mystik überhaupt, gibt es eine höhere Realität, jenseits des Gegensatzes von Selbst und Anderem, eine Realität, die entweder als Vereinigung der Gegensätze oder jenseits aller Gegensätze erlebt wird. Wer diese All-Einheit für sich entdecken kann, befreit sich damit aus seiner Isolation und Entfremdung und wird frei von Angst.

Diese erlebte «All-Einheit» berühre eben das, was die Religionen als Gott oder Ähnliches in ihre Begrifflichkeit hinein projizieren.

Doch zeitlich nicht weit von Sartre entfernt sieht der Nobelpreisträger T.S. Eliot als Christ die Urangst und ihre Überwindung ganz anders. In der Cocktail-Party[79] am Schluß des ersten Aktes ruft Edward aus:

> Da war eine Tür.
> Und ich konnte sie nicht öffnen. Ich reichte nicht
> an die Klinke.
> Warum kann ich mein Gefängnis nicht verlassen?
> Was ist die Hölle? Die Hölle ist man selbst!
> Allein! Die anderen Gestalten darin
> Sind nur Projektionen. Da ist nichts, wovor
> Und nichts, wohin man flüchten könnte.
> Man ist immer allein.

[78] Ken Wilber, Vom Tier zu den Göttern. Die große Kette des Seins, Freiburg 1997, 13f.

[79] Die Dramen, Frankfurt 1974, 242.

Lavinia reagiert darauf und stellt die entscheidende Frage, die aus der «Hölle» herausführen könnte:

> Edward, wovon redest du denn?
> Sprichst du zu dir selbst ?
> Bringst du es nicht einen Augenblick über dich,
> An **mich** zu denken?

Man steht vor der Existenzfrage: Liegt die Hölle unseres Daseins (mit Wilber) darin, daß man nicht der «andere» sein kann? Oder (mit Eliot) darin, daß man dem «anderen» nicht vertrauen will? Liegt die Befreiung aus der Hölle in der Bewußtseinserweiterung bis zur (vermeintlichen) All-Einheit, oder liegt sie im Vertrauen auf ein anderes «Du»? Welches Menschen- und Weltbild entspricht – noch bevor man die Wahrheitsfrage stellt – der Sehnsucht des modernen Menschen mehr: Das der alles-umgreifenden Einheit? Oder das des Vertrauen-Könnens auf ein «Du»? Wenn man dies auf die Existenzfrage überträgt: Geht es um das Aufgehen in der All-Einheit oder um das Urvertrauen auf ein unendliches «Du», auf Gott oder mit welchem Namen man dies auch bezeichnet?

Die von Zundel berufenen Zeugnisse der Mystik bekunden – bei rechtem Licht gesehen – anderes, als sie daraus liest: Zu einem großen (größeren?) Teil erfahren die Mystiker und besonders auch die Mystikerinnen keine Verschmelzung mit dem Göttlichen zur Einheit, sondern eine «Unio Mystica» als Liebeseinheit. Sie löst den Menschen nicht auf, sondern bringt ihn zu seinem Wesen. Nicht nur in der christlichen, der islamischen (Sufismus) und der hinduistischen Bhakti-Mystik, sondern sogar im japanischen Amida-Buddhismus (der weitaus verbreiteter ist als der Zen-Buddhismus) prägen Liebe und Vertrauen die mystische Erfahrung, nicht aber ein meditatives Einswerden. Es ist Frucht rationalistischer Blindheit, die Äußerungen der Liebesmystik auf «All-Einheit» zu reduzieren und so aus der Poesie Mechthilds von Magdeburg oder Rumis eine person-auflösende Verschmelzungserfahrung zu machen.

Erbringt die grenzenauflösende Einheitserfahrung und Bewußtseinserweiterung, die als Frucht einer Vertiefung ins Selbst auf verschiedenen Wegen erreicht wird, aus sich selbst nicht «nur» ein stärkeres, allerdings wichtiges Selbst-Werden? Nach der gründlichen empirischen Untersuchung Kl. Engels[80] kann diese Erfahrung auch tatsächlich als manipulierbares Produkt der Naturwissenschaft mit Drogen, Gehirnströmen usw. erreicht werden. Sie kann zwar – verbunden mit ethischem Engagement – auch religiös überaus wichtig werden. Doch das, was der Glaube von Gott oder gar die Gottesmystik erfährt, wird damit (noch?) nicht berührt. Es handelt sich «nur» um eine tiefe Identitätserfahrung, die überdies der Manipulation von außen her offen zu stehen scheint.

c) Martin Bubers «Ich-und-Du»-Philosophie und die Mystik

In seinen «Ekstatischen Konfessionen» von 1909 vertrat Martin Buber mit schönen Texten eine Deutung der Mystik, die der Wilbers ähnlich klingt und von großem Einfluß (z.B. auf Robert Musils «Mann ohne Eigenschaften») war; nach seiner «Bekehrung», wie Buber die Wende nannte, verwarf er dies so radikal, daß er die Wiederauflage des Buches verbot. Seine neue Seinsdeutung[81], die noch einmal ausführlich vorgestellt wird, aber jetzt schon weiterhilft, besagt im obigen Sinn: Nicht Verschmelzung zur Einheit, sondern Begegnung ist die Grundkonstituente menschlicher Seins-Erfahrung. Doch dann frägt Buber:

> – Aber die Mystik? Sie berichtet, wie Einheit ohne Zweiheit erlebt wird. Darf die Treue ihres Berichts angezweifelt werden?

In klassischer Antwort unterscheidet Buber «zweierlei Geschehnisse», die im Mystik-Verständnis oft verwechselt werden:

[80] Meditation. Geschichte, Systematik, Forschung, Theorie, Frankfurt ^{2}1999.
[81] Das Dialogische Prinzip, Heidelberg ^{5}1984 (Gütersloh ^{8}1997), 87f; vgl. 252.

> Das eine ist das Einswerden der Seele, das (den Menschen) zum Werk des Geistes tauglich (macht).
> Das andere Geschehnis ist jene unausforschliche Art des Beziehungsaktes selbst, darin man Zwei zu Eins werden wähnt.

Dies aber ist keine Seinserfahrung von «Einung». Der Ekstatiker mag es so nennen; doch in Wirklichkeit erfährt er

> die verzückende Dynamik der Beziehung..., die sich vor deren einander unverrückbar gegenüberstehende Träger stellen und sie dem Gefühl des Verzückten verdecken kann. Die Mystik vermengt sie (die zweierlei Geschehnisse) zuweilen in ihrer Rede; auch ich habe es einst getan.

Emmanuel Lévinas[82] hat mit seiner Philosophie des «Anderen» Bubers Ansatz vertieft, verbessert und radikalisiert. Er kann ihn auch in den philosophischen Diskurs einordnen. Die Auflösung der Vielfalt in eine Einheit heißt bei ihm «Totalität»; wie das Denken die einzelnen Dinge in einen Überbegriff einbringt und begrifflich das Viele «totalitär» zur Einheit auflöst, so versuchen auch Philosophen die Seins-Vielheit der Welt in ein Über-Sein, einen Über-Geist, Über-Gott hinein aufzulösen. Hegels Denken ist nach Lévinas das abschreckende Beispiel für diese Weltsicht. Doch «Unendlichkeit» meint Wichtigeres, ist nämlich das, was im «Antlitz des Anderen», in dessen freier Zuwendung einem entgegenstrahlt. Diese fremde, sich zum Vertrauen öffnende Freiheit kann niemals Besitz sein, also in «Totalität» aufgelöst werden. Sie übersteigt doch alles Wissen und jede selbstzentrierte Erfahrung, da sie grundsätzlich im «Anderen» ruht. Im vertrauenden Setzen auf dessen freies Anders-Bleiben erst werde «wahre Unendlichkeit» erfahren. In dieser liebenden Hinwendung wird sie zwar als Einheit erlebt; doch es ist eine andere «Einheit» als die Hegels und auch der-

[82] Besonders: Totalität und Unendlichkeit. Versuch über die Exteriorität, Freiburg-München ²1993. Die Aufsatzsammlung Zwischen uns. Versuche über das Denken an den Anderen, München 1995, bietet einen leichteren Zugang.

jenigen, die als Meditierende oder als angebliche «Mystiker» nach totalitärer Verschmelzungs-Einheit streben. Die zwei nämlich, die einander in ihrem Vertrauen sich auf die Freiheit des je-andern hin loslassen, bestärken sich gegenseitig in ihrem Selbstsein, lösen ihr Gegenüberstehen nicht auf, sondern vertiefen in ihm die eigene, personale Identität. Das übersteigt die Logik des rationalen Denkens zur personalen Erfahrung. Das Wirklichkeitsverständnis erhebt sich von der intellektuellen Basis, die im Grunde immer noch rationalistisch geprägt ist, auf die Ebene von Vertrauen und Liebe.

Die plotinische Mystik des «Einen» scheint noch zwischen den zwei «Geschehnissen» Bubers zu schwanken, zwischen der Einheit (Totalität), die sich ins ratio-nale, -nalistische Begreifen hinein steigert, und der anderen Einheit (Unendlichkeit), die im Vertrauen der Liebe ruht. Doch bei Dionysios ist es eindeutig: Wenn er vom «Einen» spricht, das alles durchzieht, steht er betend-ehrfürchtig vor dem «einen» Göttlichen, dem bleibend «Anderen». Mit dem «Einen» meint er den christlichen Gott, der dem betenden Menschen seine personale Identität schenkt. H.U. von Balthasar[83] stellt dies scharfsinnig heraus und begründet es durchaus dionysisch: Gottes Ja zur Welt, zum Menschen, schenkt diesem auch Gott gegenüber den Selbstand, der Teil hat an Gottes Absolutheit selbst:

> Das Eine wird nicht wie bei Plotin und Proklus an den Anfang, sondern ans Ende gestellt, mit der konkreten Totalität (teleion) zusammen, was jeden Verdacht einer idealistischen Ausfaltung in «Hervorgängen» oder Auffüllung des Abstrakten verwehrt...
>
> Diese urgöttliche Bejahungskraft, an der alles Geschaffene in jeder Hinsicht partizipiert und der alle großen theologischen Kosmosbilder des Abendlandes von Eriugena bis Hegel pflichtig bleiben, darf bei Dionysius niemals zugunsten der Aussagen der negativen Theologie abge-

[83] (Anm. 1) 194.

> schwächt oder in die zweite Linie geschoben werden: das Ja zur Welt, das von Gott her ertönt und sich durch alle Seinsränge fortsetzt, ist ebenso ursprünglich wie das Wissen aller Kreatur, daß sie weder als einzelne noch gesamthaft Gott ist.

Bildhaft und im Sinn der Theologie von Balthasars ist dies zu verdeutlichen: Die Weltwirklichkeit ist keine nur vervielfältigende Spiegelung der Urwirklichkeit Gottes, wie es bei Plotin scheinen mag. Ihr Eigenstand, der bis zur freien Auflehnung gegen Gott führen kann, hat seinen Bestand doch aus dem Ja Gottes, ist ein Geschenk von ihm. Daß aber Gottes Güte, wie von Balthasar[84] anderswo schreibt, selbst die Welt, die sich gegen ihn wendet, noch heimholen kann in die Einheit der Liebe, ist keine Eigenschaft der von Gott abgefallenen Welt, kein Mechanismus einer Einungsbewegung, die zurück zum Ursprung führt, sondern ist eine neue, freie Tat der Barmherzigkeit Gottes im Sinn von negativer Mystik, die alles Verstehen-Wollen übersteigt. Auf sie, nicht auf die evolutive Kraft der Schöpfung, darf sich Hoffnung im Wissen um die Hölle richten.

K. Rahner[85] hat aus eher existentieller Sicht dieses Verhältnis des Menschen vor Gott: «in sich stehend und doch ganz und

[84] Zu von Balthasars Nachdenken über die Hölle meine Arbeit: Religiöse Erfahrung und menschliche Psyche. Religion und Psychologie. Heiligkeit und Krankheit. Gott und Satan, Mainz 1998. Ähnlich auch der junge Ratzinger in seiner Eschatologie; dies galt fundamentalistischen Kreisen als Glaubensverrat.

[85] Grundkurs des Glaubens. Einführung in den Begriff des Christentums, Freiburg 1976 (^{8}1997), («Radikale Abhängigkeit von Gott und echter Selbstand») 86f: «In unserer menschlichen Erfahrung ist es ja so, daß etwas, je mehr es von uns abhängig ist, um so weniger ... eigene Wirklichkeit und Selbstand hat... Aber wenn wir auf das eigentliche transzendentale Verhältnis zwischen Gott und der Kreatur reflektieren, dann zeigt sich eben, daß hier echte Wirklichkeit und radikale Abhängigkeit schlechterdings nur zwei Seiten ein und derselben Wirklichkeit sind und darum eben im selben und nicht im umgekehrten Maße wachsen... Erst dort, wo man sich als freies Subjekt vor Gott verantwortlich erfährt und diese Verantwortung übernimmt, begreift man, was Eigenständigkeit ist und daß sie im selben Maße wächst und nicht abnimmt mit der Herkünftigkeit von Gott. Nur an diesem Punkt geht uns auf, daß der Mensch in einem selbständig und von seinem Grunde her abhängig ist.»

gar abhängig von ihm», auf die dialektische Formel gebracht: Je mehr «eins» mit Gott, desto mehr Gott gegenüberstehend in der eigenen, von Gott geschenkten Identität. Das ist Bubers zweites «Geschehnis», das Verhältnis des Urvertrauens, der Liebe zu Gott. Damit erst bekommt auch der Zug des ersten «Geschehnisses», der Erfahrung der eigenen Identität, seinen gebührenden Ort innerhalb der Gottesbegegnung.

Dieses Verhältnis aber von Selbst- (also Identisch-)Werden im vertrauenden Gegenüber zum Anderen, der stets der Andere bleibt, läßt sich kaum anders als in poetischen Worten ausdrücken. Die Liebespoesie aller Völker singt von der Einheit der beiden, die in und durch die Einheit zwei sind und erst recht zu zwei «Persönlichkeiten» werden. Dieses «Geschehnis» aber erlebt der Mystiker mit Gott. Dionysios beschreibt es, wenn er die «Schönheit» (Identität) als Anruf von der Ur-Schönheit her, als Begegnung mit ihr versteht.

d) Die Frage nach dem Bösen als Unterscheidungskriterium

Das Problem des Bösen als Wenden gegen Gottes absolute Güte macht den Unterschied der Seinsentwürfe am deutlichsten. Die Passage im Buch der «Göttlichen Namen», an der die Abhängigkeit von Proklos zuerst nachgewiesen wurde, setzt sich überlang und schwierig damit auseinander. Dionysios unterbricht den neuplatonischen Rhythmus des Aus- und Zurückfließens der Weltwirklichkeit von der Ureinheit des Göttlichen und in sie zurück. Er stellt das Böse unvermittelt gegen Gottes Güte. Gott sei gegenüber der Wirklichkeit des Bösen absolut transzendent.

Die entscheidende Frage lautet nämlich: Steht das Böse nur polar zum Guten und ist daher im Absoluten selbst, im Sein, in Gott, mit dem Bösen vereint – so wie Schatten (Böses) und Licht (Gutes) zusammengehören, damit Harmonie (Gott) sei? Der Kyoter Zen-Philosoph Masao Abe[86] bringt in einem Ge-

[86] Dazu in: Meditative Erfahrung – Quellgrund der Religionen? Mainz 1994, 70-74.

spräch mit christlichen Theologen den Unterschied zwischen Buddhismus und Christentum auf eben diesen Nenner:

> Gut und Bös stehen nach dem Buddhismus in ursprünglicher, wechselseitiger Abhängigkeit. Es gibt keine Priorität des einen vor dem anderen. Erleuchtung ist eine Realisation meines Seins noch vor der Dualität von Gut und Bös.
>
> Wenn aber das Christentum den einen Gott als Lenker des Universums und der Geschichte verehrt, ist es nicht nur einfach eine ontologische Frage, sondern auch eine werthafte Aussage. Im Christentum ist die wichtigste Frage nicht die nach Sein oder Nicht-Sein, sondern die Frage, was ich als menschliches Wesen zu tun habe. Die Frage nach Gut und Böse wird viel stärker betont als die Frage nach Sein und Nichtsein.

Vereint das Letzte, das göttliche Sein auch noch die «Polarität» von Gut und Böse in sich? Oder ist es als das Gute schlechthin dem Bösen absolut entgegengesetzt? Ist das Böse, wie es doch bei C.G. Jung zu sein scheint, nur ein Schatten, der integriert werden muß ins Ganze, ins Höhere (was in psychologischer Hinsicht ein therapeutischer Weg sein kann)? Oder steht es im absoluten Widerspruch zu Gott und darf in seiner Reingestalt nur abgelehnt werden? Auch bei K. Wilber[87] ist das «Böse» im

[87] S. Das Wahre, Schöne, Gute (Anm. 74) 135f: «Die christliche Theologie hat hierauf üblicherweise die Antwort parat, daß Gottes Wille die Welt entstehen läßt, und da die Willensfreiheit ein gutes Element dieser Welt ist, läßt Gott das Böse zu, aber er bringt es nicht hervor... Wir haben es ... (in der Gnosis) mit zwei Absoluten zu tun: einem absoluten Gott und einem absoluten Bösen... Dieser hartnäckige Dualismus ist, so behaupte ich, der zentrale Dualismus der westlichen Tradition ... zwischen Noumenon und Phaenomena, zwischen Leib und Seele, zwischen Willensfreiheit und Determinismus, zwischen Ethik und Natur, Transzendenz und Immanenz, Subjekt und Objekt, Aufstieg und Abstieg... Was ich ... hervorheben möchte, ist einfach, daß es in der westlichen ebenso wie in der östlichen Tradition eine grundsätzliche und bezwingende Lösung für diese massiven Dualismen gibt... Und hier setzt ‹Die drei Augen der Erkenntnis› an.» Darin führt Wilber in seine Seinsdeutung ein, die sich nicht in rationaler Begrifflichkeit darstellen läßt, sondern ein tieferes Umgehen mit der Wirklichkeit braucht. Anzumerken ist, daß Epigonen Wilbers sich weit von dieser Tiefe entfernen.

göttlichen «Holon» ebenso zuhause wie das «Gute»; beide sind nur zwei Seiten des einen letzten Seins.

Es ist kein Zufall, daß Immanuel Kant[88] aus christlichem Ethos kommend neben dem «bestirnten Himmel» das «moralische Gesetz in mir» aufruft als Zeuge für Gott, daß er also das Böse radikal von Gott fernhält. Es ist auch kein Zufall, daß in der christlichen Tradition die Mystik auch auf ihrem Erfahrungs-Höhepunkt stets verbunden bleibt mit dem ethischem Impuls zum Guten, mit dem Hinausgehen zum Mitmenschen (statt Rückzug in sich selbst) und gar – wie bei Ignatius von Loyola – mit dem Dienst am Menschen[89]. Die Absage an das Böse und der Kampf gegen es gehören in die Mitte der Gottesmystik; – weil Gott ganz und gar gut ist ohne auch nur eine Spur vom Bösen.

Das macht spekulativ-systematische Schwierigkeiten: Wie nun die Tatsächlichkeit des Bösen ins Ganze einzuordnen sei, da Gott als der absolut Gute doch die Welt geschaffen habe und sie als Allmächtiger in der Hand behalte? Die christlichen Antworten – Satan, Erbsünde, Paradiesesschuld, schwere, die Hölle verdienende Sünde – sind spekulativ-systematisch gesehen als Versuche zu begreifen, wie Gott in seiner Güte alles geschaffen habe und doch das Böse existiere, das ihm absolut entgegensteht[90], wie Gott in absoluter Güte das «Sein» selbst ist und doch das Böse «Sein» hat oder zu haben scheint.

Wenn aber das Böse mit dem Guten nur eine der vielen Polaritäten innerhalb des absoluten, alles umfassenden Seins ausmacht, wenn es wie Schwarz neben Weiß, Groß neben Klein, Vergangenheit neben Zukunft «nur» den Reichtum des Seins, der göttlichen Urwirklichkeit entfaltet und nach Nikolaus von

[88] S. 54.

[89] Vgl. allgemein von Balthasar: Thomas und die Charismatik, Neuausgabe, Freiburg 1996, und D. Sölle, Mystik und Widerstand. «Du stilles Geschrei», Hamburg 1997 (^{5}1999). Dazu B. Hallensleben, Theologie der Sendung. Die Ursprünge bei Ignatius von Loyola und Mary Ward, Frankfurt 1994.

[90] Es geht um die Mitte des Seinsgeheimnisses; eine kalte rationale Antwort greift hier nicht mehr; es braucht ein personales Fundament, das sich sprachlich in der Poesie niederschlägt.

Kues der «Zusammenfall der Gegensätze» sei, dann fallen diese spekulativen Schwierigkeiten weg; dann kann auch das Böse «nur» eine Stufe im Reifeprozess zur Einheit des Ganzen oder «nur» ein Kontrast in dessen bunter Fülle sein. Es entfaltet dann nur den Reichtum des Seins und bedeutet – polar zum Guten wie das Schwarze zum Weißen – nur eine Struktur im Gesamt der Wirklichkeit. Es wäre damit kein Gegensatz zum göttlichen Urprinzip, sondern nur eine Seite aus der Fülle von dessen Wahrheit.

Das ist die Ansicht Ken Wilbers, für den die personale Problematik des Bösen, des Übels nicht zu existieren oder – wie in seinem ergreifenden Buch über den Krebstod seiner Frau[91] – notwendiger Teil des Seins zu sein scheint. Ganz im Gegensatz zur christlichen Theologie von heute, in der die Theodizee-Frage nach Gott und dem Bösen brennend ist[92]: Wie ist das Böse, das Übel nur möglich? Wie kann Gott es zulassen oder gar wollen?

Die erschreckende Dokumentation des Zen-Priesters Daizen, Brian Victoria: Zen, Nationalismus und Krieg. Eine unheimliche Allianz[93], zeigt die Gefahr, wenn die Erleuchtungserfahrung sich von der Ethik emanzipiert und damit das christliche Wort von P. Enomyia-Lassalle, daß Zen ohne Religion nichts nütze, daß er schädlich sei, überspielt. Die ersten sechs ethischen Stufen von Buddhas achtfachem Weg scheinen nach Daizen im japanischen Zen über der «Erleuchtungser-

[91] In diesem ergreifenden Buch (Anm. 74) wird die Problematik des Bösen deutlich. Darf man sie einer Seinsmetaphysik übergeben? Oder formulieren die Liebesbeteuerungen von Wilbers Frau nicht eine grundsätzliche Kritik daran?

[92] Selbst von Balthasar übergeht die Passagen über das Böse. Seine Begründung überzeugt nicht; (Anm. 1) 178: «Es lohnt sich für Dionysius gar nicht, als Theologe anders als unter dem Gesichtspunkt der reinigenden, erleuchtenden und einigenden Gnade zu sprechen; das Reich von Sünde, Abfall, Versagen kann den christlichen Liturgen nicht anders interessieren, als insofern es aufgefangen und durchgestaltet wird von der die Heilshandlung Christi fortsetzenden liturgisch handelnden Kirche.» Das gilt dem VIII. Brief (ein schlecht lebender Priester), doch nicht dem zentralen Text des Dionysios, der sich der für den Gottesglauben drängenden Frage: «Warum das Böse?» stellt.

[93] Berlin 1999.

fahrung» ihres ethischen Gehalts entkleidet und zu Techniken der meditativen Entautomatisierung entwürdigt zu werden. Das Buch dokumentiert nämlich die enge Verbindung der modernen japanischen Zen-Kultur mit den Greueltaten des japanischen Nationalismus – besonders auch mit den Greueltaten gegen die Glaubensbrüder auf dem chinesischen Festland. Und dies ist nicht nur ein «Sündenfall», sondern die Konsequenz aus einer Erleuchtung, die jenseits von Gut-und-Böse liegt und deshalb zu beidem offen ist.

Es spricht für den Ernst des Dionysios, daß ihn hingegen die Frage nach dem Bösen regelrecht umtreibt (DN IV,18)[94].

> Was ist das, das das Böse schlecht gemacht hat,
> was ist das Böse überhaupt,
> aus welchem Prinzip ist es vorhanden,
>   und worin existiert es?
> Warum beschloß der Gute, es zu erschaffen,
> wieso aber vermochte er es, da er es wollte?
> Wenn aber das Böse aus einer anderen Ursache stammt,
> welch andere Ursache für das Seiende gibt es
>   wider das Gute?
> Wieso aber existiert das Böse,
>   obwohl es doch eine Vorhersehung gibt,
> warum ist es
>   entweder überhaupt entstanden
>   oder wieso wurde es nicht beseitigt,
> und warum strebt irgend etwas gegen das Gute nach ihm?

Dionysios frägt sich durch die Gesamtwirklichkeit hindurch: Das Böse ist nicht im Guten und nicht in Gott, nicht in den Engeln und nicht in den Dämonen, nicht im Menschen noch in irgendeinem Lebewesen, weder in den Dingen noch in Gesamt-Natur. Radikaler noch als Augustinus korrigiert er sogar

[94] Die Übersetzung (Anm. 7) verweist auf H. Langerbeck und besonders E. Mühlenberg: Das Verständnis des Bösen in neuplatonischer und frühchristlicher Sicht, Kerygma und Dogma 15, 1969.

die Deutung, als bestehe das Böse nur in Privation, also im Fehlen von etwas, das da sein sollte (IV,29):

> Aber es trifft auch nicht die Aussage zu: Die Privation kämpft aus eigener Kraft gegen das Gute. Denn die unbeschränkte Privation ist völlig kraftlos, die teilweise vorhandene dagegen besitzt keine Kraft, sofern sie Privation ist, sondern nur, sofern sie eben keine unbeschränkte Privation ist.

Es ist eher Hilflosigkeit als Antwort, wenn Dionysios am Schluß seiner Darlegungen nun doch zu antworten versucht und dabei (neuplatonisch) die strahlende Kraft des «Einen» und (augustinisch) den Privationscharakter des Bösen hervorhebt (IV,31):

> Es gibt nur eine einzige Ursache des Guten. Ist das Böse dem Guten feindlich gesonnen, so gibt es hingegen vielerlei Ursachen des Bösen. Jedoch gehören nicht Gesetze und Kräfte zu dem, was das Böse schafft, sondern vielmehr Kraftlosigkeit, Schwäche und unangemessene Vermischung von Unähnlichem... Daher besitzt das Böse keine eigene Realisierung, sondern nur eine Realisierung durch anderes, weil es eben lediglich um des Guten willen und nicht um seiner selbst willen entstanden ist.

Mit Händen und Füßen wehrt sich Dionysios dagegen, das Böse in irgendeinen positiven Bezug zum göttlichen Einen und Guten zu sehen. Zuletzt (IV,32) reiht er 22 negative Eigenschaften des Bösen aneinander und sumiert:

> (Es sei) das nie und nimmer irgend etwas Seiende.

Er ringt darum, die reine Güte des «Einen» von allem Bösen dieser Welt freizuhalten und ihm entgegenzustellen. Gottes Licht und sein Leuchten, das dieser Welt Sein verleiht, sind so hell, daß sie vom Bösen in keiner Weise beschmutzt werden. Auch wenn (oder «weil»!) die grammatikalischen und denkerischen Regeln durchbrochen werden, besteht Dionysios in seiner negativen, apophatischen Mystik darauf, daß das Prädikat «gut» unlösbar mit Gott, dem Urgrund verbunden bleibt. Selbst das «apophatische» Übersteigen aller Aussagemöglichkeiten bleibt stehen vor der Güte Gottes.

Dionysios kann sich auch deshalb so radikal auf die Gutheit des «Einen» und damit alles Seienden, das aus ihm ausfließt, einlassen, weil er über die Radikalität des Bösen hinaus davon weiß, daß Gott selbst eingegriffen hat, um das Böse zum Guten zu wenden. Nach B.R. Suchla[95] zeigt sich gerade hierin die Überwindung «der heidnischen Philosophie ins Christliche». Mit H.U. von Balthasar ist zu sagen: Das «Böse» zerstört die Einheit des Seins nicht; es liegt zwar außerhalb jedes menschlichen Verstehens und Erfahrens, aber wird überwunden von der anderen Seite her, von der schöpferischen Hand Gottes. Sie kann eingreifen in die Geschichte und selbst die dem Bösen zugewandte Freiheit des Menschen noch umkehren zur göttlichen Wahrheit. Die Zuversicht auf Gottes Kraft zur endgültigen Versöhnung, die Jesus heißt, ist Gabe der Hoffnung auf Gott (nicht aber Gewißheit des Glaubens; noch weniger aber liegt es im Erkennen oder Erfahren des Menschen).

Dem systematischen Philosophen oder Theologen kann diese Antwort nicht genügen. Aber vielleicht ist das Eingeständnis, mit menschlicher Kraft nicht mehr antworten zu können, die einzige rechte Antwort auf die Frage nach dem Bösen. Jede «Systematik», auch die der Erfahrung, zerbricht an ihr und wird zu Blasphemie gegenüber den Opfern des Bösen. Das Dionysische «Über» (jeder Bejahung und jeder Verneinung) zeigt sich hier noch stärker als beim Fragen nach Gottes Einheit und Einzigkeit.

Wir stehen vor der negativen Mystik des Dionysios, die sein Gesamtwerk krönt, stehen aber auch vor einem Verständnisansatz, der – alle Rationalität übersteigend – den Blick der Liebe und des Vertrauens freigibt und sich im Symbol und Bild richtiger erfassen läßt als im Begriff.

[95] (Anm. 7) 13; sie vermutet sogar, «daß das Verhältnis des Guten zum Bösen zentrales Anliegen dieser Schrift ist».

VI. Schönheit als Zusammenklang des Einen und der Vielen

Für den an philosophische Texte gewohnten Leser ist es nicht einfach, die Werke des Dionysios nicht analytisch, Stufe für Stufe, sondern poetisch als ein einziges Kunstwerk zu lesen, in dem alles zusammenklingt, die Stufen der Hierarchie in einem einzigen Akkord zusammentönen – von der «Überunerkennbarkeit» Gottes bis zu den kirchlichen Sakramenten und bis zur «Ab»-Bildsein der geschaffenen Dinge.

a) Zusammenklang von Einheit und Unterschiedenheit, von Erkennen und Nicht-Erkennen

Nach H.U. von Balthasar[96] wird durch diesen «poetischen» Duktus

> die Theologieschematik Philos und Proklus' christlich überstiegen: es ist nicht so, daß man «nur» die Kräfte Gottes nach außen kennt, sein dahinterliegendes Wesen aber nicht; für Dionysius liegt vielmehr das Unverstehbare im wirklich Verstehbaren selbst, denn es ist je der ganze unbegreifliche Gott, der sich in seinen Mitteilungen verständlich macht.

Die «negative, apophatische Mystik» weist nämlich nicht in ein reines Nichtwissen, sondern ruht weiterhin in dem «positiven, kataphatischen» Erfahren der Wirklichkeit Gottes. Das «Nichterkennen» Gottes und das «Finden Gottes in allen Dingen» sind und bleiben untrennbar verbunden. Auch die Weltwirklichkeit, die in ihrer Positivität Gottes Wahrheit spiegelt, wird nicht aufgehoben in ein Göttliches, das doch ohne den «kataphatischen», positiven Bezug zur Weltwirklichkeit nur als reines Nichtwissen, als Negativität dastände. Die positive Be-

[96] (Anm. 1) 188f.

ziehung des göttlichen Urgrunds zur Welt bleibt bestehen, obgleich der Urgrund zugleich alles Erkennen übersteigt. Deshalb übersteigt die «Theologia Mystika» am Schluß noch einmal beide entgegengesetzten Wege zur Gotteserfahrung in eine Gottes-Begegnung hinein, die weder auf «Erkennen» noch auf «Nicht-Erkennen» festzulegen ist.

Dieses Erkennen Gottes in/über Nichterkennen aber liegt in irgendeiner Weise auch im Grunde der Weltbegegnung; es konstituiert die «Schönheit» der Dinge. Alles Staunen vor Schönheit wird bewegt von dem Pluswert, den das Schöne über die reine Feststellbarkeit hinaus hat; es ist letztlich durchzogen von dem Geheimnis, das die Begegnung des Menschen mit Gott ausmacht, wie auch umgekehrt das Staunen des Menschen vor Gott mitgetragen ist vom ehrfurchtsvollen Staunen vor der Welt. Dionysios baut in den «Namen Gottes» (II,5) einen, mit Paradoxien überladenen Satz, um beides ineinander zu verknüpfen: Einheit und Unterschiedenheit, Erkennen und Nicht-Erkennen:

> Wenn aber auch der gütige Ausgang
> der göttlichen Einung,
> die sich auf übergeeinte Weise
> aus Güte erweitert und vervielfältigt,
> eine göttliche Geschiedenheit ist,
> dann sind in der göttlichen Geschiedenheit wahrlich geeint
> die unwiderstehlichen Mitteilungen,
> die Wesensschaffungen,
> die Lebensschaffungen,
> die Weisheitsschaffungen
> und die übrigen Gaben der Güte als Ursache von allem,
> in welchen von den Teilnahmen
> und den Teilnehmern das gepriesen wird,
> was Teilnahme auf eine nicht teilnehmende Weise
> vollzieht.

Man zerlege den Satz in seine Elemente, um sich seiner Aussage zu nähern:

– Es geht um die «göttliche Einung», die sich «aus Güte» in der Weltwirklichkeit (aktiv Wesensschaffung benannt), also in der Schöpfung «erweitert und vervielfältigt», aber zugleich mit allem «übergeeint» bleibt.

– Es geht um die «göttliche Geschiedenheit» von allem, die aber in ihrer Transzendenz als «Ursache von allem» in allem lebt, was sie im «gütigen Ausgang» geschaffen hat.

– Es geht um diese geschaffenen Wirklichkeiten, die als «Teilnahmen und Teilnehmer» am Göttlichen «ihre Teilnahme auf eine nicht teilnehmende Weise vollziehen»; daher Seiende in sich selbst, nicht nur in Abhängigkeit sind.

– Damit ist eine Erkenntnis- und Erfahrungsweise des Menschen ausgesagt, die zugleich erkennt (Einheit) und nicht-erkennt (Unterschiedenheit) – und dies in dem einen Geschehen der Gotteserkenntnis (und im letzten Grunde auch umgekehrt: beim Erkennen der Weltwirklichkeit).

Im Sich-Durchdringen von Begreifen und Mehr-als-Begreifen kommt nun auch zum Leuchten, was das Schönsein ausmacht, daß nämlich eine abmeßbare Gestalt einen tieferen Gehalt sichtbar macht.

Für die Gotteserkenntnis gilt, was Dionysios im ersten Brief schreibt:

> Wenn aber jemand Gott schaute
> und sich dessen bewußt war,
>   was er schaute,
> dann schaute er nicht etwa ihn selbst,
> sondern (nur) etwas an ihm,
>   das der Seinswelt angehört
>   und (entsprechend) erkennbar ist.
> Er selbst aber bleibt erhaben über alles Denken und Sein,
>   eben weil er überhaupt unerkennbar ist
>   und nicht (einfachhin) existiert:
> er «ist» in einer Weise,
>   die alles Sein transzendiert,
> und wird erkannt in einer Weise,

die höher ist als alle Vernunft.
Und dies – in einem höheren Sinne –
vollkommene Nichtwissen
ist Erkenntnis dessen,
der alles Erkennbare übersteigt.

In entsprechender Weise ermöglicht – was noch zu berühren ist – gerade Gottes absolute Transzendenz seine Immanenz, daß er in aller Schöpfung aufleuchtet und gegenwärtig ist und sie zugleich grundsätzlich übersteigt, womit wiederum die Wesens-Struktur des dionysischen Schönen umschrieben ist.

Man versteht, warum die «Theologia Mystika» auffordert, dieses nur paradox auszusagende, nicht-erkennende Erkennen und die Nacht-dunkle Helligkeit Gottes in Hymnen, also in ästhetischer Form, zu preisen. Begriffe versagen in ihrer Denklogik vor dieser Ganzheitssicht: Entweder stellen sie die «Unerkennbarkeit» des Urgrundes heraus – dann versinkt das Göttliche für den Menschen im Nichts. Oder sie ebnen es ein zur Erkennbarkeit aus der Schöpfung – dann wird das Licht des Göttlichen profanisiert und vom erkennenden Menschen vereinnahmt. Nur in der Dialektik zwischen Einheit mit der Schöpfung und Unterschiedenheit von ihr leuchtet das göttliche Geheimnis auf. Und so gibt es auch den geschaffenen Dingen Anteil am eigenen Licht, läßt seine Schönheit aufleuchten im Übersteigen der eigenen Tatsächlichkeit zum Geheimnis von Sinn und Wahrheit, zum Geheimnis des göttlichen Urgrundes.

Es gilt aber auch: Erst wenn der Mensch das Aufscheinen des göttlichen Lichtes im hierarchischen Aufbau der Wirklichkeit ineins sieht mit Gottes Dunkelheit, mit seiner Unerkennbarkeit jenseits aller Hierarchien, berührt er die gemeinsame und doch unterschiedene Wahrheit von Gott und Welt. Vorwitzige Unterscheidungen: Erst das, dann jenes; oder: Hier nur dies und dort nur das, werden der Erfahrungseinheit der göttlichen Fülle auch in Gottes Schöpfung nicht gerecht (DN II,5):

> Dieses nun sind die Einungen und Geschiedenheiten in der unaussprechlichen Einung und Existenz... Dieses ist für die ganze Gottheit ein Gemeinsames, Geeintes und Eines, daß sie selbst ganz und gar von einem jeden der Teilnehmenden vereinnahmt wird und von keinem dagegen nur teilweise wie ein Punkt in der Mitte des Kreises von all den Geraden, die im Kreis liegen.

Entsprechende Bilder – wie dieses des Kreismittelpunktes und der Kreisdurchmesser oder das des einen Siegels und der vielen Abdrücke aus der talmudischen Überlieferung[97] – brauchen die Religionen immer, um den unüberbrückbaren Abstand des Göttlichen zugleich mit seiner innigsten Nähe zum Irdischen zu veranschaulichen. Dionysios allerdings spannt diese Dialektik von Nähe und Abstand, von Identität und Unterschiedenheit ins fast Unerträgliche aus – unerträglich allerdings nur für logisches Verstehen; wer personale Erfahrung hat, spürt die Wahrheit in diesen «ästhetischen» Bildern.

Es gelingt – wie die «Theologia Mystika» zeigt – der Poesie tatsächlich, diese Spannung zu vermitteln. Sie findet sich in der symbolischen Weltsicht wieder: Recht verstanden und betend-meditierend realisiert – meint dies eine Art von Durchsichtigkeit der Welt auf Gott hin, womit das Eigensein der Welt nicht gemindert, sondern begründet und gefestigt wird – wie Gott nach dem Schöpfungsbericht von Gen 1 die Welt ins Dasein ruft: «Es werde...! Und es ward...» Die (falsche) etymologische Verwandschaft von Schönheit (kallos) mit Angerufensein (kaleo) bestätigt dem Dionysios die Unterschiedenheit in Einheit von Gott und Welt. Auch Meister Eckhart wird predigen: Wir sind nur Echo auf den Ruf dieses göttlichen Seins.

[97] A.M. Haas, Mystik als Aussage. Erfahrungs-, Denk- und Redeformen christlicher Mystik, Frankfurt 1996 (^{2}1997), 171f. D. Mahnkes Arbeit über den Kreis, dessen Mittelpunkt überall, dessen Umfang nirgendwo ist (Halle 1937, Nachdruck Stuttgart 1966), gilt als Klassiker. E. Lévinas, Zwischen uns (Anm. 82) 162f, zitiert die Talmud-Weisheit: «Um Münzen zu prägen, benützen die Staaten einen Stempel. Mit einem einzigen Stempel gelingt es ihnen, viele

Paul Tillichs Symboltheologie[98] spricht dies modern aus. Das Symbol nämlich habe die doppelte Eigenschaft: a) in sich zu stehen, b) sich «loszulassen», über sich hinaus zu weisen auf das eigentlich Gemeinte hin. Eben dies ist sein Sein.

Und eben dies ist für Dionysios die Struktur des Schönen, ist die Struktur der von Gott erschaffenen Welt. Er erläutert dieses Durchsichtigsein anhand der positiven Aussagen von Gott (DN IX,5; Übersetzung von Balthasar, 171):

> Denn gleichwie wir, wenn wir denkend
> uns von der Seele selbst nach Körperart
> ein Bild machen
> und ihr, der gliedlosen,
> leibliche Glieder zugestalten,
> jedoch wegen ihrer Gliedlosigkeit
> die ihr zugestalteten Glieder
> anders als im eigentlichen Sinn verstünden
>
> (etwa den Kopf als Vernunft,
> den Hals als Meinung,
> das heißt als Übergang
> zwischen Vernunft und Unvernunft,
> die Brust als Thymos /Mut/,
> den Bauch als Epithymia /Begierde/,
> Gebein und Extremitäten als das Naturhafte),
>
> indem wir die Namen der Glieder
> als Symbole für die Seelenkräfte gebrauchten –:
> so müssen wir noch viel mehr beim Allüberragenden
> das Anderssein der Formen und Gestalten
> in heiligen, gottgeziemenden
> und mystischen Empor-Entfaltungen
> empor-läutern.

gleiche Stücke herzustellen. Gott vermag mit dem Stempel, der sein Bild aufdrückt, eine Mannigfaltigkeit voller Unterschiede zu schaffen, viele ‹Ich›.»

98 Symbol und Wirklichkeit, Göttingen ^{3}1986. Im 5. Bd. der gesammelten Werke, Stuttgart 1964, sind die diesbezüglich wichtigen Arbeiten vereint. S. 200. 283. 308.

Diese Dynamik des «Empor» (in wörtlicher Übersetzung) wird im apophatischen (negativen) Sprechen von Gott verstärkt und noch einmal in ein höheres «empor» überstiegen: Gott übersteigt auch das übersteigende Sprechen von Gott.

Doch zugleich bleibt das Sprechen (besser: Hymnen-Singen) von Gott Aufgabe des Menschen. Das heutige Nachsinnen über den Wirklichkeitsgehalt von Symbol und Bild[99] bietet Hilfen an, um das von Dionysios exemplarisch entwickelte christliche Weltbild des Schönen neu zu verstehen.

b) Die Schönheit Gottes: Aufstieg vom Vielen zum Einen

Dionysios beruft sich zu Beginn der «Namen Gottes» (I,4, Text leicht angepaßt) auf die Bibel, um Erfahrungen (von Einheit, Leben, Güte, von Jesus) «empor»-zuführen zum Preis Gottes in seinem Bezug zur Welt:

Deshalb sehen wir in beinahe jedem
biblischen Schriftwerk
den Urgrund der Gottheit
auf geheiligte Weise gepriesen.
Zum **einen** als Einzigkeit und Einheit
infolge der Einfachheit und Einheit
seiner übernatürlichen Unteilbarkeit,
durch die ... wir geeint und...
zu einer Gott-ähnlichen Einzigkeit
und Gott-nachahmenden Einung geführt werden.
Zum **anderen** als Dreifaltigkeit
infolge der sich auf drei Hypostasen
beziehenden Offenbarung
seiner überwesentlichen Zeugungskraft...

[99] Die moderne Theologie ist zaghaft auf dieser Spur. Dazu mein Aufsatz: Einschätzung von Visionen auf der Basis der katholischen Theologie und mit Blick auf Hildegard von Bingen, in: A. Bäumer-Schleinkofer, Hgg., Hildegard von Bingen in ihrem Umfeld – Mystik und Visionsformen in Mittelalter und früher Neuzeit. Katholizismus und Protestantismus im Dialog, Würzburg 2001, 21-46.

Nichts vermag die Seele so zu erwecken und einen solchen Aufschwung ihr zu geben, sie so sehr über die Erde zu erheben und von den Fesseln des Körpers frei zu machen, als gemeinschaftlicher Gesang und rythmisch zusammengesetzte heilige Lieder.

Johannes Chrysostomus, um 344/354-407
in seiner Predigt über den 41. Ps

Aus: Der heilige Johannes Chrysostomus und die Kirche. Von Dr. A. Neander, 1. Bd. Berlin 1821

SEPTEMBER SA 6:53 SU 19:42
♑ 18° MA 17:16 MU 1:36

MONTAG

12

Vom Tage

24. Woche im Jahreskreis; Grün
Les: 1 Kor 11,17-26.33/Ev: Lk 7,1-10
Ps 40(39),7-8.9-10.17
Mariä Namen; Weiß
Straßburg: **Maternus**
Gerfrid, Guido, Degenhard, Marion

Nicht einmal in Israel habe ich einen solchen Glauben gefunden (vgl. Lk 7,1-10)

Endlich aber in ganz besonderer Weise
als Menschenfreundlichkeit,
weil er wahrhaftig uneingeschränkt
in einer seiner Hypostasen
mit uns in Gemeinschaft getreten ist
und dadurch die äußerste menschliche Gottesferne
zu sich herbeiruft und aufrichtet,
aus welcher – auf unaussprechliche Weise –
der einfaltige Jesus zusammengesetzt wurde,
der Ewige den Zeitbezug genommen hat
und derjenige,
welcher die gesamte Ordnung
im Bereich der gesamten Natur
überwesentlich überragt,
in unsere Natur hineingeboren wurde
unter unveränderlicher
und unvermischter Bewahrung seiner
Eigenheit.

In diesen pathetischen Worten klingt auf, was für das erste christliche Jahrhundert selbstverständlich war und wodurch es die neuplatonische Seins-Philosophie und -Mystik zugleich vollendete wie überragte: Das (religiöse) Erspüren des Absoluten, des «Einen» in der Welt-Vielfalt wird endgültig bestätigt durch die Gestalt Jesu Christi. Die Herrlichkeit des göttlichen Urgrundes, die in allen Teilen seiner Schöpfung zu erspüren ist, wird in der göttlichen Herrlichkeit des Menschen Jesus einmalig und maßgebend für alle Weltwirklichkeit sichtbar (Joh 1,14):

> Wir haben seine Herrlichkeit gesehen, die Herrlichkeit des einzigen Sohnes vom Vater, voll Gnade und Wahrheit.

An einer der wenigen anderen Stellen, an denen Dionysios über die Wirklichkeit Jesu reflektiert, stellt er das «Empor» des «überwesenhaft guten und überguten Christus» (Brief VIII) hin als Grundmuster der «Über»-Dimension und -Dynamik, in der auch alles andere auf Gott hinweist (Brief IV): Was er in der

«Theologia Mystika» als abgekürztes, gleichsam komprimiertes Wort besingt, ist in Jesus, dem Gott-Menschen, welthafte Wirklichkeit geworden:

> Er ist ja keineswegs bloß Mensch
> – wäre er Mensch allein, so wäre er auch nicht überseiend;
> vielmehr ist er wahrhaft Mensch,
> er, der aus unvergleichlicher Menschenliebe,
> die ihn zugleich übermenschlich
> wie menschengemäß werden ließ,
> aus dem Sein der Menschen sein eigenes Sein gewinnt,
> wiewohl er mehr als seiend ist.
> Der ewig überseiend ist,
> ist jedoch um nichts weniger
> der Überseiendheit übervoll,
> und das ohne Zweifel ihrer Überfülle wegen:
> Wahrhaft ins Sein gelangt, hat er dasselbe angenommen
> in einer Weise, die das Sein übertrifft,
> und er wirkte, was dem Menschen eigentümlich ist,
> in einer Weise, die über Menschenmaß hinausgeht.

Der Sinn dieser, in der Dynamik des «über» gründenden Herrlichkeit läßt sich ablesen am Sonnenlicht. Im vielfachen Glanz des Geschaffenen wird das Ursprungslicht der Sonne sichtbar. Dieses Licht aber leuchtet nach der Tradition, die de Lubac[100] beschreibt, zweifach: im «mystischen» Verstehen des Menschen und in der in Gott gründenden Wahrheit der Wirklichkeit:

> (Es ist) ein Echo der Anfangsverse des Buches Jesus Sirach (1,11: Alle Wahrheit ist ein Geschenk Gottes). Dieses Wort umschloss zwei gegenläufige Wahrheiten: Zum einen war es das göttliche Wort, das jeden Menschen erleuchtet (Joh 1,9); zum anderen war es das konkrete, Geschichte gewor-

[100] Exégèse médiévale I (Anm. 22) 77. 122. Die Bände sind ein Arsenal symbolischer Theologie, das allerdings mehr das biblische Wort im Blick hat als den fleischgewordenen Logos.

> dene Licht, das die hl. Schrift durchzieht (und vorlaufend: alle Geschichte).

Doch in Jesus Christus hat es seine substantielle Mitte, die im «erleuchteten» Glauben der Christen erkannt und gefeiert wird. «Helle» der Schrift und «Helle» der Gottesgegenwart in den Dingen der Welt gründen in der einen «Helle», die in Jesus menschlich leuchtet, und werden in der «Helle» des Glaubenslichtes, die das göttliche Wort in die Seele senkt, erkannt. Johannes Scotus Eriugena, der Übersetzer des Dionysios, macht sich in karolingischer Zeit zum Sprachrohr dieser Sicht und beschreibt im Kommentar zur «Himmlischen Hierarchie» die Leuchtkraft des Lichtes im Gottmenschen Jesus:

> Zwei Füße hat das (göttliche) Wort: Der eine ist die jeder sichtbaren Kreatur gegebene natürliche Sinnhaftigkeit, der andere das geistliche Verständnis der Schrift. Der eine wird unter dem sinnenhaften Äußeren der sichtbaren Welt entdeckt, der andere unter der Schale der göttlichen Samenkörner, d.i. in der Hl. Schrift.

Dieses göttliche Wort (Licht) ist daher zugleich Einheit und Vielfalt:

> Was nämlich ist mehr eins als das göttliche Wort, in dem der Vater alles schaut; und was ist vielfältiger als das gleiche Wort, da es sich doch auf alles erstreckt, das «in ihm und durch es gemacht wurde» (Jo 1,3), und die, die es verstehen können, vielfältige Sinnhaftigkeit verkosten läßt.

Man muß wieder einmal die dichten Worte des großen Interpreten des Dionysios aufschließen, um ihre Harmonie zu verkosten:

– Es ist ein einziges Licht, dieses Wort, in dem Gott die Schöpfung gründete, als er es aussprach: «Und es ward!»

– Es ist dieses einzige Licht, das jedem Menschen das Erkennen von Gut und Schön und Wahr schenkt.

– Es ist dieses einzige Licht, das in Jesus Christus Mensch wurde und das die Kirche in ihren Sakramenten «hierarchisch», also im gegliederten Netzwerk des Schönen verwaltet.

– Es ist dieses eine Licht, das die hl. Schriften inspiriert.

Henri de Lubac hat in seiner «Exégèse médiévale» einen vielstimmigen Hymnus auf dieses Licht angestimmt. Man darf sagen: Einen Hymnus auf Gottes Heiligen Geist, der dem Menschen die Kraft des Schauens in diesem Licht schenkt und der bei der Menschwerdung Jesu Maria beseelte.

Wenn Dionysios in der «Theologia Mystika» die Über-Un-Erkennbarkeit Gottes feiert, müssen die vielen Töne mitgehört werden, die er in den «Namen Gottes» als Ausstrahlung des göttlichen Lichtes besingt; es müssen die Harmonien mitgehört werden, die er liturgisch in den «Himmlischen und Kirchlichen Hierarchien» erklingen läßt. Der Weg des «Corpus Dionysiacum» hat eine einzige Dynamik, ist ein Tanz des Menschen mit dem Kosmos zu der Höhe, die stets noch höher ist, als der Mensch zu verstehen glaubt; die aber allem, was ihn ausmacht und ihn umgibt, Leben und Sinn schenkt. Dieser je-höhere Gipfel ist zugleich dem Menschen ganz nahe. Denn er ist Gott in seinem Licht.

c) Die Schönheit der Welt: Abstieg vom Einen zum Vielen

Diese Dynamik des Erkennens, das sich auf das göttliche Geheimnis hin ausspannt, gründet darin,

> daß bei Dionysius das Sein des Seienden selber ekstatisch zu Gott ist..., ja daß diese Ekstase des geschöpflichen Eros eine Nachahmung des ekstatischen göttlichen Eros selbst ist, der aus Liebe aus sich heraustritt in die Vielheit der Welt, daß also die mystische Erfahrung eine philosophisch-theologische Realisierung dessen, was **ist**, darstellt...

Deshalb, so schreibt H.U. von Balthasar[101] weiter,

> ist die mystische Erfahrung bei Dionysius keine «Ausnahme-Erfahrung».

Sie lebt überall dort, wo sich jemand auf die Dynamik des ekstatischen Überstiegs einläßt, überall, wo einer – zugleich suchend wie findend – die ekstatische Wahrheit des Seins realisiert. In seiner Analyse J.W. von Goethes hat von Balthasar[102] dieses «Empor» in profan-moderner Form nachgezeichnet.

Das Licht als Paradigma des «Empor» ist aber nicht nur Bild, sondern stellt seinshaft das Verhältnis von Gott und Welt dar. In Gott aber ist es vor allem über-un-erkennbar (Brief V):

> Das göttliche Dunkel (vgl. Ex 20,21) ist gleichbedeutend mit jenem «unzugänglichen Licht», in welchem, wie geschrieben steht, «Gott wohnt» (1 Tim 6,16):
> unsichtbar
> um der Überfülle seines Glanzes
> und als dasselbe unzugänglich
> um des Übermaßes
> seiner überwesentlichen Lichtflut willen.

Doch diese bleibende Unerkennbarkeit des Lichts wird zugleich erfahren im Licht-Schönen der Welt. Dionysios beruft sich auf ein eigenes Erleben des Hell-Dunkels der Licht-Finsternis, da er die Sonnenfinsternis beim Kreuzestod Jesu miterfahren haben will. Dieser fiktive Bericht im VII. Brief (2) an den Apostelschüler Bischof Polykarp soll nicht nur den Ps. Namen rechtfertigen, sondern bringt – wie die Berufung auf das geheimnisvolle Heliopolis (Sonnenstadt)[103] nahelegt – die dunkel-helle Licht-Metaphysik ins Gespräch:

[101] (Anm. 1) 208 einschränkend, «was aber nicht hindert, daß sie es dennoch auf der psychologischen Ebene (etwa bei der spanischen Mystik) sein kann».

[102] Von Balthasars Seiten zu Goethe in der «Theologischen Ästhetik» zeigen dessen Affinität zu Dionysios. S. 195ff.

[103] Dazu A.M. Ritter (Anm. 7) 66f. 125f. Der Brief geht fiktiv an den Apostelschüler Bischof Polykarp. Dionysios verteidigt gegen den Sophisten Apollo-

> Denn damals waren wir beide bei Heliopolis zugegen, haben nebeneinander gestanden und gesehen, wie auf wunderbare Weise der Mond die Sonne verdeckte – denn ihr Zusammentreffen war nicht an der Zeit – ; von der neunten Stunde an bis zum Abend behielt er wiederum auf übernatürliche Weise seine Position im Durchmesser der Sonne.

Auch die Beschreibung der verschiedenen Namen Gottes im Buch der «Göttlichen Namen» läßt jeweils dieses Licht neu aufblitzen und führt immer neu aus der Welterfahrung zur Gotteswirklichkeit.

Besonders die «Lobpreisungen des göttlichen und höchst verbindenden Friedens» (DN XI,1) haben ihr Erfahrungsfundament im Streben der Weltwirklichkeit zur Ureinheit. Ihre lichthafte Wahrheit vollendet sich im «überunerkennbaren» Helldunkel Gottes. Dionysios schildert diese «Empor-Bewegung» zur Einheit und Wahrheit in einem weitausgreifenden Satzgebilde:

> Über diesen göttlichen Frieden
> und über diese göttliche Ruhe nun,
> die der fromme Justus (vgl. Apg 1,23; 18,7; Kol 4,11)
> Lautlosigkeit und Bewegungslosigkeit
> zu aller erkennbaren Emanation hin nennt,
>   wie der Friede stillsteht und Ruhe hält,
>   wie er in sich selbst und innerhalb seiner selbst ruht,
>   wie er ganz in sich selbst total übergeeint ist,
>   wie er,
>   wenn er in sich selbst eingeht,
>   und wenn er sich vervielfältigt,
>   dennoch seine Einung mit sich selbst nicht verläßt,
>   sondern vielmehr in alles hervortritt,
>   während er dessen ungeachtet

phanes («Lichtwerden des Apollo») die spekulative Übernahme der «Errungenschaften der Heiden».

aufgrund der Überfülle der alles überragenden Einung
ganz in sich selbst verbleibt ,
darüber zu sprechen oder auch nur zu denken
ist keinem Seienden gestattet oder möglich.
Doch wir wollen auch dieses als unaussprechlich
und unerkennbar
ihm, da er jenseits von allem existiert, zuweisen
und lediglich seine intelligiblen
und unaussprechbaren Anteilnahmen
betrachten,
und zwar nur,
soweit es uns Menschen
und gar uns,
die wir hinter vielen guten Menschen zurückbleiben,
möglich ist.

Der überunerkennbare Friede in Gott aber wird – mit allen Einschränkungen – erkennbar im Frieden unter den Menschen, in der Identität des einzelnen mit sich, in der Gemeinschaft mit anderen und mit der Natur. Doch zugleich bleibt er in Gott selbst.

Griffiger und seinshaft «wirklicher» wird das Verhältnis von göttlicher Urschönheit zu ihrer Erscheinung auf dieser Welt im sakramentalen Geschehen, das die «Kirchliche Hierarchie» beschreibt. Dionysios greift die platonische Tradition[104] auf, nach der die Welt-Phänomene nur Schatten, Spiegelungen der Wirklichkeit der Ideen sind. Doch er schreibt ihnen – eine Folge der Verchristlichung – tiefere Wirklichkeit zu als nur «Schatten». Die hierarchischen Stufungen sind – in ihrem sich «verdünnenden», absteigenden Weitergeben – zugleich Zeugnisse dafür, daß die Seinswahrheit erhalten bleibt.

Die Sakramente sind die Urgestalten dieser Weitergabe der göttlichen Wahrheit, in die der Hierarch die Gläubigen einweist. Sie machen Gottes Sein erlebbar und formen die Teil-

[104] Dazu G. Heil in der Einleitung zu den beiden Hierarchien (Anm. 7).

nehmer um zur Gleichheit mit dem göttlichen Bild. So heißt es in der «Himmlischen Hierarchie» (III,2):

> Zweck der Hierarchie ist demnach:
> Angleichung an Gott so gut wie möglich
> und Einswerdung mit ihm als Führer und Geleiter
>   zu jeder Art geheiligter Wissenschaft und Wirksamkeit
>   in stetem Hinblick auf seine (reinste)
>   göttliche Schönheit,
> von dieser sich prägen zu lassen so weit wie möglich
> und das Gefolge der dieser Nachgehenden
>   zu prächtigen Bildern Gottes,
>   zu klaren und fleckenlosen Spiegeln (vgl. Weish 7,26)
> zu vervollkommnen,
>   die den Strahl vom Quell des Lichts,
>   vom Gottesprinzip, aufnehmen,
>   sich von dem verliehenen Glanz
>   in geheiligter Weise erfüllen lassen
>   und ihn vorbehaltlos
>   auf das Nachgeordnete ausstrahlen,
> wie es das Gottesprinzip bestimmt.

Die Liturgie als Schaltstelle dieser Umformung macht die hierarchische Schönheits-Struktur der Wirklichkeit sichtbar und erlebbar. Dionysios deutet ihren Ritus und ihr System als Abbild und Weitergabe göttlicher Wahrheit. Das Sakrament der Ölweihe[105], im syrischen Ritus Grundelement aller sakramentalen Handlungen, vermittelt Gottes «Wohlgeruch» an die Gläubigen. Ein nun voll-zitierter Text (EH IV,C,3) macht bewußt, daß dieses Sichtbar-(Riechbar)-Werden im dogmatisch verstandenen Jesus, dem Gott-Menschen gründet. Es entspricht der Grundstruktur der Weltwirklichkeit vor ihrem Gott[106]:

[105] Die Siebenzahl der Sakramente (ohne Ölweihe) bildete sich erst in der westlichen Kirche des frühen Mittelalters heraus.
[106] S. 56f. Das Wortfeld des Denkens meint nicht «Ratio», sondern «Geist».

> Nun sind wir aber überzeugt, daß Jesus, der dem Gottesprinzip Nächste, in einer Sein und Denken übersteigenden Weise unser Denkorgan durch Austeilung von Denkbarem mit göttlicher Lust erfüllt.
>
> Wenn nämlich die Wahrnehmung sinnlicher Wohlgerüche Wohlbefinden verursacht und bei gleichzeitiger reichlicher Lustempfindung unseren Geruchssinn speist – vorausgesetzt, das Geruchsorgan ist ungeschädigt und spricht auf Wohlduftendes entsprechend an –, entsprechend könnte man sagen, daß auch die Kräfte unseres Denkens, wenn sie nicht von einer Neigung zum Minderwertigen geschwächt sind, in der natürlichen Stärke des Unterscheidungsorgans in uns – in dem Maß, in dem Gotteswirkung in uns möglich wird und unser Denken sich entsprechend zum Göttlichen hingewandt hat – den Wohlgeruch des Gottesprinzips wahrnehmen und sowohl mit geheiligtem Wohlbefinden als auch mit allergöttlichster Speisung erfüllt werden.
>
> So zeichnet uns also die symbolträchtige Zusammensetzung des Öls sozusagen in Gestaltung des Gestaltlosen ein Bild von ihm, Jesus, als der Fülle, aus der die göttlichen Wohlgeruchsempfindungen quellen, der nach den Verhältnissen des Gottesprinzips in die Gott am nächsten stehenden denkenden Wesen die göttlichen Duftausstrahlungen verbreitet.

Dieser Geruch der Heiligkeit kann einen Menschen, einen Ort, eine Handlung einhüllen und so das Göttliche erlebbar, als Schönheit erfahrbar machen. Ob es nicht ein Zeichen der Zeit ist, daß in mancher, oft esotericher Religiosität Elemente dieses Verständnisses vom Wohlgeruch (Salbung, Räucherstäbchen, Aura-Erfahrung, Bach-Blüten usw.) zurückkehren? All das bringt eine Erfahrungsqualität in die Wahrnehmung ein, die vielleicht mit «Emotionaler Intelligenz» zu bezeichnen ist: Die Welt der Gefühle, des Erspürens! Auf christlichem Boden muß man sich in die Mentalität der «Geistlichen Sinnes-Erfahrung»[107] hineindenken: Die göttliche Ausstrahlung geht bis in die Welt der Sinne hinein; auch und viellicht gerade Sinnes-Erfahrungen spiegeln Geistig-Göttliches wider – denn dort wird es konkret. Wiederum kehrt das Verständnis von Schönheit wieder, aus dem Dionysios lebt.

Ohne ein entsprechendes, neu durchdachtes Verständnis für heute werden die Sakramente schnell als Magie oder als bloß äußerliche Riten verkannt. Nach Dionysios aber sind sie rituelle Verdichtungen des allgemeinen Bild-Abbild-Verhältnisses von Gott und Welt, von Urprinzip und Wirklichkeit, von Urschönheit und dem vielen Schönen, das uns begegnet. Der Gott-Mensch Jesus, in dessen Dasein als Mensch Gottes Herrlichkeit aufleuchtet, ist die substantielle Wahrheit, ist Angelpunkt und Kraftzentrum dieses Verhältnisses von «gestaltlosem» Urprinzip zur «gestalthaften» Weltwirklichkeit. Was Dionysios neuplatonisch vorfand, sah er in Jesus, der Kirche, den Sakramenten erfüllt.

VII. Lichtmetaphysik, Vergöttlichung und hymnische Poesie

Ästhetisches Mitfühlen (Empathie) – wie beim Erleben von Licht – kann dem modernen Menschen Zugang zu Dionysios eröffnen. Lichtmetaphysik als Reflexion über Gottes und der Welt Schönheit durchzieht all seine Schriften. Das Buch über die «Namen Gottes» (II,4) verdeutlicht mit dem Bild des Lichts das «überunerkennbare» Geheimnis des einen und zugleich dreifaltigen Gottes:

[107] H. Rahner sieht in der sinnenhaften Konkretheit auch den Gipfel der ignatianischen Mystik. In: Die «Anwendung der Sinne» als Angelpunkt der Exerzitien, habe ich es aufgegriffen; Ignatianisch. Eigenart und Methode der Gesellschaft Jesu, hgg. von M. Sievernich SJ, G. Switek SJ, Freiburg-Basel-Wien 1990 (^{2}1991), 96-119.

In der fürwahr göttlichen Einung der Überwesenheit zum Beispiel sind mit der ureinheitlichen Dreifaltigkeit geeint
und in Gemeinschaft getreten
die überwesenhafte Existenz,
die übergöttliche Gottheit,
die übergute Güte,
die jenseits von allem befindliche Identität
  der jenseits von allem befindlichen
    ganzen Besonderheit...
Gleichwie, um verständliche und passende Beispiele zu verwenden,
Lichter von Lampen in einem einzigen Zimmer
  sowohl vollständig ganz und gar
    ineinander gehen
  als auch eine vollkommene, eigentümlich bestehende Geschiedenheit
    voneinander aufweisen
und somit geeint in der Geschiedenheit
und in der Einung geschieden sind.

a) Fragen an das Weltbild des Dionysios

Doch damit sind die Fragen, die schon Martin Luther und viele andere an Dionysios stellten, nicht entwertet: Ob aus dem dreifaltigen Gott in seinem Geschichtswirken nicht ein abstraktes Denkprinzip geworden ist? Ob es gelang, die Gestalt Christi in die auf- und ab-steigende Hierarchie von Engel, Welt und Kirche und besonders in deren geschichtliche Entwicklung einzubringen, was Brief IV und V versuchen[108]? Ob

[108] Von Balthasars Beschwichtigung trifft Wesentliches, bleibt aber mager: «So ist ihm das Mysterium des Gottmenschen, seine Erniedrigung, sein Leiden, Sterben und Absteigen vollkommen gegenwärtig, aber es wird im Rahmen des Descensus Gottes in die Welt überhaupt betrachtet und tritt thematisch nur hervor, wo von der Nachfolge Christi zumal bei den Berufenen, bei den Priestern und Mönchen gehandelt wird.» Zum Verständnis der Einseitigkeiten in der Christologie des Dionysios wäre z.B. der Mentalitätsunterschied der

das neuplatonische Weltbild überhaupt mit dem christlichen und dem modern-naturwissenschaftlichen Weltbild vereinbar ist? Alles gründet in der Frage, die de Lubac[109] formuliert:

> Das Denken des Dionysios trägt mit der Last eines ungenügend transformierten Neuplatonismus das Risiko in sich, das Gleichgewicht von Ewigkeit und Geschichte zum Nachteil der Heilsgeschichte und ihrer Eschatologie zu stören.

Ob im Denken des Einen, des Ganzen, des Sinns, der Ewigkeit die Vielfalt von Raum und Zeit, von Geschichte und Individualität nicht untergeht? Eine Gefahr, die den ostasiatisch beeinflußten religiösen Systemansätzen droht. Es geht um die Grundstruktur des dionysischen Denkens.

Dazu ist zuerst zu sagen: Nur im Raum des poetischen Zugangs darf der Wahrheitsgehalt der dionysischen Texte diskutiert werden. Die Frage aber, ob ein solcher Zugang heute legitim ist, darf auf den Kopf gestellt werden: Dieser Zugang wird immer legitimer, während der formal-logische Zugang an Deutungskraft für das Fragen nach Gott und Welt verliert. Im Verlauf der Arbeit wird dazu genügend Stellung genommen.

Hier aber ist eine Verdeutlichung vonnöten. Moderne Kunst ist weithin von Sorge, Protest, unbewältigter Not geprägt. Doch im übergeschichtlichen Weltbild des Dionysios darf man nicht die Sorge und Angst suchen, die sich in der modernen Dichtung zu Wort meldet. Das Ringen um den (Un-)Sinn von Kreuz und Leid, das die heutige Kunst quält und das auch in der Botschaft des Evangeliums einen zentralen Platz einnimmt, fehlt bei Dionysios oder wird – wie sich bei der Frage nach dem Bösen zeigt – zwar ernst, aber recht abstrakt behandelt. Das poetische Fühlen des Dionysios und sein Schönheits-

mittelalterlichen Kreuzesfrömmigkeit zur patristischen Symbolik zu beachten, was hinwiederum für eine moderne Synthese wichtig würde.

109 (Anm. 22) Buch I,2, 640; vgl. die ähnliche Kritik zur «Deutschen Mystik», Buch II,2, 488-490 u.ö..

denken steigen gleichsam senkrecht nach oben in die Unendlichkeit Gottes hinein. Dionysios lebt in der Differenz (er liebt das Wortfeld «scheiden») des Unendlichen und Endlichen, aber nicht in der Differenz der Tatsachen-Welt mit ihrem Bösen zur Ideal-Welt. Er lebt auch nicht so sehr in der typisch christlichen Differenz von «jetzt» und zukünftiger Vollendung, sondern in der geschichtslosen Differenz von Endlich und Unendlich. Doch nur wer meint, eine Darstellung des Christentums müsse rundum perfekt sein, wird an solchen Unzulänglichkeiten Anstoß nehmen, statt sich selbst zu neuen Versuchen anstoßen zu lassen.

b) Die poetische Gestalt der «Theologia Mystika»

Auf dem Hintergrund dieses wenig geschichtlichen, aber hochpoetischen Weltbildes ist auch theoretisch zu verdeutlichen, warum gerade der Gipfeltext der «Theologia Mystika» poetisch genannt werden darf.

Schon daß sich seine literarische Form so deutlich von anderen, oft schwerfälligen Texten abhebt, zeigt, wie bewußt Dionysios mit ihm «Hymnen» darbringen, das Mensch-Gott-Verhältnis poetisch preisen will.

Zu schauen ist auf die gewaltsam klingenden, superlativkomparativen Wortbildungen mit «über-un», auf die Satzstrukturen mit «weder-noch», auf die endlosen Reihungen. Dionysios sucht auch sprachlich nach einer Form, die das normale Sprechen übersteigt.

Poetisch besagt nach dem Strukturalisten Roland Barthes oder in der Reflexion Reiner Kunzes[110]: mit Hilfe des primären Zeichensystems der Alltags-Sprache und -Rationalität ein sekundäres, neues Aussagesystem zu erstellen, das Erfahrungen, Werte, Anliegen zur Sprache bringt, die im primären Sprachsystem nicht auszudrücken sind, weil sie die Logik des eindimensionalen Denkens und Erfahrens übersteigen. So läßt

[110] Das weiße Gedicht, Frankfurt 1989.

Karl Krolow «Rosen der Luft erblühen» und Paul Celan «schwarze Milch trinken». Der primärsprachliche Unsinn evoziert einen Tatbestand, der tiefer liegt, als einfache Sachbehauptungen mit logischen Schlußfolgerungen greifen. Die «blühenden Rosen der Luft» vereinen Schauen, Riechen, Schmecken, Tasten; ergreifen den ganzen Menschen, seine «Seele» und drücken nicht nur Frischluft aus. Das «Trinken der schwarzen Milch» in der Todesfuge Paul Celans erzählt, daß Tod und Untergang alltägliche Nahrung geworden sind. Die Kunst des Poeten malt solche Erfahrungen so aus, daß sie den Hörer/Leser überzeugen.

In der «Theologia Mystika» sind es weniger die einzelnen Worte und Metaphern[111], als die Textdynamik, die im Aufstieg des Mose auf Sinai, dem Sich-Übersteigen und Eintreten in die dunkel-helle Wolke etwas ausspricht, was das primäre Kommunikationssystem der Sprache zu tieferem, sinntragendem Erfahren hinführt. Nicht nur die intellektuellen Paradoxien, daß Gott zugleich fern wie nahe ist, sondern die beschwörenden, sich steigernden Wiederholungen im Textrhythmus mit den Wort-Bildern rufen im Leser Erfahrungen auf, brauchen also Empathie und nicht nur Intellektualität zum Verständnis. Sie wollen schon mit ihrer sprachlichen Form auf die Mentalität des Lesers einwirken, verlangen damit dessen ganzheitlich bereites Offenstehen.

Voll realisiert wird das Angebot dieser Poesie erst, wenn einer sich auch auf ihre inhaltliche Aussage einläßt, auf das Absolute, das so unendlich ist, daß es alles umfängt, überall gegenwärtig ist – besonders in «mir» –, das aber zugleich alles übersteigt, sodaß es immer neu und höher zu suchen ist. Es ist die Weite des Absoluten, die einen zugleich umfängt, wie ihm die unverwechselbare Individualität und Personalität schenkt.

[111] Zur (Wort-)Metaphorik, M. Egerding: Die Metaphorik der spätmittelalterlichen Mystik, I. u. II., München 1997. Die Poesie der «Theologia Mystika» aber lebt stärker von der Struktur des Text-Gefüges.

c) Das Geschenk der Vergöttlichung

Dionysios ist fasziniert vom Geheimnis der überunerkennbaren und in vielen Fazetten ausstrahlenden Gottheit. Ihr Licht schenkt dem Menschen, der von ihm grundverschieden bleibt, sowohl Identität mit sich wie Einheit mit eben diesem Licht. Es bleibt in allen unterschiedenen Aussagen Anfang, Ursprung und Vollendung von allem (DN II,4):

> In der fürwahr göttlichen Einung der Überwesenheit ...
> mit der ureinheitlichen Dreifaltigkeit geeint ...
> die überwesenhafte Existenz,
> die übergöttliche Gottheit...

Alle Einheit der Weltwirklichkeit gründet in dieser «überwesenhaften Einheit», doch ebenso gründen auch die Unterschiede der Weltwirklichkeit in den «hierarchischen» Unterschieden des innergöttlichen Lebens (DN II,5):

> (Denn) das zur überwesenhaften göttlichen Zeugung
> Gehörende
> (kehrt) sich nicht wechselseitig (um).
> Einzige Quelle der überwesenhaften Gottheit ist der Vater,
> da der Vater nicht Sohn und der Sohn nicht Vater ist
> und auch die Lobpreisungen
> für eine jede der erzgöttlichen Subsistenzen (Personen)
> fromm deren Eigentümlichkeiten beachten.

In Gott herrscht keine mathematisch-logische, sondern die «schöne» Einheit hierarchischer Ordnung. Im Gottmenschen Jesus wird diese Grundstruktur von Einheit in Geschiedenheit sichtbar (DN II,6):

> Geschieden aber ist in der gütigen,
> uns erwiesenen Heilstat Gottes,
> daß der überwesenhafte Logos
> unter uns aus uns vollkommen und wahrhaftig
> unsere Daseinsform angenommen
> und gewirkt und gelitten hat,

was seine menschliche Gotteswirksamkeit auszeichnet
und bestimmt.

Die gesamte geschaffene Welt hat – je nach Grad ihrer Geistigkeit – eben diese Struktur, steht so in Einheit mit dem göttlichen Urprinzip und zugleich in Geschiedenheit von ihm – beides gründend im gleichen Urprinzip. Was in theologischer Sprache als «Dreifaltigkeit» formal und kalt klingen mag, wird bei Dionysios zu Leben und Erfahren geweckt.

Er greift damit auch eine Wahrheit auf, die für die ersten christlichen Jahrhunderte (wie noch heute für die Orthodoxie) selbstverständlich war: Der Mensch wird durch die Gnade vergöttlicht, doch damit geschieht weder Gottes Absolutheit und Transzendenz noch der menschlichen Identität Abbruch. Einheit mit Gott und Unterschiedenheit von ihm gründen im gleichen Gott, der doch auch selbst zugleich eins und dreifach verschieden ist. Auch in Gott lebt hierarchische Ordnung. Im Menschen schwingt es weiter und reicht bis ins geringste Dasein hinein. Hiermit taucht das Thema der «Vergöttlichung» auf, das bei Dionysios, der ja nicht systematisiert, sondern zum Aufblicken zu Gott führt, eher zwischen den Zeilen als Hinter-«Grund» steht (DN II,7):

Wenn wir z.B. die alle Begriffe
überschreitende Verborgenheit
Gott, Leben, Manifestation des Seins,
Licht oder Wort nennen,
so meinen wir nichts anderes
als die aus ihr zu uns heraustretenden Kräfte,
die Vergottung bewirken,
Dasein schaffen, Leben erzeugen
oder Weisheit schenken.

Die Vergottung fließt aus dem schenkenden, göttlichen Urprinzip (DN II,11).

Weil durch die aus ihm kommende Vergottung,
die entsprechend dem Vermögen eines jeden

gottähnlich macht,
viele zu Göttern werden,
scheint es wiederum und sagt man,
daß es eine Geschiedenheit und Vervielfältigung
des einen Gottes gebe,
aber nichtsdestoweniger sind der göttliche Urgrund
und der Übergott
überwesenheitlich ein einziger Gott,
ungeteilt in den geteilten Dingen,
sich selbst geeint
und für die große Menge
unvermischt und unvermehrt.

Formulierungen des christologischen Dogmas von Chalcedon klingen an: Jesus Christus ist wahrer Gott und wahrer Mensch: «Eins und unvermischt». Der Vergöttlichung, die Jesu Wesen seinshaft ausmacht (eine Person, zwei Naturen), entspricht im Menschen Gottes Gnadengeschenk (vergöttlichend, aber nur als stetes Geschenk). So schreibt Dionysios in Erinnerung an seinen (fiktiven?) Lehrer Hierotheos (DN II,9): Es ist

(die Gottbildung Jesu)
(– daß Jesus nach Menschenart unsere Daseinsform
angenommen hat –),
was jener (Hierotheos) ... erkannt oder
letztlich auf Grund irgendeiner göttlicheren Inspiration
mystisch erfaßt hat,
indem er das Göttliche
nicht nur lernte, sondern auch erlitt
und durch die ... Verbundenheit mit diesem
zur nicht mitteilbaren und mystischen Einung mit diesem
und zur Treue vollendet wurde.

Dionysios spielt mit dem «ou monon mathoon, alla pathoon tha Theia», das Göttliche nicht nur lernend «erkennen», sondern erleidend «erfahren», auf ein Wort Platons an, das in der christlichen Traditon wichtig wurde: Der Doppelsinn von «pathoon» – leiden als Schmerz erfahren und (er-)leiden als empfangen – diente zur Deutung des Kreuzes: Jesus erlitt/erfuhr den «Gehorsam» am Kreuz; und gerade darin manifestierte sich die Einheit mit dem Vater. Die Paradoxie eines «Todes», der in der Verlassenheit des Kreuzes-Sterbens von allem trennt, wird zur Manifestation der Einheit mit dem Vater, mit dem lebendigen Gott. Exempelhaft gilt dies in irgendeiner Weise einem jeden: Weil unterschieden, deshalb eins! Es ist die Paradoxie der Begegnungs-Einheit: Je mehr ein jeder der beiden den anderen in seiner Verschiedenheit annimmt, desto enger wird das Band und die Erfahrung der personalen Einheit. Und dies liegt auch dem Mysterium der «Vergöttlichung» zugrunde: Im Einswerden mit Gott gewinnt der Mensch die eigene Freiheit und Subsistenz; im «Erleiden» des Andersseins «erleidet» er die Vergöttlichung. Jesus nun realisierte sein «Ein-Sein» mit dem Vater gerade im Schmerzensruf: «Mein Gott, mein Gott, warum hast du mich verlassen?» (Mk 15,34). Die Vergöttlichung des Menschen ist von diesem Geheimnis des Kreuzestodes Christi geprägt; aber ist zugleich als Grundgegebenheit menschlicher Erfahrung lebendig. Das sind wohl die Zusammenhänge, die Dionysios in obigem Zitat berührt.

H.U. von Balthasar[112] markiert überschwänglich den Ort des Dionysios in dieser christlich-neuplatonischen Tradition:

> Wenn dieses Verhältnis von Negation und Position schon bei Platon grundgelegt war und die ästhetische Mystik Plotins und Proklus' und auch Gregors von Nyssa und Augustins bestimmte, so erhält es doch erst bei Dionysius sein vollendetes Gleichgewicht: Die ungeheure, oft zur Rasanz sich steigernde aufsteigende Verneinungsbewegung, die die Apophatik (Absprechung aller Namen) der Kataphatik (Zusprechung aller Namen) überordnet, entzündet sich doch je nur – und immer glühender – an der Abstiegsbewegung des sich in Erscheinungen mitteilenden Gottes...

[112] (Anm. 1) 168f.

> Wenn niemand so stark wie Dionysius die Transzendenz Gottes betont hat, so hat doch auch niemand so entschieden wie er ... die Positivität der geschöpflichen Wesensgrenzen und hierarchischen Wesensordnungen vertreten.

Das Ja zur absoluten Transzendenz Gottes ist zugleich das Ja zum positiven Sein der Geschöpfe und ist nochmals zugleich Ausdruck von deren dynamischer Einheit mit Gott, dem Ursprung aller Licht-Erstrahlung.

d) Hymnus als Hochgestalt der Gottesmystik

Das Werk des Areopagiten Dionysios setzt sich fort in der ostkirchlichen Theologie der Ikonostase. Gottes Geheimnis wird sichtbar in der Gestalt von Engeln und Heiligen, in der Ikone Christi. Der russische Martyrertheologe Pavel Florenskij verbindet diese Theologie geistreich mit der berühmten Dreifaltigkeitsikone Rubljovs[113]:

> Von allen philosophischen Beweisen Gottes klingt gerade der am überzeugendsten, der in den Lehrbüchern nicht einmal erwähnt wird: Er läßt sich als Schlußfolgerung etwa so konstruieren:
> «Es gibt die Dreifaltigkeit Rubljovs,
> folglich gibt es Gott.»

Das Geheimnis der Schönheit berührt in seiner Vollendung das Geheimnis Gottes. Ähnlich bestätigten sich der Marxist Ernst Bloch und der Katholik Gabriel Marcel: «In der IX. Sinfonie Beethovens» erfahre man «das Ewige, das Transzendente». Also nicht im Denken, sondern im konkreten Erleben des Kunstwerks trifft uns Gottes Herrlichkeit. Diese ikonologische Theologie hat nach Dionysios aber ihren Höhepunkt in der

[113] Die Ikonostase. Urbild und Grenzerlebnis im revolutionären Rußland, Stuttgart 1988 (^{2}1990), 75. Zu E. Bloch und G. Marcel: M. Lütz, Der blockierte Riese. Psycho-Analyse der katholischen Kirche, Augsburg 1999, 104f.

Liturgie, im Ritus des Hierarchen, der die Gemeinde einlädt zur Teilnahme am göttlichen Geheimnis und es mit ihr hymnisch preist. Zu diesem Lobpreis gehört der Gottesdienstraum mit den Bildern, der Schein der Kerzen, der Wohlgeruch des Weihrauchs, das gemeinsame eucharistische Mahl und der Gesang. Das alles meint das II. Kapitel der «Theologia Mystika», wenn es den Plan entwirft:

> Wie man vereint sein und Hymnen darbringen soll dem,
> der der Urgrund von allem und über allem ist.

Die «Kirchliche Hierarchie» entfaltet das Thema; und so kommt Dionysios darin oft auf die Bedeutung der Hymnen zu sprechen (III,C,5):

> Dann besingen die vollkommen geheiligten Vollzieher
> und Schaulustigen
> der hochheiligen Zeremonien,
> während sie die allerheiligste Weihehandlung
> in geziemendem Respekt vor dem Heiligen
> mit Augen schauen,
> in einem umfassenden Lobgesang
> den Gutes schaffenden und Gutes schenkenden Urgrund,
> der uns die rettenden Weihen gezeigt hat,
> welche in geheiligter Weise den Mitfeiernden
> zum Gott machen.
> Dieses Loblied nennen
> die einen gemeinsames Bekenntnis,
> die andern Kultsymbol,
> die andern – gottnäher, wie ich glaube –
> hierarchisches Dankgebet,
> weil es die von Gott auf uns gekommenen Gaben
> zusammenfaßt.

Anderswo (EH II,C, 5 u. 8) deutet Dionysios die Ölsalbung, die in der syrischen Kirche, wie gesagt, allen Sakramenten zugrunde liegt, in ihrem Gott-bezogenen Sinn als Initiation, Einweihung in die göttliche Wahrheit: Sie schenke dem Christen das göttliche Sein, das in Christus lebt, gemäß der Ordnung der kirchlichen Hierarchie:

Die genauen Abbilder dieser Lehren siehst Du
in den hierarchischen Zeremonien.
Denn der gottähnliche Hierarch beginnt
die geheiligte Salbung,
die Priester führen den heiligen Akt der Salbung
unter seinen Augen durch
und rufen den Einzuweihenden sinnbildlich
zu den heiligen Kämpfen auf,
die er unter der Kampfleitung Christi zu bestehen hat.
Christus hat nämlich
als Gott die Einrichtung der Kämpfe geschaffen,
als Wissender hat er ihnen die Gesetze gegeben,
als Schöner hat er den Siegern
die angemessenen Kampfpreise ausgesetzt,
und was noch göttlicher ist:
Als Guter hat er sich unter die Kämpfer eingereiht
und hat in geheiligter Weise mit ihnen
für ihre Freiheit und ihren Sieg
gegen die Gewalt des Todes
und der Vernichtung gekämpft...
Die Salbung zur Vollendung der Weihe aber
macht den Geweihten wohlriechend.
Denn die geheiligte Weihe der Geburt aus Gott
macht den Geweihten eins
mit dem Geisthauch des Gottesprinzips.

Gott der Eine aber ist und bleibt für Dionysios Denk- und Erfahrungsursprung seiner gewaltigen Theologie, in der er das neuplatonische Eine ergreift, ins Christentum einbringt und damit zugleich übersteigt (DN II,11):

Weit davon entfernt
(«ein Teil der Menge
oder ein Ganzes aus Teilen zu sein»)
ist er vielmehr ein Eines über dem Einen,

ein Eines für das Seiende
und ungeteilte Menge,
nicht zu füllende Überfülle,
jedes Eine und jede Menge
erschaffend,
vollendend
und zusammenhaltend.

Im zehnten Kapitel der «Göttlichen Namen» stimmt Dionysios[114] nochmals einen Hymnus auf Gott an. In der «Ver-Dichtung» H.U. von Balthasars (180f) ist er Beispiel für die barocke, «alles» einbeziehende Sprache des Dionysios, die an dieser Stelle das «all» (pan) sich zum Leitmotiv erwählt hat:

Pantokrator /Allmächtiger, Allherrscher/
wird der vielnamige Gott genannt,
weil er das allbeherrschende Fundament aller Dinge ist,
das die Allheit zusammenfügt und beisammenhält
und umfängt
und sie in sich eingründet und fundiert
und wie mit Bändern umschließt
und das Gesamt unverrückbar in sich selber vollendet
und aus sich selber das All
wie aus einer allgewaltigen Wurzel
hervorgehen läßt
und wiederum Alles auf sich
wie auf einen allestragenden, gründenden Stamm
zurückwendet
und darin umfangen hält,
als ein allfassender Thronsitz,
der alles Eingeschlossene
in einer einzigen, überfassenden Einschließung
sicherstellt
und nicht duldet,

[114] (Anm. 1); der Text preist Gott als den «Alten der Tage».

daß etwas
als von seiner allvollendeten Heimstatt losgerissen
entfallend verderbe.
Und auch deshalb wird die Urgottheit
Pantokrator genannt,
weil sie über alles hin machtvoll herrscht
und, ohne sich zu vermischen,
der durchherrschten Dinge waltet,
/weil/ sie auch für alle das Ersehnenswerte
und Angeliebte ist
und allen die gernbegehrten Joche auferlegt
und die süßen Wehen
des göttlichen,
pantokratorischen /allbeherrschenden/
und unauflöslichen Eros
ihrer eigenen Güte.

ZWEITER TEIL

DIE ERFAHRUNG DES ABSOLUTEN IM POETISCHEN ZEUGNIS

Es ist erstaunlich, welch weites Flußdelta durch den Strom gespeist wird, der von Dionysios ausgeht:

– Der Einfluß seiner apophatischen «Theologia Negativa» auf das theologische Denken und die Geschichte der Mystik wurde schon hervorgehoben und stellt die weitaus wichtigste Wirkungsgeschichte des Dionysios dar.

– Den Einfluß seiner Lichtmetaphysik auf die gotische Architektur und Kunst diskutieren die Fachleute[115] zwar unterschiedlich. Sicher aber beruft sich Suger von Paris[116], der Erbauer der gotischen Mutterkirche St. Denis (ab 1137) auf Dionysios, den Namenspatron seiner Kirche, als Ideengeber.

[115] Diskutiert wird, ob die gotische Kathedrale ihre Gestalt aus ideologischen (Lichtmetaphysik) oder bautechnischen oder gar politischen Gründen erhalten hat. Dazu U.R. Jeck in verschiedenen Beiträgen: Hermeneia, 1992-1995; zusammenfassend in: Ästhetik und Kunstphilosophie von der Antike bis zur Gegenwart, Stuttgart 1998, 549-654, Stichwort: Pseudo-Dionysius. In: Der Himmel über der Erde. Kosmossymbolik in mittelalterlicher Kunst, Leipzig 1995, entwerfen Fachleute den geistesgeschichtlichen Rahmen. Vorzüglich auch Chr. Markschies, Gibt es eine «Theologie» der gotischen Kathedrale? Nochmals: Suger von Saint-Denis und Sankt Dionys vom Areopag, Heidelberg 1995, mit dem Ergebnis: Man muß den allgemeinen, allegorisch-symbolischen Weltzugriff mittelalterlicher Mentalität, der allerdings mit Dionysios besonders gepflegt wird, mit den wachsenden technischen Möglichkeiten zusammensehen.

[116] In: «De consecratione Ecclesiae S. Dionysii» legt er aufgrund des allegorischen Weltbildes die Fundamente zur symbolischen Deutung der Gotik.

Nach Otto von Simson[117] sind die emporwachsenden Gewölbe und die lichtbrechenden Fenster tatsächlich der Hierarchie des Lichtes nachempfunden, die Dionysios zu Beginn seiner Himmlischen Hierarchie (I,2) entwirft:

> Denn anders ist es ja gar nicht möglich, daß der vom göttlichen Ursprung aller Dinge ausgehende Lichstrahl uns einleuchte,
>
> es sei denn durch den bunten Formenreichtum der geheiligten Vorhänge verhüllt, jedoch so, daß dieser über sich hinaus verweist, und unserer Natur entsprechend aus väterlicher Fürsorge hergerichtet (ist).

Es geht um das «Erkennen Gottes» (des Lichtes) in der Buntheit seiner geschöpflichen Abbilder (der bunten Fenster, des hohen Gewölbes).

– Der Einfluß der Gottes- und Weltsicht auf das gesamte abendländische Denken (Theologia Negativa) und Erfahren (Mystik) – weit über den christlichen Bereich hinaus – ist kaum abzumessen und wird immer wieder (zustimmend oder kritisch) dargestellt. Offenbleiben darf dabei, ob es das Denken dieses individuellen Theologen oder das der gesamten patristischen Theologie ist, die allerdings in Dionysios einen herausragenden Zeugen hat.

– Nach Prof. Dumoulin[118], Spezialist für die Geschichte des Zen-Buddhismus, und nach P. Henri Le Saux, der wie kein

[117] Die gotische Kathedrale, Darmstadt ^{3}1979 (^{5}1992). K. Onasch, Lichthöhle und Sternenhaus. Licht und Materie im spätantik-christlichen und frühbyzantinischen Sakralbau, Dresden-Basel 1993, greift ähnliche Gedanken auf. Fr. Teichmann, Der Mensch und sein Tempel. Chartres, Schule und Kathedrale, Stuttgart 1991, färbt dies anthroposophisch ein. Vgl. auch die Gesichtspunkte von G. Binding: Die neue Kathedrale, Rationalität und Illusion, in: G. Wieland, Hgg., Aufbruch – Wandel – Erneuerung. Beiträge zur «Renaissance» des 12. Jhs., Stuttgart-Bad Cannstatt 1995, 211-225.

[118] Spiritualität des Buddhismus. Einheit in lebendiger Vielfalt, Mainz 1995, 38: «Nach einer Weile begriff ich, was sie (japanische Studenten) meinten, auch daß das fernöstliche ‹Nicht› nicht einfachhin mit dem, was Christen unter Geheimnis verstehen, gleichgesetzt werden darf. Am nächsten kommt der fernöstlichen Rede die Philosophie Plotins und die sogenannte Theologia negativa des Pseudo-Areopagiten.»

anderer den Dialog mit den fern-östlichen Religionen nicht nur lehrte, sondern auch lebte[119], also in Person vollzog, bietet die Spiritualität des Dionysios eine breitere Brücke zum fernen Osten als selbst die Mystik Meister Eckharts.
– Der Einfluß der poetischen Sprache, wie sie besonders in der «Theologia Mystika» zu finden ist, auf die Sprache späterer Zeugnisse von Gotteserfahrung ist unbestreitbar, doch philologisch schwer zu greifen; denn jedes Sprechen von Gott bekommt, sobald es sich ehrlich dem Geheimnis Gottes stellt, poetische Züge, greift zwangsläufig zu Negativaussagen. K. Rahner[120] reflektiert dies in seiner Abschiedsrede, «Erfahrungen eines katholischen Theologen», und findet dabei spontan auch selbst eine poetische Sprache:

> ... daß der Theologe erst dort wirklich einer ist,
> wo er nicht beruhigt meint,
>   klar und durchsichtig zu reden,
> sondern die analoge Schwebe zwischen Ja und Nein
>   über dem Abgrund der Unbegreiflichkeit Gottes
>   erschreckt und selig zugleich
>   erfährt und bezeugt...
> Gott gibt dem Menschen in Schöpfung und Offenbarung
>   zwar sein Wort
>   und trägt ihm damit auf:
>   über Gott lobpreisend zu reden...
> Aber bei diesem Reden vergessen wir (Theologen)
> dann meistens,
>   daß eine solche Zusage
>   immer nur dann einigermaßen legitim von Gott

[119] Vgl. seine Lebenssynthese, Saccidananda. A Christian approach to Advaitic experience, New Delhi 1984 (Reprint 1990), 183: «Bewegt durch den Geist der Weisheit beurteilt der Mensch ‹nicht nur lernend, sondern leidend-erfahrend› in ‹connaturality› (‹natürlicher Geistesnähe›, nach Thomas von Aquin) die Dinge in Gott.»; auch französisch, Paris 1991; zur verfälschenden deutschen Übersetzung: Wege der Glückseligkeit, s. Anm. 136.

[120] In: Vor dem Geheimnis Gottes den Menschen verstehen. Karl Rahner zum 80. Geburtstag, hgg. von K. Lehmann, München u. Zürich 1984, 108. 106f.

ausgesagt werden kann,
wenn wir sie gleichzeitig auch immer
wieder zurücknehmen,
die unheimliche Schwebe zwischen Ja und Nein
als den wahren und einzigen festen Punkt
unseres Erkennens aushalten
und so unsere Aussagen immer auch hineinfallen lassen
in die schweigende Unbegreiflichkeit Gottes selber,
wenn auch unsere theoretischen Aussagen noch einmal
mit uns selber zusammen
unser existentielles Schicksal teilen
einer liebend vertrauenden Hingabe unserer selbst
an die undurchschaute Verfügung Gottes,
an sein Gnadengericht,
an heilige Unbegreiflichkeit.

Je unmittelbarer das Sprechen über Gott und sein Geheimnis aus dem Erleben und dem Betroffensein stammt, desto spontaner nähert es sich künstlerischen Formen, die oft wiederum einem Stammeln gleichkommen, wie das Alte Testament von Mose und Jeremia berichtet. Existentielle Gott-Rede und poetisches Sprechen berühren sich. «Lyrik ist Mystik», schrieb Paul Celan[121] als Dichter. Man darf sein Wort auch umkehren: «Mystik ist Lyrik», ist Poesie, ist Kunst, wenn auch oft nur stammelnd.

So sollen auch hier, statt das dionysische Anliegen in Begriff und Analyse aufzulösen[122], einige mehr oder weniger zufällig ausgewählte Zeugnisse vorgestellt werden, in denen Menschen aus und von ihrer Erfahrung mit dem Absoluten sprechen. Diese Vielfalt poetischer Gottrede möge der «Theologia Mystika» des Dionysios ein jeweils neues Licht schenken, ein helle-

[121] J. Firges, Den Acheron durchquert ich. Einführung in die Lyrik Paul Celans, Tübingen 1998 (^{2}1999), 14.

[122] Die Buchreihe der Forschungsgruppe «Poetik und Hermeneutik», Wilhelm-Fink-Verlag, München, 17 Bde. seit 1963, geht unter vielfältigen Aspekten dem Zusammenklang von Sprache, Poesie und Erfahrung nach.

res wohl, als es theoretische Auseinandersetzungen werfen können. Leicht zu sehen ist, daß wir damit dem Vorbild H.U. von Balthasars folgen, der im zweiten Band seiner «Theologischen Ästhetik» einen «Fächer der Stile» (klerikal, laikal) entfaltet, um die Grundthese «Gott ist schön» zum Leben zu erwecken.

I. DER MYTHISCHE URSPRUNG

Nach der «Entzauberung der Welt» (Max Weber) erleben wir augenblicklich eine wachsende Sehnsucht nach ihrer «Wiederverzauberung», die allerdings mit ihren vielen Schleich- und Irr-Wegen[123] der wahren Begegnung mit dem Absoluten oft mehr schadet als nützt. Daher ist es hilfreich, auf den echten mythischen Ursprung der Gott-Rede zurückzugehen und die Einheit in der Erfahrung des Absoluten zu erspüren, die noch vor unseren, auch theologischen Unterscheidungen liegt.

a) Mythos als ur-religiöse Erfahrung

Der rumänische Religionswissenschaftler M. Eliade[124] sieht in den Mythen, den bildhaften Ursprungerzählungen, den Beginn des religiösen Bewußtseins:

> Der Mythos lehrt ihn (den Menschen) die primordialen «Geschichten», die ihn existentiell konstituiert haben, und alles, was mit seiner Existenz und seiner Seinsweise im Kosmos zu tun hat, trifft ihn unmittelbar.

Die uralten Geschichten sagen dem Menschen, daß alles «Gewöhnliche» getragen und durchzogen ist vom «Göttlichen» – man darf verdeutlichen, daß die Prosa, die Rationalität der

[123] S. Anm. 72.

[124] Mythos und Wirklichkeit, Frankfurt 1988, 21; Das Heilige und das Profane. Vom Wesen des Religiösen, Frankfurt 1990, 15.

Welt gehalten ist von Gottespoesie und daß die Vielfalt des Alltäglichen überformt ist von der Einheit des Endgültigen. In Riten mit Poesie, Musik und Tanz feiert, vergegenwärtigt der Mensch seinen Ursprung: Das Göttliche als bleibenden Grund des Zeitlichen. Sonne, Stein, Feuer, der Urahne, dem der Ritus gilt, stehen im kosmischen Raum des Heiligen. Nur eine Verballhornung kann prosaisch versuchen, die Mythen auf ihre Tatsächlichkeit hin zu kontrollieren, aus ihrer Bildersprache einen Fotorealismus und das Mythische zum Gebrauchs-Göttlichen (-Götzendienerischen) zu machen. Doch ebenso abwegig wäre es, die mythischen «Bilder» als unerheblich zur Begegnung mit der Wahrheit des Göttlichen abzuwerten.

> Der heilige Stein, der heilige Baum werden nicht als Stein oder als Baum verehrt; sie werden verehrt, weil sie Hierophanien (Erscheinungen des Heiligen) sind, weil sie etwas «zeigen», was nicht mehr Stein oder Baum ist, sondern das Heilige, das ganz Andere.

Die zweibändige «Einführung in die Philosophie des Mythos»[125] dokumentiert das Nachdenken über das Mythische durch die Jahrhunderte. Nach einer radikalen Abwertung zu Anfang des 20. Jahrhunderts setzt sich seit einigen Jahrzehnten eine «Neubewertung des Mythos» durch. Der Anlaß ist zwar «in der Erschütterung des Fortschritts- und Zivilisationsglaubens zu suchen». Doch dabei tritt immer mehr der Wahrheitsgehalt des Mythischen aus sich selbst ins Licht – auch (und gerade) in den Mythen abgelegenen Kulturen. Nach der Soziologie konstituieren Mythen und Riten doch den Zusammenhalt des menschlichen Gemeinschaftslebens. Nach der Psychologie geben sie dem jeweiligen Menschen in seinem Eigendasein Sinn und Halt. Die mythische Perspektive der Wirklichkeit ist so tief im menschlichen Wesen verankert, daß ohne sie das Menschsein zerfallen würde. Und dies gilt schon ehe das

[125] L. Brisson, Chr. Jamme, Einführung in die Philosophie des Mythos, I. u. II., Darmstadt 1996, 1991; die Zitate II, 92f.

Eigentlich-Religiöse zur Sprache kommt; dort gewinnen die Überlegungen zum Mythos ihre Mitte.

Gewiß ist es notwendig, was der Philosoph H. Blumenberg[126] («Arbeit am Mythos») scharfsinnig entwickelt: Der Wahrheitsgehalt der mythischen Aussage und die Wirklichkeitsnähe der rituellen Vollzüge sind immr neu vom Boden der Tatsachen und der Rationalität aus zu hinterfragen. Doch die «Mythische Welt» (Blumenberg: «Die absolute Metapher») wird in ihrer Aussagekraft durch keine Analyse ausgeschöpft. Sie bleibt sinntragender Urbestand der Weltbewältigung. Was Blumenberg philosophisch darlegt, erläutert N. Bischof[127] psychologisch-biologisch:

> Der Mythos (verdankt) seine Überlebensfähigkeit der Potenz, die Unheimlichkeiten der Welt, die eigentlich in der Tiefe der menschlichen Natur gründen, in eine Deutungsform zu bringen und damit emotional beherrschbar zu machen. (Er bildet die Basis,) auf der die Menschengemeinschaft ein möglichst spannungsreduzierendes Antriebsmanagement extrapolieren kann.

Mit anderen Worten und nun positiv ausgedrückt: Der Mensch erfährt sich in seiner aktiven, positiven Weltbegegnung – ob es um den zu bewältigenden Schmerz oder um schöpferische Initiative geht – von etwas gelenkt, was in den Mythen symbolisch, narrativ sichtbar wird. Wie die kleinen Sinnerfahrungen des Lebens in den Momenten der Schönheit, der Liebe aufleuchten und sich in Poesie und Kunst bleibenden Ausdruck geben, so haben die großen Sinn-Erfahrungen oder -Sehnsüchte, auch die Enttäuschungen und Ängste in den mythischen Bildern eine Gestalt gewonnen, mit der der Mensch umgehen kann.

[126] Dazu mein Hildegardbuch: Hildegard von Bingen, Schau der kosmischen Ganzheit, Würzburg 1995, besonders 113-125.

[127] Das Kraftfeld der Mythen. Signale aus der Zeit, in der wir die Welt erschaffen haben, München-Zürich 1995, 78. 588.

In formaler Hinsicht ist der Schritt zur biblischen Offenbarung oft nur klein; denn auch diese will den Menschen «heiligen, erlösen, befreien», ihm Sinn schenken. Was Wunder, daß sie eine enge Affinität zu den Mythen in ihrer Gestaltgebung hat und oft auf deren Bildhaftigkeit aufbaut. Die Mythen sind keine willkürliche Erfindungen; sie entstammen der menschlichen Anlage und Erwartung, die Henri de Lubac[128] als «desiderium naturale in supernaturam», als natürliche Sehnsucht nach der übernatürlichen Offenbarung bezeichnen kann.

Die Wortgestalt der mythischen Welt besteht aus Erzählungen und Gesängen. Sie verlieren ihre Kraft, Menschsein und Daseinsbewältigung zu ermöglichen, wenn man sie «entmythologisiert», d.h. auf rationale Eindeutigkeit und historische Positivität reduziert. Sie verlieren ihre Kraft ebenso, wenn sie fundamentalistisch als platte Wiedergabe von Sinn und Welt verstanden werden. Ihre Sprach- und Darstellungsform ist poetisch – im weiten Sinn verstanden. Nur über diese ihre künstlerische Gestalt ist ein genuiner Zugang zu ihnen möglich; nur so werden sie für die Lebensbewältigung fruchtbar.

b) Indien, Mutterboden der Religiosität

Dionysios findet die Sprach- und Denk-Form seiner Theologie und Mystik im Neuplatonismus. Die Frage, inwieweit diese Philosophie ihre Wurzeln in der Religiosität des indischen Subkontinents hat, läßt sich wohl nicht eindeutig beantworten. Plotin wie die Religiosität Indiens tragen Züge, die allen Menschen gemeinsam sind, also nicht durch historische Abhängigkeit erklärt werden müssen. Doch es scheint in der For-

[128] Theoretisch-historisch in: Die Freiheit der Gnade, I. u. II., Einsiedeln 1972. Es erweitert das von der kirchlichen Behörde eingezogene «Surnaturel», wo de Lubac, von der Philosophie M. Blondels herkommend, die organische Verknüpfung menschlicher Sehnsucht mit ihrer Erfüllung in der Offenbarung Gottes aufwies. In kleineren Veröffentlichungen (z.B. Glaubensparadoxe, Einsiedeln 1972) entfaltet de Lubac die spirituelle Fruchtbarkeit dieser Sicht.

schung kaum Zweifel daran zu herrschen, daß gerade Indien ein Paradigma der Religiosität des Menschen erstellt hat.

(1) Die vedische Literatur

J. Mehlig[129] schreibt in der Textsammlung «Weisheit des alten Indien», daß

> die ältesten indischen Literaturen es erlauben, in einer für die Weltliteratur wohl einmaligen Art und Weise das Nebeneinander der im umgangssprachlichen **und** philosophischen Sinn angewandten Begriffe und deren Entwicklungsprozess vom ursprünglichen Gebrauch zum hypostasierten zu beobachten und zu verfolgen.

Diese Literatur vereint den mythischen Anfang des Religiösen und kernhaft schon die spätere philosophische Reflexion darüber; sie macht in ihrer Entwicklung die drei Stränge des menschlichen Bemühens um den Sinn des Lebens sichtbar: (Religiöse) Erfahrung, (philosophisch-rationales) Nachdenken und (sprachlich-intuitive) Formung (Poesie) durchdringen sich.

> So ergibt sich eine zwangsläufige Verknüpfung der philosophischen Begriffsbildung, die der Geschichte der Philosophie angehört, mit der Geschichte der Literatur und der Religion.

Die Veden (wörtlich: Wissenschaften) sind der umfangreiche Schriftenkomplex (sechsmal der Umfang der Bibel, entstanden seit dem 16. Jahrhundert vor Chr.), dem der orthodoxe Hindu göttliche Offenbarungsautorität zuschreibt. Der älteste Teil sind hymnische, liedhafte Gebete und Segenssprüche, historisch später sind die rituellen Anweisungen und Deutungen; erst danach entstanden die Meditationen und Überlegungen

[129] Weisheit des alten Indien. I. Vorbuddhistische und nichtbuddhistische Texte, München 1987, 11f.

der Upanishaden, die oft schon intellektuell reflektieren[130], aber noch die Poesie des Ursprungs in sich tragen. Schopenhauer sah in ihnen

> die Frucht der höchsten menschlichen Erkenntnis und Weisheit!

(2) Aus dem Shetashavatara-Upanishad[131]

Das Wort Upanishad verweist auf den Schüler zu Füßen des Meisters: Er vernimmt Worte, in denen sich das Absolute ebenso in seiner Welt-Immanenz wie in seiner Welt-überlegenen Transzendenz zeigt; dabei wird er selber ständig aufgerufen zum miterlebenden und lobpreisenden Gebet:

> Die einen Denker reden von der
> (durch sich selbst existierenden) Natur,
> die anderen von der Zeit.
> Doch sie gehen fehl:
> Es ist die Größe (Übermacht) Gottes,
> durch welche dieses Brahma-Rad
> sich in der Welt bewegt. (VI,1)
> Auf sein Geheiß hin entfaltet sich das Werk,
> das sich als Erde, Wasser, Feuer,
> Wind und Raum darstellt. (VI,2)
> Das Werk, das er erschuf, nimmt er dann wieder zurück,
> indem er mit dem Wesen des Wesens eine Einheit wird.
> (VI,3)
> Er steht erhaben über den drei Zeiten
> (Vergangenheit, Gegenwart, Zukunft)
> und fest auch ohne Teile.
> Den Allgestaltigen, durch den alles wird,

130 Vgl. die Textauswahl von B. Bäumer, München 1986. Wenig zuverlässig ist die Übertragung aus dem Englischen: Die schönsten Upanischaden. Der Hauch des Ewigen, Freiburg 1994.

131 Zusammengestellt nach Mehlig (Anm. 129) 334-339, verglichen mit Texten bei M. Eliade, Geschichte der religiösen Ideen. Quellentexte, Freiburg 1981 (Neudruck 1993), 49-51.

den zu preisenden Gott,
der in unserem eigenen Herzen weilt,
ihn verehren wir als den Ersten. (VI,5)
Nicht gibt es irgendein anderes,
das höher ist als dieses,
Weder gibt es ein Kleineres noch ein Größeres als dieses,
was auch immer es sei.
Wie ein Baum steht der Eine
fest verwurzelt im Himmel.
Von diesem Wesen (Purusa) ist das ganze All erfüllt. (III,9)
Er, der Antlitz, Haupt und Hals aller ist,
wohnt im Innersten der Wesen,
durchdringt alles.
Er ist der allgegenwärtige Herr. (III,11)
Er ist die ganze Welt,
das, was gewesen,
und das, was sein wird.
Er ist der Herr der Unsterblichkeit,
alles dessen, was zur Nahrung aufwächst. (III,15)
Feiner als das Feine,
größer als das Große,
ist Selbst im Inneren der Wesen.
Man schaut ihn als wunschlos,
wenn man durch die Gnade des Schöpfers
den Herrn in seiner Majestät erkennt. (III,20)
Er ist der höchste Herr der Herrscher,
er ist die höchste Gottheit unter den Gottheiten,
er ist der höchste Gebieter der Gebieter.
Den jenseits weilenden Gott wollen wir finden,
den preiswerten Herrn der Welt. (VI,7)
Welcher zu Anfang den Gott Brahma erschuf
und diesem auch die Veden überliefert hat,
der Gott, der offenbar wird durch die Selbsterkenntnis,
zu ihm nehme ich,
der ich nach Erlösung strebe,
meine Zuflucht. (VI,18)

(3) Die Stimme von Swami Abhishiktananda, Henri Le Saux OSB

Man findet in den Texten ein ganzes Archiv religiöser, mythischer Terminologie. Und sicher ist manches, was in der Übersetzung zu hart und absolut klingt, im Original geschmeidiger und steht der christlichen Mystik noch näher. Aber auch die Übersetzung zeigt, daß die Aussagen über das Absolute, das Gründende, die wir schnell auseinander und gegeneinander stellen, hier als Einheit erfahren werden: Er und Es; immanent «im Innersten der Wesen» und transzendent «erhaben über den drei Zeiten»; «wunschlos in sich» und doch die «Welt bewegend», «die ganze Welt seiend» und doch von allem «jenseits weilend». Vor jedem begrifflichen und weltanschaulichen Auseinanderfalten solcher Texte (Transzendenz gegen Immanenz; kosmisches All gegen schöpferische Person) hat ein ehrfürchtiges Staunen zu stehen, das dem ähnelt, das auch den Hindu-Beter bewegt. Verkennt nicht jedes rationale Ausdeuten, auch das der christlichen Theologie, solch eine Erfahrung? Ist nicht der einzige Weg zum Verständnis und so auch zum Dialog die Erfahrung selbst, die lebendig etwas von dem realisiert, was den frommen Hindu bewegt?

So sei – statt eines Kommentars zum Text, der mir schon wegen der Unkenntnis des Sanskrit unmöglich ist – auf den Benediktinerpater Henri Le Saux[132] verwiesen. Wie kein anderer Christ lebte und erlebte er von Innen her die hinduistische Spiritualität und fand damit auch eine neue Dimension des christlichen Glaubens. In «Die Spiritualität der Upanishaden» schreibt er:

> Die Zeit der Upanishaden war unserer Zeit in geistiger Hinsicht sehr ähnlich. Ebenso wie heute war es eine Epoche, wo alles in Frage gestellt wurde, der Wert der Riten, der Sinn des Mythos, selbst die theologische Rede, die

[132] (Anm. 119). Dazu B. Bäumer, Henri Le Saux – Abhishiktananda (1910-1973), in: G. Ruhbach/ J. Sudbrack, Große Mystiker. Leben und Wirken, München 1984, 338-354.

nicht auf die Intuition und auf die Erfahrung hinzielt, wurde der Kritik unterzogen. Gewiß findet die gegenwärtige Fragestellung in einem völlig anderen Klima statt. Kann man nicht vielleicht trotzdem gewisse Elemente einer Lösung darin finden, um das gegenwärtige Unbehagen zu überwinden, das sich praktisch in einem Gespräch zwischen Tauben ausdrückt, zwischen der neuen Generation und den Vertretern der organisierten Religionen, die zwar bereit sind, diese zu reformieren, die sich aber vor einer übrigens unvermeidlichen Explosion fürchten, die sie selber vernichten würde.

Die upanishadische Erfahrung ist die endgültige Erfahrung des menschlichen Geistes, der sich die Religionen stellen müssen, wie sie in der Vergangenheit sich den ontischen und den logischen Kategorien des Denkens gestellt haben.

Marc Chaduc, Swami Ajatananda, den Le Saux «einen vollkommenen Schüler» nannte und ihm die doppelte Mönchsweihe (hinduistisch und christlich) erteilte[133], erläutert im gleichen Buch die christliche Integration dieser «natürlichen» Erfahrung des Absoluten:

> Die Vision, die Pater Le Saux hier darbietet, schöpft unteilbar aus der upanishadischen Erfahrung und aus der trinitarischen Erfahrung in ihrer gegenseitigen Nichtdualität. Die trinitarische Erfahrung selbst – soweit wir etwas sagen können – nimmt er so nahe wie möglich an ihrer Quelle, wo sie im Bewußtsein Jesu entsteht, die sich zeitlich wahrscheinlich in dem Erwachen situieren läßt, das er bei seiner Taufe erfuhr, als sich der Himmel öffnete und eine Stimme vom Himmel kam: «Du bist mein geliebter Sohn, an dir fand ich Wohlgefallen!» Nur auf dieser tiefen Ebene der Geist-Erfahrung ist es möglich, die christliche Erfahrung

[133] Über sein tragisches Ende, wie überhaupt über das Wirken Le Sauxs ist nur wenig Konkretes zu erfahren.

der Wüste und des Reiches Gottes mit der Erfahrung der Upanishaden, die im «aham asmi» («Ich bin» – ein Wort, das Le Saux mit Ex 3,24 LXX und den Ich-bin-Worten Jesu verglich, JS) gipfelt, in einer einzigen und nicht dualen Vision zu vereinen, wie es Swami Abhishiktananda gemacht hat. Und darin besteht sein Charisma.

Darf man als Christ von einer «natürlichen Offenbarung Gottes» sprechen, die sich in den Upanishaden niederschlägt und die heutzutage viele derjenige suchen, die eine «neue, dogmen- und institutionslose Religiosität» ersehnen? Dies sicher nicht in einer verflossenen Apologetik, die deckungsgleiche Übereinstimmungen zwischen Christlich und Nicht-Christlich feststellen wollte. Auch nicht im Sinne einer liberalen Religionsphänomenologie, für die alles dasselbe ist, Christentum, Hinduismus, Buddhismus, Islam usw. Aber vielleicht im Sinne von Henri de Lubac, der Monchanin, dem Weggefährten Le Sauxs wichtige Seiten widmete und die «natürliche Sehnsucht des Menschen nach Übernatur» historisch und dogmatisch untersuchte, was in etwa dem «übernatürlichen Existential» K. Rahners[134] entspricht, einem naturhaften Offenstehen, das im Geschenk der Offenbarung Erfüllung findet.

Auch Le Saux findet die hinduistische «advaita»-(Nicht-Dualität)-Erfahrung bestätigt, erfüllt und überboten in der christlichen Offenbarung, in der Erfahrung von der dreifaltigen göttlichen Einheit oder Nicht-Dualität, von der Dreiheit in der «Nicht-Dreiheit», von den drei göttlichen Personen in jeweiliger Du-Anrede in dem einen und einzigen Gott, dem ein einziges «Du» gebührt. Er findet sie im klassischen christlichen Glaubenswissen von Gott (Gottes Geist), der überall, besonders aber im Herzen des Menschen lebt. Er findet sie ge-

[134] (Anm. 128). Rahners Theologie des «übernatürlichen Existentials» erwuchs aus der Auseinandersetzung mit der «Theologie Nouvelle», die de Lubacs Ideen weitertrug, und fand populäre Gestalt im «anonymen Christen»; ein Christ, der ohne formales Bekennen durch sein Leben das Betroffensein vom Gott bezeugt.

schichtlich situiert in der Erfahrung von der Nicht-Dualität der zwei Naturen in dem einen und einzigen Menschen Jesus.

Die exegetische Situierung dieser Theologie in Ex 3,14 («Ich bin der Ich-bin-da») und in den Ich-bin-Worten des Johannes-Evangeliums ist in dieser Weise überholt. Doch es bleibt die Aufgabenstellung für die Theologie. Eine Aufgabe, die Dionysios vor mehr als anderthalb Jahrtausenden im Blick auf den Neuplatonismus ergriffen und damit der christlichen Theologie eine einmalige Wegweisung gesetzt hat.

(4) Poetisches Verstehen

Seinen letzten Eintrag im Tagebuch[135] vom 12.7.1973 überschrieb Le Saux «Trinité», das Leitwort seines Lebens! Im Bild der Quelle, die Ursprung wie Weiterfließen vereint, verweist er sowohl auf menschliche Selbsterfahrung wie auf das göttliche Geheimnis. Nach ihm nämlich ist das Geheimnis der Trinität auch eine Offenbarung der eigenen menschlichen Tiefe. Habe doch die griechische Spekulation zu Anfang des Christentums das Geheimnis Gottes in ähnlicher Weise zu begreifen versucht. Nur eine «mittelmäßige Intelligenz» würde darin Modalismus (die Dreiheit ist Gott nur äußerlich) oder Tritheismus (die Einheit der drei göttlichen Personen ist nur äußerlich) finden.

> Jesus aber hat diesen Grund, den gottmenschlichen, in intensiver Tiefe erlebt. (Denn) Trinität ist Erfahrung und kein Theologumenon.

Jedes denkerische Konstrukt[136] müsse vor dem Geheimnis der göttlichen Wirklichkeit versagen. Doch die hinduistische Advaita-Lehre könne einen Weg zum «Verständnis» bahnen – weil

[135] La montée au fond du coeur. Le Journal intime du moine chrétien-sannyasi hindou, 1948-1973, Paris 1981, 473.

[136] Der Gefahr intellektueller Konstruktion erliegt wohl M. von Brück: Einheit der Wirklichkeit. Gott, Gotteserfahrung und Meditation im hinduistisch-christlichen Dialog, München 1986; er deutet Le Saux mit hegelianischen Kategorien. Offener Betrug ist es aber, wenn die deutsche Übersetzung seiner

sie aus der menschlichen Urerfahrung von der Einheit des Unterschiedenen stamme, wie die Texte der Upanishaden zeigen. Man müsse dies nur in der Erfahrung belassen und nicht, wie es die spätere hinduistische Spekulation Shankaras versuchte, an Begriffen festmachen.

> Trinität wird nur in der Erfahrung des Advaita (Nicht-Dualität) begriffen. Sie enthüllt sich nur in der Helligkeit des inneren Schauens. Jesus hat diese zerreißende – und erfüllende – Erfahrung der Nicht-Dualität gelebt.

Im Sprachspiel der Deutschen Mystik, insbesondere Johannes Taulers, trägt dieses Geheimnis auch den Namen «Grund». Thomas Merton[137] unterstreicht in seiner nachgelassenen Schrift die Fruchtbarkeit dieses «Bild-Begriffs», verbindet ihn aber zugleich paradox mit dem anderen der «Atmosphäre». Auch nach Tauler erfährt der Mensch, der in dem «goetlich innrlich abgrunde versinkt», seine Einheit mit Gott, ohne daß pantheistische Verschmelzung gemeint ist. Le Saux bemüht sich zu zeigen, daß die Advaita-Erfahrung keinen Pantheismus einbeschließt (der letztlich ein begriffliches Konstrukt ist), sondern daß die christliche Erfahrungswelt etwas dem Hinduismus Entsprechendes berührt. So umschreibt er die zwei Säulen der christlichen Botschaft:

– Jesus ist als Gott-Mensch einmaliger Zeuge von der Einheit des Göttlichen mit dem Irdischen. Er ist so Urbild für den spirituellen Menschen, um die Welt in ihrer Einheit von Gott her zu verstehen; traditionell mit Ignatius von Loyola und Meister Eckhart: um «Gott in allen Dingen zu finden».

– Gottes dreifaltiges Wesen ist Seinsgrund für dieses «Finden Gottes in allen Dingen». Dreifaltigkeit besagt vor aller begriff-

Lebenssynthese: Wege der Glückseligkeit. Begegnung indischer und christlicher Mystik, München 1995, ausgerechnet den trinitarischen Teil ausläßt, auch wenn er nach Le Saux selbst nicht voll geglückt war. (Kann er jemals voll glücken?)

137 The inner Experience, Teilübersetzung in: G. Ruhbach/ J. Sudbrack, Hgg., Christliche Mystik. Texte aus zwei Jahrtausenden, München 1989, 500-509. Das Taulerzitat nach Egerding (Anm. 111) II, 299.

lichen Differenzierung ein «Advaita»: Dreiheit-Zweiheit-in-Einheit. Gottes dreifaltiges Wesen aber ist zugleich Urgrund des Schöpfungsgeschehens. Auch dessen Vielheit und Einheit, dessen Unterschiedensein von und zugleich Einheit mit Gott wurzelt – wie Dionysios zeigt – in der dreifaltigen Vielheit des einen Gottes.

Man muß – ähnlich wie zu Dionysios – nachsinnen, inwieweit es Le Saux gelungen ist, die hinduistische und die biblische Erfahrung ineinander zu verknüpfen. Die Diskussion mit dem zu früh verstorbenen Gefährten Le Sauxs, mit Abbé Monchanin[138], wäre hierzu aufschlußreich. Dessen Begeisterung für Indien hatte Le Saux mitgerissen. Beide gründeten den Ashram Shantinavam. Doch Monchanin beurteilte die Dialog-Möglichkeiten mit dem Hinduismus vorsichtiger: Der Hinduismus müsse sich «bekehren», um christlich integriert zu werden. Doch gerade er legte viel Wert auf das «Ästhetische»!

Wie dem auch sei, die Upanishaden bezeugen eine Grund-Erfahrung des Menschen, die vom poetischen Duktus der Zeugnisse nicht zu trennen ist. Wer dies verkennt, versperrt sich den Zugang zum Fragebereich[139]. Als Erfahrung reicht diese Erfahrung ins Christentum hinein. Auch Paulus beschreibt in ineinander verzahnten Bildern (1 Kor 15,28) den Gipfel der Vollendung als: «Dann wird Gott alles in allem sein». Die Vergewaltigung des Textes durch die Einheitsübersetzung dokumentiert Blindheit vor der Poesie der paulinischen Gotteserfahrung. Sie nämlich liest machohaft und falsch: «Damit Gott herrsche über allem und in allem». Statt Pantheismus zu befürchten, ist der visionäre Text in seiner poetischen Kraft ernstzunehmen.

In der «Theologia Mystika» unterstreicht Dionysios den einen Pol dieser Erfahrung: Gottes Transzendenz, die alles Be-

[138] Mystique de l'Inde – Mystère chrétien. Écrits et inédits, Paris 1974. Typisch ist sein Zugang über die Kunst: De l'ésthetique à la mystique, Paris 1955. H. de Lubac hat seine Rolle im Religionsgespräch gewürdigt.

[139] Anders ausgedrückt: Die von Rahner angemahnte Ehrfurcht vor dem Geheimnis (...) muß alles Nachdenken über Gott bestimmen.

griffliche und jede Logik übersteigt. Das Gesamtcorpus seiner Schriften aber lehrt auch – insbesondere im Bild des Lichtes – den anderen Pol: Gottes hierarchisch gestufte Immanenz in der Schöpfung.

Die Poesie der Upanishaden kann helfen, das christliche Zeugnis tiefer zu verstehen und damit die Defizite der eigenen Gotteserfahrung zu erspüren.

II. Brückenschlag zum hellenistischen Christentum

Die berühmte Behauptung des evangelischen Theologen, Adolf von Harnack, im Gespräch mit dem Hellenismus habe das Christentum seinen biblischen Ursprung verleugnet, hat sich überlebt. Die Bibel selbst öffnet Tore in diese Begegnung hinein. Die «Religionsgeschichtliche Schule» der Exegese um die Jahrhundertwende von 1900[140] wollte aber tatsächlich «pantheistische» Texte wie Apg 17 mit der Areopagrede des Paulus und vieles bei Johannes als unbiblisch-gnostisch (so noch E. Käsemann zu den Abschiedsreden Jesu bei Johannes) aus der Schrift eliminieren. Doch die Forschung hat gezeigt, daß in der Bibel das Gespür für Gott lebt, der ebenso seine Schöpfung durchdringt (Immanenz), wie er ihr als Schöpfer gegenübersteht (Transzendenz). Schon die alttestamentliche Weisheits-(chokma)- und Geist-(ruach)-Theologie formuliert dies und leitet es weiter ins neue Testament. Nicht nur Paulus bezeugt es im Reden vom Geist Gottes, der in uns betet, was wir selbst nicht können (Gal 4,6; Röm 8,26), der in der Schöpfung seufzt (Röm 8), im Menschen wohnt wie im Tempel (1 Kor 3)[141]. Johannes ist ohne dieses Gespür nicht zu verstehen.

[140] Dazu S. Vollendweide, Überlegungen zu einem ontologischen Problem in der paulinischen Anthropologie. Der Geist Gottes als Geist des Glaubenden, ZThK 93, 1996, 153-192.

[141] Dazu breiter in meinem Buch: Gottes Geist ist konkret (Anm. 3).

Reine Sachlogik dürrt diese Theologie aus. Sie eröffnet sich aber einer «künstlerischen Empathie». Dionysios mit seinem neuplatonischen Denken steht ihr näher als eine aristotelische und kartesianische Logik.

a) Von Platon bis Proklos

– Platon (427-347 v. Chr.) als Urvater des Neuplatonismus soll vor seiner Hinwendung zur Philosophie Dichter gewesen sein, habe aber seine Tragödien später verbrannt. Gerade er, der aus pädagogisch-politischen Gründen vor der Kunst warnt, wurde Kronzeuge für die Wahrheit des Schönen. Er denunziert zwar das Künstlerische als eine Art von Lüge, die zudem noch die Unsittlichkeit der Götter preise. Doch seine Ideenlehre ist bis heute ein Paradigma für das Schöne und die Kunst: Wo die Raum-Zeit-Welt geglückt ist, sei sie nach den ewigen Ideen des Absoluten gebildet. Wie der Künstler seine Werke aus geistiger Schau heraus gestalte, sei das Schöne und Gute nach geistigen Urbildern geformt, die in der Ewigkeit göttlicher Ideen leben.

– Plotin (ca 205-270) wußte sich als Schüler Platons. Sein «Neuplatonismus» prägte die frühchristliche Theologie so sehr, daß man ihn einen «heidnischen Kirchenvater» nennen möchte. Sogar indischer Einfluß auf ihn (über seinen Lehrer Ammonios Sakkos oder eine Persien-Indien-Reise) wird diskutiert. Seine mystische Philosophie bringt aber vor allem die menschliche Sehnsucht zum Ausdruck: Daß die Wirklichkeit auf Harmonie aufgebaut, daß diese Harmonie – wie es anders nicht möglich ist – von Einheit her gestaltet und daß diese Einheit das Göttliche selbst, «to Hen», sei. Alle Vielheit und Unterschiedlichkeit lebe und sei geformt von diesem «Einen». Jedes Einzelne habe soviel Wert, soviel Seinswahrheit, wie es teilhabe an diesem «Einen». Im Schönen aber werde es sichtbar. Ziel des Menschen könne also nur sein: Über die Erfahrung von Einheit, von Schönheit, mystisch zum Ur-Einen zurückzukehren und so die Vielheit zu übersteigen.

– Proklos (410-485), dessen Denken Dionysios prägte, ist der bedeutendste Vertreter des weiteren Neuplatonismus. Er systematisierte die plotinische Seinsschau und schloß endgültig auch den von Platon aufgerissenen Graben zwischen der mythologischen Dichtung als Lüge und der Philosophie als Wahrheit und Schönheit. Beierwaltes[142] schreibt:

> Sein Interesse an einer Kompatibilität von Mythologie und Philosophie, traditioneller Religiosität und begrifflichem Denken läuft auf eine Einfügung der Mythologie in das philosophische System und damit auf eine Entmythisierung des Mythos zu. Mythologie oder der Mythos als ganzer wird philosophisch; Mythos und Dichtung sind rehabilitiert, ohne die Philosophie weiterhin zu irritieren.

Das Zusammenklingen von Mythos, Dichtung und Philosophie wurzelt neuplatonisch in der existentiellen Tiefe, wo sich der Mensch zum Einen und damit zum eigenen Ursprung öffnet. Dies ist zugleich der Ursprung des Religiösen, der sich im Gebet und als Gipfel in mystischer Erfahrung realisiert. Beierwaltes scheint Paul Celans Wort von der Lyrik als Mystik aufzugreifen, wenn er frägt:

> Die neuplatonische Umwertung des platonischen ... Dichtungsbegriffs stellt Dichtung in unmittelbare Nähe zur mystischen Ekstasis. Daher liegt die Frage nahe, ob inspirierte Dichtung wenn nicht ein Medium, so doch ein Weg zu dieser Ekstasis sein könne.

Was bei Platon auseinanderfiel, als er der ekstatisch inspirierten Dichtung des Rhapsoden Jon Vernunft und Weisheit absprach, fügt sich bei Proklos zur konsequent durchgeführten «Philosophie-Mystik-Religion-Poesie» vom «Einen» zusammen: Der Dichter-Mystiker-Philosoph spricht aus «trunkener» Begeiste-

[142] Denken des Einen. Studien zur neuplatonischen Philosophie und ihrer Wirkungsgeschichte, Frankfurt 1985, 118. 303; vgl. Proklos (Anm. 4); Platonismus im Christentum, Frankfurt 1998.

rung, ist inspiriert vom «Einen». Der hierarchisch abgestufte Kosmos wird von der Kraft des «Einen» geformt und ist durch dieses «Eine» schön, ein «Kosmos» im wörtlichen Sinn, das ist «Schmuck». Dionysios aber findet dieses «Eine» überhöht und vollendet im christlichen Gott wieder, dem sich der Mensch wie Mose auf Sinai nähern darf.

Diese Annäherung aber muß selbstverständlich in Hymnen geschehen.

b) Ein neuplatonischer Hymnus

In einem eigenen Kapitel diskutiert Beierwaltes[143] «Suche und ‹Denken› des Einen als Prinzip der Literatur», also den Zusammenhang des Poetischen mit der mystischen Philosophie des Einen. Dazu übersetzt er einen neuplatonischen Hymnus, den J. Zink[144] nach einem alten Irrtum für christlich ausgibt:

DU
    jenseits von Allem!
Wie anders ist es recht, Dich zu besingen?
    Wie soll ich Dich, den in Allem Überragenden preisen?
    Wie soll Rede Dich rühmen?
Du nämlich bist durch keine Rede sagbar,
    Einzig Unsagbarer,
        da Du zeugtest, was gesagt werden kann;
    Wie soll Denken Dich begreifen?
Du nämlich bist keinem Denken faßbar,
    Einzig Unerkennbarer,
        da Du zeugtest, was gedacht werden kann.
Alles Redende und Nicht-Redende ruft Dich;
Alles Denkende und Nicht-Denkende feiert Dich.

[143] Denken des Einen (Anm. 142) 296ff. Andere Übersetzungen bei de Lubac, Über die Wege Gottes (Anm. 62) 196f; bei Zink (Anm. 144) 461.

[144] Dornen können Rosen tragen. Mystik – die Zukunft des Christentums, Stuttgart 1997; in den Belegen ist das sympathische Buch oft ungenau.

Versammelt ist Sehnsucht,
versammelt Schmerz alles Seienden
um Dich.
Zu Dir betet Alles; auf Dich singt Alles
– Deine Zeichen erkennend – schweigenden Hymnus.
Aus Dir ist Alles erschienen;
Du aber bist als Einziger um nichts willen[145].
In Dir bleibt Alles,
zu Dir eilt Alles hin;
und Aller Ende bist Du,
Einer und Alles bist Du,
nicht Eins seiend, nicht Alles[146].
Allnamiger, wie soll ich Dich nennen,
den Einzig Unnennbaren?
Welch himmlischer Geist
wird in Deine überhellen Schleier eindringen?
Sei gnädig!
DU
jenseits von Allem!
Wie anders ist es recht, Dich zu besingen?

c) Die Diskussion eines christlichen Neuplatonismus

Es ist vielsagend, daß der Hymnus unter dem Namen des Kirchenlehrers Gregor von Nazianz überliefert und so in die Kirchenväterausgabe Abbé Mignes aufgenommen wurde. Mit guten Gründen hat sich die Meinung durchgesetzt, daß diese Zuweisung nicht stimmt. Doch selbst Beierwaltes, der Fachgelehrte des Neuplatonismus, vermutete früher[147] einmal:

[145] «Sonder warumbe», Eckharts Absichtslosigkeit; Fénélons «amour pur», oft im Sufismus; eine Idee, weswegen Margarete Porete verketzert wurde.

[146] Bei de Lubac (Anm. 62): «Alles, was bleibt, bleibt durch dich; durch dich beharrt die Bewegung des Alls. Du bist aller Wesen Ziel; du bist jedes Wesen, und doch bist du kein einziges davon, nicht ihre Gesamtheit.»

[147] Proklos (Anm. 4) 353; abschwächend in: Denken des Einen (Anm. 142) 314: «Spezifisch Christliches fällt in dem Hymnus nicht auf, aber auch nichts, was nur für Dionysius oder nur für Proklos denkbar wäre.»

«Vielleicht wäre auch an Dionysios Areopagita zu denken.» Dieser Irrtum zeigt, wie nahe die «Negative Theologie» des Dionysios dieser nichtchristlichen Erfahrung des Absoluten steht[148], zeigt auch die innere Verwandtschaft der großen Religionen auf.

Wenn auch solche Texte nur im kritischen Hinterfragen mit der christlichen Gotteslehre verglichen werden dürfen, so muß doch auch die christliche Gotteslehre selbst sich fragen lassen, ob sie den Erwartungen antwortet, die aus der Erfahrung solcher und ähnlicher Texte sprechen, ob die Begrifflichkeit des eigenen Glaubens dem gerecht wird, was an Wahrheit und Erfahrung in der Poesie eines solchen Textes aufleuchtet. Dionysios kann nur deshalb den Neuplatonismus des Proklos aufgreifen, weil er von dessen religiöser Inbrunst gepackt ist, darinnen erspürt, was seinem eigenen Christentum entspricht und – wie seine Theologie zeigt – dessen Verständnis vertieft und erweitert.

Dionysios kann dies deshalb tun, weil solche Impulse in der biblischen Tradition leben. Im Alten Testament sammelt z.B. das Buch Jesus Sirach (43,27-31) entsprechende Erfahrungen ein:

> Sagten wir nochmal soviel, wir kämen an kein Ende.
> Drum sei der Rede Schluß:
> ER IST ALLES!
> Wir können IHN nur loben, aber nie erfassen.
> ER ist doch größer als alle seine Werke.
> Überaus ehrfurchtgebietend ist der Herr,
> unbegreiflich seine Stärke.
> Ihr, die ihr den Herrn lobt, ruft laut, soviel ihr könnnt;
> denn nie wird es genügen.
> Ihr, die ihr IHN preist, schöpft neue Kraft,
> werdet nicht müde;

[148] Man darf sogar fragen, ob Erfahrungen, die in den Veden noch besungen werden, in diesem Hymnus verloren gehen.

denn fassen könnt ihr es nie.
Wer hat IHN gesehen, daß er es erzählen könnte,
und wer kann IHN loben, wie es IHM entspricht?

«Gott ist je größer»: Im Cherubinischen Wandersmann übersteigt sich Angelus Silesius[149] mit ähnlichen Überlegungen in die Welt der Paradoxe hinein, nachdem er in der Einleitung ausdrücklich das selbstverständliche Wissen vom transzendenten Gott als dem Schöpfer der Welt unterstrichen hat[150]. Doch Gott ist «je größer»; es braucht Paradoxe, um von ihm zu sprechen:

Man kan den hoechsten GOtt mit allen Nahmen nennen:
man kan jhm widerumb nicht einen zuerkennen.

GOtt der ist nichts und alls ohn alle deuteley:
Dann nenn was das Er ist? auch was das Er nicht sey?

T. Špidlík frägt in seinem Buch über «Die Spiritualität des christlichen Ostens»[151], wo denn nun der Unterschied der apophatischen, negativen Theologie und Spiritualität im Sinne des Dionysios gegenüber der Auflösung Gottes in totales Nichts oder in ein pantheistisch verstandenes Sein aller Wirklichkeit liege. Seine kluge Antwort verweist auf die Liebe zu Gott, die in Jesus sichtbar ist und die die Erfahrung des Menschen aus dem Stillstand des Nicht-Erkennens, der «Apophasie» (Nicht-Reden), herausreißt in ein immer neues, «trunkenes» Suchen, in das Berauschtsein von der Gottesliebe, das getragen ist von Sehnsucht nach eben diesem Gott. (Das radikale Nein zum Bösen ist der Kontrast zu diesem Berauschtsein.)

Man mag darüber diskutieren, ob sich diese grundlegende «Liebes-Dynamik» einer zugleich «apophatischen» wie «kataphatischen» Gotteserfahrung auch bei Platon oder Proklos

[149] Buch V, 196f; in der kritischen Ausgabe, Stuttgart 1984, 216.
[150] Dazu s. 186ff.
[151] Spiritualité de l'orient chrétien, II. La prière, Rom 1988. Zur Frage der Christlichkeit, 251; das unten erwähnte Zitat Gregors von Nyssa, 230.

findet. Doch sicher wird sie überall erahnt, wo ein Mensch in die Richtung des wahren Gottes schaut. Und umgekehrt: Wo diese Liebes-Dynamik greifbar wird – sei es auch noch so abgelegen – richtet sich die Sehnsucht auf den wahren Gott. Augustinus[152] weist auf einen weiteren Zug dieser Ausrichtung auf Gott hin:

Wir suchen Gott als einen,
der noch gefunden werden muß;
wir suchen ihn weiter als schon gefundenen.
Damit er als noch zu findender gesucht werden muß,
ist er verborgen.
Damit er als schon gefundener weiter gesucht wird,
ist er unermeßlich.

Gregor von Nyssa gibt dem gleichen Anliegen das Wort in einem poetischen und zugleich existentiellen Paradox:

Keiner kann Gott schauen,
ohne zu sterben.
Doch Gott schauen
ist ewiges Leben.

Es gibt zwar keinen logisch eindeutigen Maßstab, um die Christlichkeit solcher Zeugnisse aufzuweisen. Doch es gibt eben viele Züge, die die Augen dafür öffnen. Die «nüchterne Trunkenheit» des Dionysios lebt aus der gleichen Gottergriffenheit wie die Verse des Angelus Silesius, des Gregor von Nyssa, des Augustinus. Sein «Neuplatonismus» ist christlich geformt.

[152] Nach W. Wieland, Augustinus, in: Große Mystiker (Anm. 132) 70.

III. Intellektuelle und emotionale Mystik im Mittelalter

Im Mittelalter brechen denkende Theologie und erfahrende Spiritualität, also auch begriffliche Darstellung und mystische Schönheit auseinander. H.U. von Balthasar und H. de Lubac haben es vielfältig gezeigt. Fr. Vandenbroucke[153] hat es monographisch dargestellt als «Ehescheidung von Theologie und Spritualität». Der «Entpoetisierung» der Theologie entspricht eine «Sentimentalisierung» der Erbauungsliteratur. Doch die Affinität von Poesie und Theologie, von Gottes-Erfahrung und Gottes-Denken ist so eng, daß die großen Erfahrungs-Zeugnisse des Mittelalters, die wir heute «mystisch» nennen, poetische Ganzheit sichtbar machen.

a) Preislied auf Gott – Hildebert von Lavardin

Hildebert[154] (1056-1133) war Leiter der Kathedralschule von Le Mans. Seinen Ruhm verdankt er aber vor allem den Versen, die er schon seit jungen Jahren verfaßte. Als Freund Ivos von Chartres und Bernhards von Clairvaux setzte er sich als Bischof so sehr für die Kirchenreform ein, daß er nach England flüchten mußte. Doch man wählte ihn zum Erzbischof von Tours. Dort nun erregte seine intensive Bautätigkeit die Kritik der Prediger der Armut.

Diese Neigung zu ästhetischer Repräsentation schlägt sich auch in seinem Dichten nieder. Man hat ihn sogar als Vorläufer des Humanismus eines Petrarca gefeiert. Als philosophischen Theologen faszinierte ihn Gottes All-Größe. Der Dreifaltigkeitshymnus[155], dessen Anfang, Ende und Schluß wiedergegeben werden, gilt als sein Meisterwerk.

[153] Le divorce entre théologie et mystique. Ses origines, NRT 72, 1950, 372-389.
[154] Zu Hildebert: P. von Moos in: DictSpir VII,1, Paris 1969, 502-504.
[155] Nach Migne PL 171, 1411-1414. Die Übersetzung aus: Stimmen aus Maria-Laach 49, 1895, 413-418 (G. Dreves).

(1) Hymnus auf die Dreifaltigkeit

AD PATREM

Alpha et O, magne Deus,
Heli, heli, Deus meus,
Cujus virtus totum posse,
Cujus sensus totum nosse,
Cujus esse summum bonum,
Cujus opus quidquid bonum.
Super cuncta, subter cuncta;
Extra cuncta, intra cuncta.
Intra cuncta, nec inclusus;
Extra cuncta, nec exclusus;
Super cuncta nec elatus;
Subter cuncta, nec substratus.
Super totus, praesidendo;
Subter totus, sustinendo;
Extra totus, complectendo;
Intra totus es, implendo.
Intra nunquam coarctaris,
Extra nunquam dilataris,
Super nullo sustentaris,
Subter nullo fatigaris.
Mundum movens non moveris,
Locum tenens non teneris,
Tempus mutans non mutaris,
Vaga firmans non vagaris.
Vis externa, vel necesse
Non alternat tuum esse.
Heri nostrum, cras et pridem,
Semper tibi nunc et idem.
Tuum, Deus, hodiernum,
Indivisum, sempiternum:
In hoc totum praevidisti,
Totum simul praefecisti,

Ad exemplar summae mentis.
Formam praestans elementis.
.....
Totum, Deus, in te spero;
Deus, ex te totum quaero.
Tu laus mea, meum bonum,
Mea cuncta, tuum donum;
Tu solamen in labore,
Medicamen in languore.
Tu in luctu mea lyra;
Tu lenimen es in ira;
Tu in arcto liberator,
Tu in lapsu revelator.
Motum praestas in provectu,
Spem conservas in defectu.
.....
Urbs in portu satis tuto,
De longinquo te saluto:
Te saluto, te suspiro,
Te affecto, te requiro.
Quantum tui gratulantur,
Quam festive convivantur,
Quis affectus eos stringat,
Aut quae gemma muros pingat,
Quis calcedon, quis jacynthus
Norunt illi qui sunt intus.
In plateis hujus urbis
Sociatus piis turbis
Cum Moyse et Elia
Pium cantem Alleluia.

GEBET ZUM VATER

A und O, Gott, Weltgestalter,
Weltregierer, Welterhalter,
Dessen Kraft nichts widerstehet,

Dessen Kenntnis nichts entgehet,
Dessen Sein das höchste Gut ist,
Dessen Werk, was immer gut ist.
Über, unter allem thronst du,
Außer, inner allem wohnst du:
In dem All, nicht eingeenget,
Draußen, nicht hinausgedränget,
Überm All, doch nicht entrücket,
Unterm All, doch nie bedrücket;
Drüber ganz, beherrschend, waltend,
Drunter ganz, begrundend, haltend,
Draußen ganz, das All umschlingend,
Drinnen ganz, das All durchdringend;
Nicht im Drinnen eingeschlossen,
Nicht im Draußen ausgegossen,
Droben ohne Stütze ragend,
Drunten nie belastet tragend;
Regungslos die Welt erregend,
Ohne Zeit die Zeit bewegend,
Ohne Raum den Raum umschließend,
Nie in Fluß, was fließt, ergießend;
Kraft von außen, Zwang von innen,
Nichts beeinflußt dein Beginnen.
Unser Morgen, Heut und Nimmer
Ist vor dir ein ew'ges Immer,
Ewiglich dein Jetzt verweilet,
Unverändert, unzertheilet,
Drin du alles vorgesehen,
Alles riefest ins Entstehen,
Nach der ew'gen Weisheit Normen
Gabst dem Urstoff seine Formen.
.....
Nur auf dich, o Herr, vertrau' ich,
Auf dich hoff' ich, auf dich bau' ich,
Du mein Lied, du meine Habe,
Was ich bin, ist deine Gabe.

Du mich stützest, wenn ich schwanke,
Du mich heilest, wenn ich kranke,
Du mein Trost, wenn ich verlassen,
Lind'rung, will der Zorn mich fassen,
Will ich zagen, mich belebend,
Wenn ich falle, mich erhebend.
Muth und Stärke, wenn ich schreite,
Meine Hoffnung, wenn ich gleite,

.....

Friedenshafen, Heimat, Süße,
Aus der Ferne ich dich grüße.
Ja dich grüß' ich, dich umfang' ich,
Nach dir seufz' ich, dein verlang' ich!
Wie so selig sich die Deinen
Bei dem Hochzeitsmahl vereinen,
Festlich schmücken, festlich kränzen,
Wie von Gold die Mauern glänzen,
Von Achaten, von Kameen,
Der nur weiß es, der's gesehen.
Möcht' ich einst in deine Hallen
Mit den lieben Heil'gen allen,
Mit den Vätern und Propheten,
Alleluja singend, treten!

(2) Gott – alles begründend, alles beherrschend, alles vollendend

Gemessen am klassischen Latein Ciceros und Cäsars mag der Hymnus schülerhaft klingen. Doch er bezeugt die eigenständige Dichtkunst des Spätlateins. Hildebert gelingen mit der logischen Präzision und der durchsichtigen Grammatik des Lateins knappe und unmittelbare Sätze, die auf engstem Raum gewaltige Bögen schlagen. Die gleichklingenden Endungen des Lateins ermöglichen eine dichterische Form, die an Volkslieder erinnert. Auch Abaelard dichtete in dieser Weise. Die logische Knappheit der Verse mag auch an die mit Abaelard aufblühende Scholastik erinnern, die sich am präzisen «sic-et-non», «ja-und-nein» orientierte. Es ist eine Bescheidenheitsgeste, wenn sich der Übersetzer, G. Dreves[156], für die Unzulänglichkeit der Übertragung entschuldigt. Das Gebet zum Vater, das die Mystik des Dionysios aufgreift und in populären Versen wiedergibt, verdient es, in den heutigen Gebetsschatz aufgenommen zu werden.

Gottes allumfassende Größe gibt dem Hymnus Kraft. Die Transzendenz des Schöpfers, den Hildebert einfachhin Vater nennt, ist so gewaltig, daß sie wie selbstverständlich eins ist mit Gottes All-Gegenwart in seiner Schöpfung, aber damit seinen und den Selbstand der Schöpfung nicht beeinträchtigt. Worte wie Totus (Ganz, Alles) oder Cuncta (Alles) sind Leitworte der Dichtung. Was in scholastischer Logik als unerlaubte Identifikation Gottes mit seiner Welt denunziert werden könnte, wird in der Poesie zur selbstverständlichen Schöpfungsweisheit. Nur eine einzige Integration von Weltwirklichkeit in Gott findet sich nirgendwo: Das Böse bleibt radikal ausgeschlossen von Gott; er ist einfachhin gut. Dies unterstreicht die Dichtung gleich zu Beginn und dies singen auch die Schluß-Verse, die in Jubel ausbrechen, wenn sie sich beim Hochzeitsmahl in der hmmlischen Stadt zuhause wissen.

(3) Geschichtliche Zusammenhänge

Der Hymnus fand eine weite Verbreitung. Doch über seine Quellen ist meines Wissens kaum geforscht worden. Lavardins Freundschaft mit Ivo, dem Bischof von Chartres (1049-1116), läßt eine Nähe zur theologischen Schule von Chartres vermuten. Dort pflegte man das dionysische Erbe, das durch Johannes Scotus Eriugena (810-877) in die lateinische Kirche einging. Dort dachte man über die Welt-Immanenz von Gottes Transzendenz in einer Weise nach, die als pantheistisch verdächtigt wurde.

[156] Der Hymnenforscher G. Dreves SJ, 1869-1905, ist zu Unrecht vergessen. Selbst der Große Brockhaus findet ihn keiner Erwähnung wert.

Doch wahrscheinlich braucht es keine komplizierte Genealogie für das Denken Hildeberts. Zu seiner Zeit war das ganzheitliche Reden von Gott noch nicht gebrochen durch die scholastisch-aristotelische Logik, die eben erst zum Siegeszug (Abaelard) ansetzte. Im berühmten Hymnus des Boethius (480-524), der «in gewissem Sinne den Angelpunkt seiner ‹consolatio philosophiae›» (Trost der Philosophie, das Meisterwerk des Boethius) darstellt, schlägt sich nieder, was damals noch Allgemeinbesitz christlicher Kultur war: Gottes Dasein in seiner Schöpfung. Der Hymnus repräsentiert nach Beierwaltes[157] einen Gottesbegriff, in dem Christentum und Platonismus sich gegenseitig befruchten. Sein klassisches Latein zeigt, wie selbstverständlich die Gedanken waren, die Hildebert volkstümlich ausdrückt. Einige Zeilen seien wiedergegeben. Gott als Grund von allem wird zugleich persönlich angesprochen:

> Du lenkst die Welt durch immerwährende Vernunft,
> Urheber von Erde und Hmmel,
> der Du aus der Ewigkeit entspringen heißest die Zeit
> und ständig verharrend Allem Bewegung gibst...
> Du leitest Alles her vom Urbild oben,
> Du, selbst der Schönste, trägst im Geist eine schöne Welt
> und gestaltest sie im ähnlichen Bild,
> dem Vollkommenen befiehlst Du,
> vollkommene Teile zu vollenden.
> Du bindest mit Zahlen die Elemente,
> ...
> Du bindest als Mitte die Seele,
> von dreifaltiger Natur,
> Alles bewegend,
> in harmonische Glieder lösest Du sie...
> Du bringst aus gleichen Gründen hervor
> die geringeren Seelen und Leben und die erhabenen,
> fügend an leichte Gefährte,

[157] Denken des Einen (Anm. 142) 319-325. Dort der Hymnus und die Zitate.

reihst Du auf in Himmel und Erde...
Gib, Vater, meinem Geist,
den erhabenen Sitz zu ersteigen,
laß ihn schauen die Quelle des Guten,
laß ihn finden das Licht
und auf Dich den Blick des Geistes heften...
Du stille Ruhe der Frommen,
Dich zu schauen ist das Ziel,
Anfang (Ursprung), Geleiter (Beweger), Führer, Weg
und Ende in Einem.

In feierlichen Rhythmen erklingt ein Lobpreis auf den transzendenten Gott, dessen Allgegenwart in der Schöpfung verehrt wird. Deutlich aber ist, daß dieser Hymnus zu keiner solchen Kühnheit aufsteigt, wie es Hildebert naiv-poetisch wagt.

Mit Hildeberts Kurzversen tritt man aus einer feierlichen Liturgie in volkstümliche Direktheit ein; doch gerade sie besingt Gottes Allmacht und Allgegenwart: «Extra-Intra, Super-Subter, Cuncta-Totum». In ihrer präzisen Kürze sprechen sie unmittelbarer an. Ihre scharfen Paradoxe haben Vorbild insbesondere im Werk Papst Gregors des Großen[158], dessen Schriften die Theologie der Kirchenväter dem lateinischen Mittelalter vermittelten.

Hildebert gibt die lebendige Erfahrung von Gottes allumfassender Grösse an das Beten seiner Zeit weiter, an Menschen, denen die neuplatonischen Spekulationen und die oft vertrackte Sprache des Dionysios, die in den damaligen Übersetzungen ins Latein noch vertrackter klingt, unzugänglich waren. Doch seine Worte entsprechen dem, was auch die einfachen Gläubigen in der Liturgie der romanischen Kirchen, ihren Altarbildern und Riten wiederfinden konnten: Das Wissen vom all-übergreifenden und all-durchdringenden Gott.

[158] M. Frickel, Deus totus ubique simul. Untersuchungen zur allgemeinen Gottgegenwart im Rahmen der Gotteslehre Gregors des Großen, Freiburg 1956.

b) Hymnischer Lobgesang auf Gott und Welt – Hildegard von Bingen

Im Werk Hildegards von Bingen[159] (1098-1179), der deutschen Äbtissin (Magistra genannt) vom Rhein, wird die Synthese von Theologie und Poesie, Denken und Erfahren, Wahrheit und Schönheit, noch einmal sichtbar. Sie lebte so sehr in der großen Tradition, daß die Nomenklatur «monastisch» (nach Jean Leclercq[160]) nicht genügt, um ihre Spiritualität zu fassen. Sie ist eine einmalige Gestalt. Ihre «Theologie» ist durch und durch beseelt von der Liturgie; Schöpfung und Heilsgeschichte klingen zusammen. Ihre Bilderwelt gipfelt im musikalischen Hymnus; «Symphonie» und «Harmonie» sind Lieblingsworte von ihr. Die augenblickliche Forschung untersucht – in verständlichem Gegenschlag gegen die esoterische Vereinnahmung – zwar mehr Begrifflichkeit und historische Abhängigkeiten. Doch erst mit der Methode, die H.U. von Balthasar «Schau der Gestalt» nennt, also in einer ganzheitlichen Wahrnehmung, ist die Größe der Frau zu erfassen.

(1) Das Weltganze, eingeborgen in die Liebe Gottes

In ihrem Meisterwerk, dem «Buch vom göttlichen Wirken», beschreibt Hildegard ihre Schau, in der sie den Kosmos in räumlicher Erstreckung und (heils-)geschichtlicher Entfaltung geeint in Gottes ewigem Jetzt erblickt (verkürzter Text):

> Und ich schaute im Geheimnis Gottes ein wunderschönes Bild:
>
> Was du im Geheimnis Gottes als wunderschöne Gestalt erblickst, gleich wie ein Mensch gebildet, das ist (est!) die Liebe des himmlischen Vaters. In ihren Händen trägt die

[159] Das Folgende stützt sich auf meine Arbeit über Hildegard von Bingen (Anm. 126).

[160] In: Wissenschaft und Gottverlangen. Zur Mönchstheologie des Mittelalters, Düsseldorf 1963, (verbesserte Auflage auf Französisch, 1964) hat Leclercq diese wichtige Terminologie geprägt.

> Gestalt ein Lamm. Hat doch die Liebe in den Werken des Gottessohnes die alles überstrahlende Milde des wahren Glaubens geoffenbart. Die Liebe aber west in kreisender Ewigkeit, ohne Zeit, wie die Glut im Feuer. Gott sah in seiner Ewigkeit alle Geschöpfe voraus, die Er in der Fülle der Liebe schuf.
>
> Die Gestalt der Welt existiert unvergänglich im Wissen der wahren Liebe, die Gott ist... Die Gottheit ist in ihrem Vorherwissen und Wirken gleich wie ein Rad, ein Ganzes, in keiner Weise zu teilen. Und wie ein Kreis das, was in ihm verborgen ist, in sich schließt, so schließt auch die heilige Gottheit unbegrenzt alles in sich und übertrifft alles.
>
> (In dieser Gestalt der Liebe sieht Hildegard noch einmal ein großes Rad entstehen.) Inmitten dieses Riesenrades erschien die Gestalt eines Menschen. Das soll Folgendes besagen: Mitten im Weltenbau steht der Mensch. Denn wie der Mensch mit den leiblichen Augen allenthalben die Geschöpfe sieht, so schaut er im Glauben überall den Herrn. Gott ist es, den der Mensch in jedem Geschöpf erkennt.
>
> Aus dem Urgrund der wahren Liebe, in deren Wissen der Weltlauf ruht, leuchtet die überaus feine Ordnung der Dinge hervor und kommt, alles haltend und alles bewegend, immer neu ans Licht. Aus dieser Liebe, die ganz und gar göttlich ist, besteht alles Gute, wünschenswert über alles.

Erst in Gottes endgültigem Geschenk wird seine allumfassende Ordnung, die Hildegard prophetisch-mystisch schaut, voll und ganz sich erfüllen; erst in der himmlischen Liturgie der Vollendung. Doch gerade die Kunst von Dichtung und Musik hilft Hildegard, in ihrem Werk und Wirken jetzt schon die Harmonie des Ganzen erklingen zu lassen; sie darf dies von Gott her, in seiner ewigen Liebe, die der Boden, die Materie der Schöpfung ist, erschauen und vernehmen und weitergeben. Alle Einzelzüge dieser Ganzheitserfahrung sind getragen von ihrer Einheit in Gott und von Gottes Gegenwart in ihnen, was Hildegard als Licht schaut und als Musik besingt.

(2) Der Hymnus als genuiner Ausdruck der Ganzheitserfahrung

So ist es kein Zufall, daß Hildegards Erstlingswerk, «Scivias – Wisse die Wege (Gottes)», in einer «Symphonie» gipfelt, im Chor der himmlischen Kräfte:

> (In der von Licht durchglänzten Luft) hörst du wundersam, gemäß all den Sinnbildern, die du schautest, mannigfache musikalische Klänge. Daher klingt jeder Schall wie die Stimme einer großen Menge zum Lob der himmlischen Höhen in Harmonie zusammen (in harmonia symphonizat). Und diese Symphonie hebt das zur Höhe empor, was das Wort verkündet.

Hildegard hat selbst Hymnen gedichtet und in Musik gesetzt. Um ihre Welterfahrung zu verstehen, müßte man diese hören – besser: gemeinsam im Chor singen und tanzen. (Hildegard hat tatsächlich mit ihren Nonnen liturgisch getanzt!) Hier seien einige Hymnen in der musikalischen Übertragung von H. Schipperges[161] vorgestellt. Die Versaufteilung wurde leicht geändert, um die Entsprechung von Deutsch und Latein jedermann sichtbar zu machen:

I. O virtus sapientiae,
quae circuiens circuisti,
comprehendendo omnia
in una via,
quae habet vitam
tres alas habens,
quarum una in altum volat
et altera de terra sudat

[161] Hildegard von Bingen, Symphonia. Gedichte und Gesänge, Lat. und Dt., Gerlingen 1996.

et tertia undique volat.
Laus tibi sit,
sicut te decet,
o sapientia.

II. Spiritus sanctus
vivificans vita
movens omnia
et radix est in omni creatura
ac omnia de inmundicia abluit
tergens crimina
ac ungit vulnera
et sic est fulgens
ac laudabilis vita
suscitans et resuscitans
omnia.

III. Laus trinitati,
que sonus et vita
ac creatrix omnium
in vita ipsorum est,
et que laus angelicae turbae
et mirus splendor archanorum,
que hominibus ignota sunt,
est, et
que in omnibus vita est!

I. O Weisheit voll Urkraft –:
  Kreisend umgreifst du das All,
  alles umfaßt Du, die ganze Welt
    auf einem Weg, in einem Zug,
  der da voll ist des Lebens.
Mit dreifachem Schwingen schwingt dieser Zug:
  Der eine Flügel schwebt hoch in die Höhen,
  der andere müht sich mühsam auf Erden,
  ein dritter aber schwingt rund um das All –:

Lob sei Dir, o Weisheit,
Lob, wie sichs gebührt,
und immerdar Lob!

II. Der Heilige Geist
ist Leben, das Leben uns schenkt,
ist Geist, der geistvoll beweget das All,
ist Wurzelgrund allen geschaffenen Seins.
Und der Geist ist es,
der da reinigt das All vom Fehl:
Alle Schuld ward getilgt,
jeder Schmerz wird gestillt –
Leuchtendes Leben ist Er, der Geist,
lobwürdiges Leben,
Leben, das alles aufweckt
und wieder und wieder erwecket.

III. Der dreifaltigen Gottheit sei Lob!
Sie ist
der Wohlklang im All, das Leben der Welt,
die schaffende Kraft
in allem, was lebt.
Der Engelscharen Lobpreis ist sie:
wunderbarer Glanz aller Geheimnistiefen
von Menschen nimmer zu ergründen.
Sie ist liebendes Leben im All!

(3) Der dreifaltige Gott, Gottes Weisheit, Gottes Geist

Die Nachdichtung von Schipperges zeigt den Unterschied des Lateins in seiner Klarheit zum Deutschen, das sich leicht zu romantischem Schwärmen steigert.

Unaufdringlich, aber jetzt in musikalische Harmonie eingeborgen, klingt, wie in unergründbaren «Geheimnistiefen», die dionysische, apophatische Theologie weiter. Bei Hildegard kommt besonders das Eingeborgensein aller Schöpfung – des

Menschen mit seiner Lebenswelt – in der Harmonie der Gottesliebe zum Ausdruck. Des öftern betont sie: Die Liebe Gottes sei die «materia», die mütterliche (mater = Mutter) Urkraft der Welt, ihrer Geschichte, ihrer Menschen. Hier hat ihr oft mißbrauchtes Natur- und Heils-Wissen seinen Grund. Ohne diesen optimistischen Schöpfungs- und Erlösungs-Glauben werden ihre naturkundlichen Schriften zur Esoterik.

Die Hymnen spiegeln die biblisch-liturgische Vernetzung ihres ganzen Lebens und Wirkens. Sie fußen im benediktinischen Lebensraum der Verfasserin; das «circuiens in circuitu», «umkreisen im Kreisrhythmus», stammt aus den biblischen Weisheitsbüchern; die «Vita»-(Lebens)-Theologie, die im Latein noch lauter als auf Deutsch klingt, ist Erbgut des Johannesevangeliums; der eucharistische Hochgesang des «Sanctus» stimmt täglich ins «Lob der Engelscharen» ein.

Auf diesem Hintergrund zeigt sich, in welch erstaunlicher Weise Hildegard die Absolutheit Gottes erfährt und darüber nachdenkt, wie dies die ganze Schöpfung durchzieht. Der Preis des Göttlichen in diesen drei Hymnen strömt aus einer allumfassenden Weltsicht, die getragen ist von eben diesem Göttlichen. Es kann den Namen «Weisheit» tragen im Sinn der «Sophia»-Theologie der alttestamentlichen Weisheitsbücher und der Weisheitschristologie des Apostels Paulus. Die Ostkirche pflegt diese Sicht und der heutige Feminismus hat sie von neuem aufgegriffen. Es kann den Namen «Heiliger Geist» tragen und damit die altchristliche Theologie von der «Weltseele Gottes»[162] aufgreifen. Und es kann – wie im letzten Hymnus – einfachhin von Gott die Rede sein, der als «trinitas», als der Dreieine die Liebes-Gegenwart Gottes in der Schöpfung ist und somit zu Recht einfachhin «Vater» heißt. Dieses trinitarische Geheimnis durchschwingt ohne jede intellektuelle Verrenkung das ganze Werk Hildegards.

Man kann zu diesen Hymnen nun weitere anführen: Über den Sohn, den Logos Gottes, über die Kirche, die Gott lob-

162 H.R. Schlette, Weltseele. Geschichte und Hermeneutik, Frankfurt 1993.

preist und in Maria zur personalen Typologie wird, über viele Heilige, die wie Ikonen durchlässig für das Licht Gottes sind. Doch alles das «schaut» auf den einen und einzigen Gott, dessen «Gestalt» Hildegard überall neu entdeckt. Die eine Wahrheit des Absoluten ist in ihrem Geheimnisgrund so reich, daß sie vielfältig in Erscheinung tritt. Diese Vielfalt in der Einheit – vorgebildet und gegründet in Gottes Dreieinigkeit – muß in begrifflicher Logik zerfallen; aber im Hymnus, in Musik und Bild und Poesie läßt sie sich erfahren und realisieren.

Nicht vergessen werden darf, daß all das in Musik eingehüllt ist, daß der Gesang – nicht die Bilder und nicht die Worte – in Scivias den Gipfel der Himmelsseligkeit ausmacht. Eines neuen Ansatzes der Reflexion ist es wert, die Bedeutung des Musikalischen in der theologischen Ästhetik auszumachen. Bei Hildegard hat man den Eindruck, daß das Gipfeln ihres Visionswerks zum Ausdruck bringt: Gott ist Geist; sein inneres Leben trägt den Namen Heiliger Geist, und als Geist erfüllt er die ganze Schöpfung mit seiner Gegenwart. In der Musik, im hymnischen Gesang kann auch der Mensch ein wenig von dieser göttlichen Wahrheit ergreifen.

Von Dionysios mag man sich ins geheimnisvolle Licht einer gewölbten Krypta hineingeführt glauben, bei Hildebert atmet man doch etwas zuviel von der Atmosphäre des theologischen Lehrers mit seinem geschickten Sprachspiel, bei Hildegard aber öffnet sich das Tor in das gewaltige Gewölbe der Schöpfung, in der Gottes Reichtum blüht und Frucht bringt, und das erfüllt ist von einem machtvollen Orgelklang.

c) Innigkeit der Gottesliebe – Mechthild von Magdeburg

Mit der Begine aus Magdeburg[163] (1207/10-1282/94) wird eine neue Weise der dichterischen Kundgabe von Gott und Gottes-

[163] Neben der kritischen Ausgabe von H. Neumann und G. Vollmann-Profe, Mechthild von Magdeburg, Das fließende Licht der Gottheit, I. u. II., München 1990/1993, und der reich kommentierten Übertragung ins heutige

erfahrung in seiner Welt sichtbar. Die feierliche, liturgisch und dogmatisch tiefschürfende Sprache geht über in subjektive, innige Liebes-Verse. Gerade bei einer so starken Persönlichkeit, wie es Mechthild ist, muß diese neue Mentalität auffallen. Ihr energisches, auch amts-kritisches Auftreten brachte ihr Verfolgung ein, sodaß sie ins Kloster Helfta flüchten mußte. Doch dieselbe Frau gibt ihrer Erfahrung eine so innige, oft «erotische» Form, daß die frühe lateinische Übersetzung einen Vers wie folgenden (Buch I, Kap. 22) schamhaft verschwieg[164]:

Je enger das Minnebett wird,
um so inniger wird die Umarmung.

ie das minnebett enger wirt,
je die umhalsunge nahr gat.

Die damit berührten Fragekreise sind hier nicht zu behandeln. Doch muß man mit dem Blick auf die poetische Sprache fragen: Wie stark hat die deutsche Muttersprache das neue Denken und Erfahren der Mystikerin beeinflußt? Ist die zweifelsohne hochrangige Theologie Mechthilds Niederschlag von Erfahrung oder eher deutende Interpretation ihrer Liebesmystik? S. Köbele geht in der Arbeit: «Bilder der unbegriffenen Wahrheit»[165] solchen Fragen nach. Aber noch vor diesem Fragen ist deutlich: Bei Mechthild werden Theologie und poetische Bild- und Wortgestalt, Inhalt und Erfahrung unlöslich eins.

Deutsch von M. Schmidt, Stuttgart-Bad Cannstatt 1995, ist die frühe Übertragung ins Latein unentbehrlich. Ausgabe der Solemmner Mönche, Revelationes Gertrudianae ac Mechthildianae II, Pictavii-Parisiis 1877, 435-643, da wir ja den ursprachlichen Text nicht überliefert bekamen.

164 Zu erwähnen ist die oft schlimm verkannte tantrische Spiritualität. Der Chadogya-Upanishad weiß: «Wie ein Mann in den Armen der Frau, die er liebt, die ganze Welt vergißt, sodaß alles in ihm sich nach außen kehrt, so vergehen in der Vereinigung mit dem allwissenden Wesen das Innen und das Außen.» Nach A. Danielou in: Khajurâho, Tempel der Liebe, Text von L. Frédéric, Photogr. von Raghu Rai, Köln 1993, 9. Zum Upanishad vgl. Mehlig (Anm. 129).

165 Zur Struktur mystischer Rede im Spannungsfeld von Latein und Volkssprache, Bern-Basel 1993.

Man sollte sich zuerst einmal und immer neu dem Charme dieser mystischen Dichtung öffnen, der auch im modernisierten Deutsch[166] zu hören ist.

(1) «Das fließende Licht der Gottheit» (II,5 und II,6)

Schon dieser Gesamttitel der sieben Bücher vermittelt eine Ahnung ihrer Poesie. Zwei Gesänge seien in heutigem Deutsch wiedergegeben.

Ein Sang der Seele zu Gott von fünf Dingen
und wie Gott ein Kleid der Seele ist
und die Seele das Kleid Gottes:

«Du leuchtest in meiner Seele
wie die Sonne auf dem Golde.
Herr, wenn ich in Dir ruhen darf,
ist meine Wonne überreich.
Du kleidest Dich mit meiner Seele
und bist auch ihr nächstes Kleid.
Daß dem ein Scheiden sollte sein (muos geschehen),
ist mehr als alle Herzenspein.
Wolltest Du mich heftiger minnen,
käm ich ganz gewiß von hinnen
(cito eriperit de hoc corpore),
wo ich Dich ohne Unterlaß nach Wunsche
könnte (möhte) minnen.
Nun hab ich Dir gesungen,
noch ist es mir nicht gelungen;
wolltest Du mir singen,
dann müßte es mir gelingen.»

Ein Gegengesang Gottes in der Seele von fünf Dingen:

«Wenn ich scheine, mußt du gluten,
wenn ich fließe, mußt du fluten.

[166] In den neusprachlichen Text nach Schmidt habe ich (Klammertexte) alemanische und lateinische Original-Zitate eingefügt.

Wenn du seufzt,
ziehst du mein göttliches Herz in dich hinein,
wenn du weinst nach mir, schließe ich dich in meine Arme.
Wenn du aber minnest,
werden wir beide eins (ein sin; unimur),
und wenn wir zwei eins sind (ein sin),
vermag uns nichts mehr zu scheiden,
nur ein wonniges Harren wohnt zwischen uns beiden.»
«Herr, harre ich denn mit Hunger und mit Durst,
mit Jagen und mit Lust,
bis an die spielende Stunde (horam jucundissimam),
da aus deinem göttlichen Munde
die erwählten Worte strömen hervor.
Sie dringen in kein Ohr,
nur in die Seele allein,
die sich von der Erde entkleidet (omnia prospera despicit),
und ihr Ohr liegt an deinen Mund.
Ja, die begreift der Minne Fund
(sitiens suavem odorem spiritus tui).»

(2) Liebeslieder vor Gott

Der neue Klang dieser Poesie ist unüberhörbar. Zwar haben ähnliche Züge im Christentum niemals völlig gefehlt. Die Subjektivität eines Augustinus und Bernhards, auch viele syrische Gesänge und insbesondere die mystische Auslegung des Hohen Lieds Salomos[167] haben diese Weise der mittelalterlichen Lyrik vorbereitet. Doch in dieser Ausdrücklichkeit wird eine neue Mentalität von Liebe, Subjektivität und Innigkeit hörbar. Die Lyrik des Minnesangs hängt eng mit dieser geistlichen Lyrik zusammen; über die genauen Beziehungen diskutiert die Fachwelt.

[167] Vgl. insbesondere Fr. Ohly, Hohelied-Studien. Grundzüge einer Geschichte der Hoheliedauslegung des Abendlandes bis um 1200, Wiesbaden 1958; H. Riedlinger, Die Makellosigkeit der Kirche in den lateinischen Hoheliedkommentaren des Mittelalters, Münster 1958. Eine füllige Synthese bieten die Anmerkungen von Fr. Ohly, in: Das St. Trudperter Hohelied (Anm. 38).

Von der sprachlichen Form her handelt es sich bei Mechthild weithin um Reimprosa[168], also um eine rhythmische Sprache, die oft auch durch Wortreime gegliedert und strukturiert ist; doch es ist keine gereimte Lyrik im modernen Verständnis intendiert. Lautliche Entsprechungen und Satzrhythmen treten auf, ohne daß große Poeme sichtbar werden. In alten Handschriften wird daher die Reimprosa nicht durch Absätze der Verse oder durch Trennstriche und Initialen kenntlich gemacht. Der Übergang vom «Reim» zur «Prosa» ist fließend und scheint dem Schreiber (Sprecher) wie unbewußt zu gelingen. Die großen Prediger des Mittelalters (bis zu Abraham a St. Clara) haben entsprechende Übergänge von Prosa zur Poesie weidlich ausgenutzt.

Zur Deutung Mechthilds ist – soweit ich sehe – diese sprachliche Eigenart noch kaum berücksichtigt worden. M. Schmidt hebt in ihrer neudeutschen Übertragung dankenswerter Weise die «Reime» usw. auch typographisch hervor. Doch der Leser muß wissen, daß der Unterschied zwischen dem dort als «Reim» und dort als «Prosa» Gekennzeichneten (wie übrigens auch in unserer Wiedergabe) nicht absolut genommen werden darf.

Dem Erfahren und Schreiben Mechthilds liegt nämlich ein durch und durch poetisches Welt-, Gott- und Selbst-Gefühl zugrunde. Es muß tatsächlich ein «Fließen» gewesen sein – entsprechend dem Titel ihres Buches. Dies aber führt ebenso in die Nähe moderner Lyrik, wie auch in die Nähe moderner mystischer Zeugnisse, – zu einem Dag Hammarskjöld oder zum «Schreiben aus der Versunkenheit» eines Carl Albrecht[169].

(3) Das theologische Gewicht

Über die formale und literarische Betrachtung der Mystik Mechthilds darf auf keinen Fall ihr theologisches Gewicht ver-

168 K. Polheim, Die lateinische Reimprosa, Berlin 1925; zum Deutschen fand ich nichts Entsprechendes.

169 Zu beiden die Textsammlung: Christliche Mystik (Anm. 137) 478-493.

nachlässigt werden. M. Schmidt zeigt eindrucksvoll, daß zum einen ein trinitarisches Denken wie eine Substruktur das ganze Werk durchzieht und – bewußt oder unbewußt – immer neu in Verben, Adjektiven, Substantiven und Satzgebilden sichtbar wird: «Ausfließender Brunnen – wiederkehrender Reichtum – unüberwundene Kraft» (V,26); und zum anderen wird immer wieder auch der Mensch als Imago Dei, als Abbild Gottes, einbezogen in diese Harmonie des dreifaltigen Klangs:

> «Herr, himmlischer Vater, du bist mein Herz!
> Herr, Jesus Christus, du bist mein Leib!
> Herr, Heiliger Geist, du bist mein Atem!» (V,6)

> Die geringste Seele ist
> die Tochter des Vaters und
> Schwester des Sohnes und
> Freundin des Heiligen Geistes
> und wahrlich die Braut der Heiligen Dreifaltigkeit. (II,22)

Der kosmische Bezug der Gotteserfahrung klingt anders als bei Hildegard nur wie nebenbei auf. Das ist verständlich aus der personalen Intensivität der Erfahrung Mechthilds, ist aber auch ein Zeichen für den Mentalitätsumschwung, der sich in der damaligen Zeit immer deutlicher abzeichnet und den J.B. Metz[170] «anthropologische Wende» nennt; diese am theologischen Denken abgelesene Nomenklatur schlägt sich eben auch (und vielleicht vor allem) in der Mystik nieder. Mechthilds Gotteserfahrung aber verliert sich nie in isolierter Selbstreflexion, sondern steht in sozialer Verantwortung, was ihr nicht zuletzt auch die Verfolgung einbrachte. Die christliche Innigkeit der Gottesbegegnung ist – wie von Balthasar betont[171] – keine Flucht in Welt- und Menschen-Ferne, sondern einfachhin die Innenseite eines sozialen Engagements.

[170] Christliche Anthropozentrik. Über die Denkform des Thomas von Aquin, München 1962.
[171] Thomas und die Charismatik, passim (Anm. 89).

Das Hervorstechende an Mechthilds Mystik aber ist die poetische Kraft, mit der sie den Reichtum ihrer persönlichen Erfahrung in immer neuen Bildern und Versen kundtut, «ausfließen» läßt. Würde man dieses «Fließende Licht der Gottheit» in eine mentale Theologie von Gotteserfahrung und Menschenwürde übersetzen, bliebe nur ein dürres Gerippe formaler Aussagen zurück.

d) Gipfel der intellektuellen Mystik – Meister Eckhart

Wenn heute von Mystik gesprochen wird, fällt schnell der Name Meister Eckharts (1260-1328), nach seinem Biographen K. Ruh[172] «eine Schlüsselgestalt in der Geschichte der Menschen». Doch seine Mystik wird verschieden beurteilt:

– Die Vereinnahmung in marxistische oder nationalsozialistische Ideologie ist außer einigen Nachklängen in der Esoterik wohl zu Ende.

– Doch immer noch wird er in kirchenamtlichen wie in antikirchlichen Dokumenten als pantheistischer Häretiker dargestellt. Ruhs Meinung: «Das scheint nun überwunden», ist leider zu optimistisch.

– Weit verbreitet ist eine sentimentale Eckhart-Deutung, die ihn aufgrund seiner sprachlichen Meisterschaft und seines psychologisch tiefen Aufgreifens der menschlichen Sehnsucht nach Einheit, Ganzheit, Geborgenheit regelrecht ausschlachtet – ohne weiteres Nachsinnen und ohne die Erkenntnisse der Forschung zu berücksichtigen. Damit wird Meister Eckhart zur billigen, sentimentalen Erlebnisfigur herabgewürdigt. Doch seit über einem Jahrhundert (seit H.S. Denifle) weiß man, daß auch Eckharts Mystik eingebunden ist in die Denkströmungen seiner Zeit und geformt von der Theologie der «Albertus-Magnus-Schule». Diese stützte sich stärker auf

[172] Meister Eckhart. Theologe, Prediger, Mystiker, München ²1989; dort der Text; ebenso im III. Bd. seiner Geschichte der abendländischen Mystik (Anm. 4).

(neu)-platonische als auf aristotelische (Thomas von Aquin) Denktraditionen.

– Die «Bochumer»-Schule um K. Flasch negiert daher radikal das «Mystische» bei Eckhart. Mit einigen Theologen will sie ihn «aus dem mystischen Strom retten». Doch hier wäre vor allem auch der Begriff «Mystik» bewußter zu bedenken, wie wir zu Anfang zeigten.

– Unter ähnlichen verkürzenden Perspektiven wollen andere ihn auf Sprach- oder Symbol-Theorie reduzieren, wie R. Margreiter[173], dessen «Mystik»-Auffassung sich fast ausschließlich auf sein Verständnis von Eckhart stützt, oder auf psychologische Empirie (nach W. James). Doch damit wird die Grundaussage der Eckhartschen Mystik übergangen; – sein gelebter und erfahrener und oft auch formulierter Bezug zu Gott.

– Doch mit den wohl unumstritten ersten Eckhartforschern, K. Ruh und A.M. Haas, ist Eckhart als eine Gestalt zu würdigen, in der philosophische Gelehrsamkeit und Klugheit, sprachliche Gewandheit, psychologischer Tiefblick, seelsorgliche Verantwortung und tiefe persönliche Gotteserfahrung, also Mystik, sich in fast einmaliger Durchdringung vereinen.

Unter diesen Fähigkeiten wird, wie mir scheint, Eckharts dichterische Genialität immer noch zu wenig gewürdigt[174].

(1) Das Dreifaltigkeitslied[175]

K. Ruh hat auch (A.M. Haas ist etwas vorsichtiger) «kaum mehr Bedenken», das anonym überlieferte Lied, einen «Höhepunkt geistlicher Lieddichtung im deutschen Mittelalter»,

[173] Erfahrung und Mystik. Grenzen der Symbolisierung, Berlin 1997.

[174] Eckharts Sprache ist reich an Bildern, umkreist oft eine einzige Wirklichkeit mit immer neuen Bildaussagen und liebt – wie Dionysios – Sprachfiguren progressiver Steigerung für Gottes Übergröße.

[175] Text nach Ruh (Anm. 172). Meine Übersetzung nimmt sprachliche Unebenheiten in Kauf, um zugleich poetisch und nahe beim Original zu sein. Vgl. W. Wackernagel, Poesies mystiques et prières de Maître Eckhart, Genf 1989, 45-65. Text, Übertragung und Hinweise auch bei A.M. Haas, Dichtung in christlicher Mystik und Zen Buddhismus, in: Zen Buddhism today. Annual report of the Kyoto Zen Symposium, Nr. 9, Kyoto 1992, 86-116.

Meister Eckhart zuzuschreiben: «das Schönste, was geistliche Poesie der Zeit hervorgebracht hat». Wie es auch um die Autorschaft stehen mag, das Gedicht ist ein herausragendes Beispiel «deutscher, intellektueller Mystik».

I. In dem begin	In dem Beginn
hô uber sin	Hoch über Sinn (Begreifen)
ist ie daz wort.	Ist stets das Wort.
ô rîcher hort,	O reicher Hort,
dâ ie begin begin gebâr!	Da stets Beginn Beginn gebar!
ô vader brust,	O Vaterbrust,
ûz der mit lust	Aus der mit Lust
daz wort ie vlôz!	Das Wort stets floß!
doch hat der schôz	Doch hat der Schoß
daz wort behalden,	Das Wort behalten,
daz ist wâr.	das ist wahr.
II. Von zwên ein vlût,	Von zwei'n eine Flut,
der minnen glût,	Der Minne Glut,
der zweier bant,	Der zweien Band,
den zwein bekant,	Den zwei'n bekannt,
vlûzet der vil sûze geist	Fließet der viel-süße Geist;
vil ebinglîch,	Ganz Gleicher gar
unscheidelîch.	Und unteilbar.
dî drî sîn ein.	Die drei sind eins.
weiz du waz? nein.	Weißt du's? vernein's!
iz weiz sich selber	Es weiß sich selber
aller meist.	allermeist.
III. Der drîer strik	Die Drei – ein Strick,
hat tîfen schrik,	Davor erschrick!
den selben reif	Den einen Ring
nî sin begreif:	Nie Sinn umfing:
hîr ist ein tûfe	Hier ist doch Tiefe
sunder grunt.	ohne Grund.
schach unde mat	Setzt Schach und Matt
zît, formen, stat!	Zeit, Form und «Statt»!

der wunder rink
ist ein gesprink,
gâr unbewegit stêt
sîn punt.

Der Wundersaft
Ist Quellenkraft,
Steht unbewegt
in seinem Punkt.

IV. Des puntez berk
stîg âne werk,
vorstentlichkeit!
der wek dich treit
in eine wûste wunderlîch,
dî breit, dî wît,
unmêzik lît.
dî wûste hat
noch zît noch stat,
ir wîse dî ist sunderlîch.

Des Punktes Berg
Steig ohne Werk,
In lauterm Denken,
Und laß dich lenken
In eine Wüste wunderlich.
Sie liegt so breit,
Unmeßbar weit.
Die Wüste hat
Nicht Zeit, noch «Statt»,
Ihr Sosein, das ist sonderlich.

V. Daz wûste gût
nî vûz durch wût,
geschaffen sin
quam nî dâ hin:
us ist und weis doch
nimant was.
us hî, us dâ,
us verre, us nâ,
us tîf, us hô,
us ist alsô,
daz us ist weder diz
noch daz.

Das Wüstenland
Kein Fußschritt fand;
Erschaff'ner Sinn
Kam nie dahin.
Es ist und niemand weiß
doch «was».
Ist hier, ist da,
Ist fern, ist nah,
Ist tief, ist hoch,
Und ist so doch,
Daß es ist weder dies
noch das.

VI. Us licht, us clâr,
us vinster gâr,
us unbenant,
us unbekant,
beginnes und ouch endes
vrî,

Ist Lichtes Glanz,
Ist finster ganz,
Ist unbenannt,
Ist unbekannt,
Beginnens und auch Endens
frei.

us stille stât,
blôs âne wât.
wer weiz sîn hûs?
der gê her ûz
und sage uns,
welich sîn forme sî.

Es stille steht,
In Bloßheit geht.
Wer kennt sein Haus?
Der geh heraus
Und sag uns,
welcher Form es sei.

VII. Wirt als ein kint
wirt toup, wirt blint!
dîn selbes icht
mûz werden nicht,
al icht, al nicht
trîb uber hôr!
lâ stat, lâ zît,
ouch bilde mît!
genk âne wek
den smalen stek,
sô kums du an der wûste
spôr.

Werd' wie ein Kind,
Werd' taub, werd' blind!
Dein eigen Icht
Muß werden Nicht.
All Sein, all Nicht
treib' ferne fort.
Laß Ort, laß Zeit,
Auch Bilder weit.
Geh' ohne Weg
den schmalen Steg,
So kommst du an der Wüste
Ort.

VIII. Ô sêle mîn
genk ûz, got în!
sink al mîn icht
in gotis nicht,
sink in dî grundelôze
vlût!
vlî ich von dir,
du kumst zu mir.
vorlîs ich mich,
sô vind ich dich,
ô uberweselîches gût!

O Seele mein,
Geh' aus – Gott ein!
Versink' mein Icht
In Gottes Nicht,
Sink' in die grundlos tiefe
Flut.
Flieh' ich vor Dir,
Du kommst zu mir;
Verlier' ich mich,
So find' ich Dich,
O überwesentliches Gut!

(2) Zum Verständnis des Liedes

In frühen Handschriften ist das Gedicht zusammen mit einem lateinischen Kommentar als «Granum Sinapis de Divinitate pulcherrima in vulgari» überliefert: «Senfkorn von der schönsten Gottheit in Volkssprache»[176]. Mit dem Bild des winzigen Senfkorns, aus dem nach Mk 4,30ff der gewaltige Baum erwächst, wird das Verhältnis des winzigen Gedichts zu seinem ungeheuren Inhalt symbolisiert; wie auch das «Verbum abbreviatum» bei Dionysios[177] ist es «sowohl weit und groß, wie zugleich ganz knapp in sich gesammelt». Eine entsprechende Dialektik durchzieht auch inhaltlich alle Verse: Stets werden logische Entgegensetzungen zu Paradoxien zusammengebunden: Das Wort fließt aus und bleibt doch innen; wer es zu wissen glaubt, muß sein Wissen verneinen; die Tiefe ohne Grund ist ein Punkt, der ebenso eine Bergesspitze wie eine unermeßliche Wüste darstellt; es ist weder dies noch das und doch konkret hier; es ist Licht und Dunkel, weder Sein noch Nichts, ein Steg ohne Weg. Auch der Leser, der Beter wird selbst von Strophe zu Strophe tiefer in diese sich übersteigende Dialektik einbezogen. Wenn er es weiß, muß er sein Wissen lassen; in der Entfernung von ihm liegt die Nähe, im Verlust liegt das Finden. Und all das geschieht nicht in einer steilen Höhe geistreicher Abstraktionen oder in verbalen Künsteleien, sondern in der konkreten Welt sinnenhafter Erfahrungen.

Schon die ersten Zeilen finden im heilsgeschichtlichen Prolog des Johannesevangeliums («Im Anfang war...») eine überzeitliche Geisttheologie («noch über Sinn ist je...»)[178]; sie bekunden damit eine «dionysische» (neuplatonische) Hermeneutik, die aber – stärker noch als bei Dionysios selbst – in die lebensnahe Erfahrungswelt eingetaucht ist. Und sofort wird auch der Grund dieser Lebens-Vielfalt in Einheit aufgezeigt: Gottes dynamisches Einssein in dreifaltiger, personhafter Unterschiedenheit. Das Bild des «Ringes», des einen «Strickes» erinnert an das Bild von Gott als ein Kreis, dessen Mittelpunkt

[176] Ausgabe mit Kommentar: M. Bindschedler, Der lateinische Kommentar zum Granum sinapis, Basel 1949.

[177] S. Anm. 22.

[178] Eckharts lateinisches Werk enthält eine metaphysische Deutung des Johannes-Prologs zusammen mit dem Schöpfungsbericht von Gen 1.

überall und dessen Umkreis nirgendwo ist[179]; Nikolaus von Kues, einer der wenigen echten Nachfolger Eckharts baute solche Metaphern aus.

Die meisten Bildaussagen (Quelle, Fließen, Feuersglut, Grund) sind dionysisch geprägt. Weiterreichende theologische Diskurse (z.B. zum Ausgang des Hl. Geistes im Sinne der westlichen oder der östlichen Kirche) werden nicht erwähnt, gehören in eine nachträgliche Reflexion, nicht in die Ur-Erfahrung. Uns geht es hier um die ästhetische Gestalt der Verse, die dem Hörer eine Erfahrung jenseits logischer Einsichten nahebringen möchten. Selbst ein Reden von «Personhaftigkeit» klänge wohl noch zu prosaisch-verständlich. Aber das konkrete Erschrecken vor Gott – in Erinnerung an den brennenden Berg Sinai – muß berührt werden. Und all diese Fülle ist eins, ist identisch wie ein «Punkt», dessen lyrische Erwähnung im Text voll Musikalität ist; doch zugleich beschließt der Punkt Weite, weglose Wüste ein, in die hinein dennoch wiederum der Weg führt, der weglos ist. Das Gedicht ist überdies ein sangbares Lied, gedichtet nach einer verbreiteten Sequenzform des berühmten Adam von St. Viktor (†1192).

Der Mensch in seiner Erfahrungsganzheit ist aufgerufen. Doch da, wie Aristoteles schreibt, nur Gleiches Gleiches erkennen kann, muß auch er zum Nichts werden, um die Wüste Gottes zu erfahren. Eckharts Askese baut auf Ontologie auf: Nichts-werden (Unberührtsein wie eine Jungfrau), um Gott zu empfangen, heißt es in der ersten Maria-Martha-Predigt; denn Gott ist doch nichts von alledem, was wir Menschen benennen können. Wie bei Dionysios wird dieses apophatische Nichts nochmals überstiegen in die Unendlichkeit des «je-anderen», «je-größeren» Gottes hinein. «Gott um Gottes willen lassen», predigt Eckhart. So häufen sich die Paradoxe und werden immer wieder neu überstiegen («weder dies noch das»). Das «ICHT», das auch Mechthild von Magdeburg gebraucht, zieht

[179] Dazu Mahnke (Anm. 97).

in der letzten appellativen Strophe ganz dringend das subjektive «Ich» des Lesers ins Gedicht hinein, öffnet ihn zum Beten.

Für die vergleichende Religionsphänomenologie aber ist es wichtig, daß auch diesem göttlichen Ziel «überwesentlich» der Name «Gut» – in Absetzung zu allem Nicht-Guten, zum Bösen – gebührt, daß das Wort «Gut» in seiner Konkretheit als «Über»-Wesensaussage den Höhepunkt allen Redens (und Erfahrens) von Gott darstellt. Das «Böse» bleibt grundsätzlich in allen Paradoxien, in jedem «Zusammenfall der Gegensätze» («coincidentia oppositorum», nach Nikolaus von Kues), von Gott ausgeschlossen. Das dokumentiert den selbstverständlichen christlichen Boden der Verse.

In theologischer Aufarbeitung wäre zu fragen, ob eine solche Schilderung Gottes und der Gottesmystik außerhalb ihrer poetischen Gestalt nicht in Absurdität oder in theologische Einseitigkeit fiele oder einfachhin banal klänge.

(3) Der ideengeschichtliche Stellenwert

Mehr noch und bewußter als der «überwesentliche Name Gut» zeigt die Rückbindung der «Negativen Theologie» an das «Trinitarische Denken» den christlichen Duktus des Gedichts. Man darf sich an das von P. Le Saux Niedergelegte und von seinen deutschen Nachlaß-Verwaltern Unterschlagene erinnern, daß auch für ihn die «Trinität» den Schlüssel zum interreligiösen Dialog reicht.

Meister Eckharts «mystische Theologie» oder «intellektuelle Mystik» muß als Versuch gewertet werden, von neuem die traditionelle Erfahrungstiefe und das Ganzheitserleben von Gott, die vor der Gefahr der Abstraktion stehen, in ein lebendiges theologisches Verständnis und zugleich eine wissenschaftlich-theologische Sprache einzubringen; mit anderen Worten: die Kluft zwischen Spiritualität/Mystik und Theologie/Denken zu überwinden und damit auch die Immanenz von Gottes Transzendenz als Erfahrungstatsache christlich-theologisch zu fassen. Auch hierzu ist an Le Sauxs Analyse der Gegenwart zu erinnern. Zu Eckharts Zeit begann der «Ehebruch» von Theologie und Spiritualität sich im Nominalismus auszuwirken, in einem Denken also, das (nicht unähnlich der heutigen «Postmoderne») Wesensaussagen und Wesenserfahrungen als menschliche Projektionen entlarven wollte: Der menschliche Geist könne keine übergreifenden Verknüpfungen und Seinswahrheiten erkennen, sondern nur dies und dies und dies feststellen. In Wilhelm von Ockhams Äußerungen[180] über die «Absurdität» der Mystik Eckharts zeigt sich der Gegensatz des «neuen», nominalistischen Ansatzes zu Eckharts Mystik. Auch die kirchenamtliche – wenn auch vorsichtig, diplomatisch formulierte – Verurteilung Eckharts[181] ist – wie auch die unterschiedlichen modernen Mißverständnisse – zu lesen als mißtönendes Echo auf den genialen Versuch, die Einheit des christlichen Erfahrens und Denkens von Gott und von Gottes Weltbezug in einer unmetaphysisch denkenden Zeit darzustellen.

Ruhs Plädoyer für Eckhart als Verfasser dieses Gedichtes macht den heutigen Leser – ob Spezialist oder Laie, ob Christ oder Nichtchrist – darauf aufmerksam, daß vielleicht nur noch die poetische Sprache ohne ideologische Einseitigkeiten in diese Ganzheit der Gotteserfahrung hineinführen kann.

e) Um die Einheit der christlichen Spiritualität

Die Geschichte des Umbruchs vom antiken, patristischen Denken zu einem neuen Weltbezug, der sich schon im Mittelalter abzeichnet und in der Neuzeit zur Krise der Religiosität führt, kann hier nur oberflächlich nachgezeichnet werden[182]. Die

[180] W. Trusen, Der Prozeß gegen Meister Eckhart. Vorgeschichte, Verlauf und Folgen, Paderborn 1988, 129-131.

[181] Die Verurteilungsbulle, «In Agro Dominico» vom 27.3.1329, endet: «Besagter Eckhart habe zu Ende seines Lebens den katholischen Glauben bekennend die 26 vorgelegten Sätze, die gepredigt zu haben er zugab, und einiges andere von ihm Geschriebene und Gelehrte, insoweit es im Denken der Gläubigen einen häretischen oder irrigen und dem wahren Glauben feindlichen Sinn erzeugen kann, was eben diesen Sinn betrifft, zurückgezogen und verurteilt.»

[182] P. Dinzelbacher (Hgg.) bringt Überblicke in: Europäische Mentalitätsgeschichte. Hauptthemen in Einzeldarstellungen, Stuttgart 1993.

Forschung sieht darin den Schritt von einer symbolischen, ganzheitlichen Weltsicht, wie sie idealtypisch der Neuplatonismus vertritt und aus sich selbst schon ästhetische Züge trägt, zur naturwissenschaftlichen Analyse der Welt, die nun in Gefahr gerät, über ihr Starren auf Faktizität und logische Schlußfolgerungen die umfassende, alles zusammenhaltende Einheit in Gott und aus Gott nicht mehr greifen zu können. Auf diesem Hintergrund sind die poetischen Formen als unterschiedliche Versuche zu werten, die Einheit vor ihrer Auflösung zu bewahren.

– Hildebert von Lavardins Dreifaltigkeitshymnus klingt fast Volkslied-haft. Aber auch seine Poesie scheint aus einem Gespür von der All-Gegenwart Gottes in der Welt entstanden zu sein, das er dann fast spielerisch in ein leicht verständliches Latein umsetzte. Inhaltlich lebt der Hymnus im alten geschlossenen Weltbild. Formal allerdings kann die Versprachlichung der Einheitserfahrung von Gott und Welt nicht völlig überzeugen.

– Anders bei Hildegard. Gewiß haben wir nur ein korrigiertes, von Sekretären «gefeiltes» Latein zur Hand. Doch hinter der Sprache steht ihre Musik; steht das Schauen des göttlichen Lichtes, in dem die Vielfalt von Welt und Geschichte geeint ist; steht – modern gesprochen – das Urvertrauen auf Ganzheit und Einheit der Weltwahrheit mit und in Gott. Dies wird auch im dichten, starken Latein noch hörbar. Dessen poetische Kraft erfährt aber erst vollständig, wer Sprache, Vision und Musik als Einheit nachzuvollziehen sucht. Und die Frage stellt sich: Welchen theologischen Stellenwert haben die Poesie und besonders die Musik inne?

– Mechthilds Buch vom «Fließenden Licht der Gottheit» ist in der ursprünglichen niederdeutschen Dialekt-Fassung nur bruchstückweise erhalten. Doch die vollständige alemanische Übertragung spiegelt den Charme des Originals. Es ist Aufgabe der von Köbele initiierten Forschung, die Kraft des Ursprungs-nahen Deutsch und die persönliche Erfahrung Mechthilds abzuwägen. Doch was sich auch ergeben wird ... die subjektive Ergriffenheit, die erotisch zu nennende Liebe zu

Gott ist das «neue» Einheitsprinzip ihrer Weltschau, das auch die Poesie des Textes gestaltet. Akzentuierend gesagt: Es ist weniger das objektive Wissen von der Einheit zwischen Gott und Welt, als die starke Subjektivität, die Innigkeit der Gottes- und Jesus-Liebe Mechthilds, die das Auseinanderbrechen von persönlicher Erfahrung und objektiver Heilslehre verhindern. Und wiederum stellt sich die Frage nach dem theologischen Stellenwert, der nun dieser Subjektivität zuzubilligen ist.
– Meister Eckharts Genialität aber gelingt es noch einmal, diese Einheit von Theologie und Mystik, von Gott und Welt auch denkerisch darzustellen, und dies in einmaliger Vollendung. Sicher tragen dazu auch die seelsorgliche Nähe zur Erfahrung der Frauen und das Aufgreifen der neuplatonischen Tradition in der Albertus-Magnus-Schule bei. Ebenso wichtig, wenn nicht noch maßgebender, ist Eckharts schöpferische Sprachkraft, in die seine Erfahrung sich ergießt. Zweifelsohne ist diese sprachlich-dichterische Genialität eine Ursache dafür, daß wir in seinen deutschen wie in seinen lateinischen Schriften ein Werk vor uns haben, in dem die Darstellung der Mystik, also der Begegnung des Menschen mit Gott so gelungen ist, wie kaum anderswo. Doch über solche formalen Einsichten darf nicht übersehen werden, daß Eckhart zweifelsohne aus Erfahrung spricht und Erfahrung schildert. Nur ein neuzeitliches Abtrennen des Denkvorgangs von der Persönlichkeit des Denkers bringt es fertig, Eckharts Denken (Kopf und Geist) zu isolieren von seiner Erfahrung (von Herz oder auch Bauch, wie man heute gerne formuliert).

IV. Reflexion und Fraglichwerden der Einheit: Die Neuzeit

Bei aller Unsicherheit und trotz unterschiedlicher Äußerungen ist man sich darin einig, daß mit dem 15./16. Jahrhundert in Alt-europa sich eine neue Mentalität durchsetzt. Die Naturwissenschaft, die exakte Forschung mit Maß-Zahl-Gewicht ist auf dem Siegeszug und löst das alte symbolische Weltbild ab. Zugleich damit wird die menschliche Individualität in einer solchen Weise herausgestellt, daß R. van Dülmen[183] diese Zeit als «Die Entdeckung des Individuums. 1500-1800» und U. Beck[184] das Ergebnis als «Risikogesellschaft» mit der Vereinsamung des Individuums charakterisieren. Der rational-objektive Zugang zum Glauben und das Gründen auf subjektivem Erleben treten auseinander. Damit hängt zusammen, daß der Weg zum Erleben, der geistliche Vollzug immer stärker «methodisiert» wird: «Devotio Moderna», ignatianische Exerzitien als Methode des «Einzelnen», Geistliche Führung sind Niederschlag der neuen Zeit. Auch Martin Luther frägt: «Quid ad me?», «Was bedeutet diese Wahrheit für mein subjektives (Er-)Leben?» Heute will man sogar diese «Methodisierung» mittels Drogen oder Gehirnströmen in den Griff bekommen[185]. Die Erfahrung, die Berührung mit dem Absoluten soll manipulierbar werden. Ob nicht gerade die Besinnung auf das Poetische, Künstlerische vor solchen Abirrungen schützen kann!

a) Das Verhältnis von Poesie und Theologie – Johannes vom Kreuz

Kaum ein anderer hat die kommenden Jahrhunderte der christlichen Mystik und deren theoretische Deutung stärker geprägt als Juan de Ypes y Alvarez, der sich Juan de la Cruz nannte (1542-1591). Auch Teresa von Avila bewunderte seine tiefe Erfahrung und nahm seine spirituelle und theologische Bildung in den Dienst ihrer Reformtätigkeit. Und gerade er, der reflektie-

183 Frankfurt 1997. Eine wissende, nüchterne, gut lesbare Zusammenfassung.
184 Auf dem Weg in eine andere Moderne, Frankfurt [14]1998.
185 Radikal bei Engel (Anm. 80). Die Drogenerfahrungen pries schon Aldous Huxley an; mit dem «Machbarwerden» der meditativen Erfahrung soll auch das mit Gott Gemeinte machbar werden.

rende Theologe, mußte seiner Mystik, seiner Gotteserfahrung poetischen Ausdruck geben.

(1) Hermeneutik und Poesie des Sprechens von Gott[186]

Den «Geistlichen Gesang, Liedstrophen im Wechsel zwischen der Menschenseele und dem Bräutigam», verfaßte Johannes 1577/78 im Kerker von Toledo, in dem ihn seine reform-unwilligen Mitbrüder gefangen hielten und wo wohl auch sein berühmtestes Gedicht von der «Dunklen Nach» im Urentwurf entstanden ist. Nach der abenteuerlichen Flucht wurden diese ekstatischen Verse in den Karmelklöstern begeistert aufgenommen, aber nicht immer recht verstanden. Johannes mußte seine Dichtung erklären. Er fügte dem «Geistlichen Gesang» einige Strophen hinzu und versah das Ganze mit einem umfassenden Kommentar. Kurz darauf arbeitete er diesen Kommentar noch einmal um, wodurch er zwar an lyrischer Frische verlor, aber an Ordnung und inhaltlicher Präzision gewann. Doch die Dichtung blieb Fundament der theoretischen Analyse.

Im Vorwort zum «Geistlichen Gesang» für Ana de Jesús, Priorin des Karmels zu Granada, entwarf Johannes eine erstaunliche Hermeneutik der mystischen Sprache[187]. Vorsichtig modernisiert kann sie als eine Theorie mystischer Rede gelten. Hier wird sie in ihrer gedanklichen Gliederung wiedergegeben.

> (1) Insofern diese Liedstrophen ... offensichtlich mit glühender Liebe zu Gott geschrieben sind,
> dessen Weisheit und Liebe so grenzenlos sind,
> daß sie sich,
> wie es im Buch der Weisheit heißt,

[186] Ich orientiere mich textlich an: Johannes vom Kreuz, Sämtliche Werke. Vollständige Neuübertragung, hgg. von U. Dobhan, E. Hense, E. Peeters, Freiburg 1995ff; Die lebendige (Liebes-)Flamme nach I. Behn, Einsiedeln 1964 (Freiburg ^{4}1993).

[187] Freiburg 1997, 24-26. Winzige Verkürzungen und der rhythmische Satzaufbau sollen die Gedankenführung sichtbarer machen. Juans graphische Darstellung des Aufstiegsbergs und des hängenden Christus bezeugt seinen künstlerischen Impuls.

von einem Ende bis zum anderen erstrecken
(Weish 8,1);
und insofern der Mensch,
der in diese Liebe umgestaltet und von ihr bewegt wird,
gewissermaßen denselben Überfluß und inneren Schwung
in seinem Sprechen besitzt,
habe ich jetzt nicht vor,
die ganze Weite und Fülle zu erklären,
die der fruchtbare Geist der Liebe in sie hineinbringt.
Es würde vielmehr von Unwissenheit zeugen,
wenn man meinte, daß das,
was die Liebe in mystischer Gewahrwerdung sagt ...,
auch nur annähernd mit Worten
gut erklärt werden könnte...
Denn wer könnte niederschreiben,
was (der Geist Gottes) den verliebten Menschen,
in denen er wohnt,
zu verstehen gibt?...
Sicher, das vermag niemand;
ja, sicher vermögen es nicht einmal diejenigen,
die dies durchmachen;
das ist ja der Grund,
weshalb sie eher in Bildern, Vergleichen
und Gleichnissen
etwas von dem, was sie fühlen, überströmen lassen
und aus der Überfülle des Geistes
eher geheimnisvolle oder verborgene Dinge
erahnen lassen,
als daß sie es mit Vernunftgründen erklären.
Wenn solche Vergleiche nicht mit der Einfachheit
des Geistes der Liebe
und des Verstehens gelesen werden, den sie enthalten,
scheinen sie eher Unsinn zu sein
als mit Vernunft gesprochene Worte,
wie man im Hohenlied Salomos ... sieht,
wo der Heilige Geist,

eben weil er ihre Sinnfülle nicht mit gewöhnlichen
und abgegriffenen Worten zu verstehen
geben kann,
mit fremdartigen Bildern und Gleichnissen
geheimnisvolle Dinge aussagt...
(2) Da diese Liedstrophen in der Liebe
überfließender mystischer Gewahrwerdung
gedichtet wurden,
können sie nicht richtig erklärt werden,
sondern ich möchte nur ganz allgemein
etwas Licht darauf werfen...
Denn die Worte der Liebe sollten besser
in ihrer Weite belassen werden,
damit sie sich jeder auf seine Weise
und nach dem Vermögen seines Geistes
zunutze mache,
und sie sollten nicht auf einen Sinn
eingeschränkt werden,
dem sich nicht jeder Gaumen anpaßt...
Die mystische Weisheit nämlich,
die sich der Liebe verdankt ...,
braucht nicht bis ins einzelne verstanden zu werden,
um im Menschen Liebe und Zuneigung zu bewirken;
denn sie ist nach Art des Glaubens beschaffen,
mit dem wir Gott lieben,
ohne ihn zu verstehen.

(2) Verse der Liebeserfahrung mit Gott

In der zwölften Strophe der Dichtung ruft der göttliche Bräutigam die Seele in Versen an, die aus dem Geist des biblischen Hohenlieds der Liebe (vgl. 2,13; 6,12) geboren sind:

Kehr zurück, Taube,
denn der verwundete Hirsch
läßt sich auf dem Hügel blicken
beim Windhauch deines Fluges
und schöpft frische Luft.

Verzückt, berauscht antwortet die Seele. Die beiden ersten Strophen (in der Gesamtzählung 13 u.14) und zwei weitere (16 u.17) sind hier wiedergegeben:

Mein Geliebter: die Gebirge,
die einsamen waldigen Täler,
die wundersamen Inseln,
die rauschenden Flüsse,
das Flüstern der liebkosenden Winde,

die ruhige Nacht
kurz vor dem Aufgang der Morgenröte,
die Musik der Stille,
Einsamkeit voll Klänge,
das Abendmahl, das erfrischt und verliebt macht.

Deiner Fußspur nach
strömen die jungen Mädchen auf den Weg,
auf die Berührung des Funkens
auf den gewürzten Wein hin,
Ausströmungen göttlichen Balsams.

Im inneren Weinkeller
trank ich von meinem Geliebten,
und als ich herauskam,
auf dieser ganzen Flur,
wußte ich schon nichts mehr
und verlor die Herde,
der ich nachgelaufen war.

Mi Amado, las montañas,
Los valles solitarios nemorosos,
Las ínsulas extrañas,
Los ríos sonorosos,
El silbo de los aires amorosos.

La noche sosegada
En par de los levantes del aurora,

La música callada,
La soledad sonora,
La cena que recrea y enamora.

A zaga de tu huella
Las jóvenes discurren al camino
Al toque de centella,
Al adobado vino,
Emisiones de bálsamo divino.

En la interior bodega
De mi amado bebí, y cuando salía
Por toda aquesta vega,
Ya cosa no sabía,
Y el ganado perdí que antes seguía.

(3) Mystische Erfahrung und ihre sprachliche Gestalt

Hier ist nicht der dichterischen Gestalt des spanischen Originals nachzugehen, in dessen Formstrenge («lira») Juan – anders als Mechthild – seine Erfahrung gießt. Auch die Bilderfülle soll nicht aufgeschlossen werden; sie stammt vor allem aus dem Hohenlied Salomos[188], das in der wörtlichen Übertragung Kl. Reicherts oder in der poetischen Sprache M. Bubers gelesen werden sollte. Hier ist die hermeneutische Bewußtheit ihres Autors zu betrachten.

Das Vorwort thematisiert zuerst die seit Dionysios selbstverständlich gewordene «apophatische», negative, Theologie; Gott und Gotteserfahrung lassen sich von keiner menschlichen Begrifflichkeit und sprachlichen Eindeutigkeit einfangen. Aber dann verweist Juan auf die Poesie, auf die Bildwelt, die wie von selbst aus der mystischen Erfahrung emporquillt. Sie kann nämlich Erfahrungsqualitäten transportieren, die dem reinen Denken verschlossen bleiben, die aber ein jeder, der in diese

[188] Bubers poetische Übersetzung ist in verschiedenen Ausgaben greifbar. Kl. Reichert, Das Hohelied Salomos, zweisprachig, Salzburg 1996, versucht strikte Wörtlichkeit.

Liebe umgestaltet und von ihr bewegt ist, «verstehen» wird. Von ihnen geführt kann der Mensch «die ganze Weite und Fülle» der Gottesbegegnung «erahnen». Das bedeutet eine Verstehens-Weise, die über das rein-rationale Verstehen hinausführt – so wie es im «liebenden Glauben» geschieht; – so wie es Dionysios überliefert hat.

Der Ursprung dieser mystisch-poetischen Sprache und ihres Verstehens liegt nach Juan in Gottes Geist selbst. Seine letzte und reifste Schrift von der «Lebendigen Flamme der Liebe» thematisiert dieses mystische Leben in Gott. Die zweite Fassung des «Geistlichen Gesangs» wagt es noch deutlicher, diesen Einfluß des göttlichen Geistes, der in der Poesie sichtbar wird, «Inspiration» zu nennen. Das Dichterische und das Religiöse fließen zusammen. Man mag darin hinduistisches und neuplatonisches Erbgut entdecken; doch in Wirklichkeit quillt dies einfachhin aus der unmittelbaren Erfahrung eines christlichen Mystikers, dem eine Sprachkraft geschenkt ist, diese Erfahrung einigermaßen adäquat auszudrücken: Dichter wie Mystiker sind als Liebende ergriffen vom (göttlichen) Gast und Partner; sie besingen – bewegt von dieser (Gottes-)Erfahrung, von der Liebe – in poetischen Worten ihr Erleben. (Zwölfmal bringt der Text den Wortstamm Liebe.) Paul Celans Sprechen von der Dichtung, die Mystik ist, bewahrheitet sich. Zwar übersteigt das besungene Gottesgeheimnis stets das Verstehen, doch in eben diesem Überstieg wird die Schönheit des Geheimnisses sichtbar und hörbar. Und wer sich von diesem Liebesgesang ergreifen läßt, den führt das Singen hinein in dieses je-größere Geheimnis der Liebe von Gott und zu Gott; und damit auch zur Liebe zwischen den Menschen.

Der zweite Absatz kommt dem modernen poetischen Verständnis noch näher. Er will (und kann) die «Weite» der Worte nicht analysieren und wie ein professoraler Magister auf den Begriff bringen. Er gibt sogar seinen Lesern, den oft wenig gebildeten Karmelitinnen, die Freiheit, das Gedicht je verschieden aus ihrer persönlichen Ergriffenheit heraus zu verinnerlichen. Nicht die so oder anders gestaltete rationale Inhalts-

Analyse, sondern die dichterische Kraft der Verse selber, ihre «Inspiration», ihr «Ausgerichtetsein» auf den «Geliebten» ist das Band, das die verschiedenen Lese-Erfahrungen zu der einzigen mystischen Ur-Intention des Gedichtes vereint. Im Stichwort «Liebe», im Hinblicken auf den «Geliebten» kommen die unterschiedlichen Erfahrungen überein.

Nachdem der Kommentar zu den Strophen 1-12 des «Geistlichen Gesangs» den Weg, das «Sich-freimachen-für-Gott» beschrieben hatte, beginnt mit den Strophen 13/14 die Beschreibung der mystischen Gotteserfahrung selbst. Die Verse mit ihrer Kommentierung sind so verzückt von der Liebeseinheit mit Gott, daß man aus ihnen eine personauflösende Identifikation mit einem pantheistisch verstandenen Naturprinzip lesen könnte und auch tatsächlich herausliest[189]. Juan scheint sich dieser Verkennung bewußt gewesen zu sein – vielleicht war dies auch ein Grund für die zweite, nun mehr philosophisch-scholastische Fassung des Kommentars. Er setzt nämlich dem Kommentar zu diesen Strophen (und nur ihm!) eine notwendige Bemerkung voran. Darin betont er:

> ... daß in diesen beiden Strophen das Höchstmaß von dem enthalten ist, was Gott einem Menschen zu dieser Zeit mitzuteilen pflegt...

[189] W. Jäger zitiert eben dieses Gedicht für eine neo-buddhistische Interpretation des Christentums: Kontemplatives Beten, Münsterschwarzach 1985 (^{4}1994), 23; Suche nach der Wahrheit. Wege – Hoffnungen – Lösungen, Petersberg 1998, 160. Johannes vom Kreuz wird als Zeuge folgender Ideologie angeführt (Suche nach der Wahrheit, 173f. 121): «Wir sind göttliches Leben, das diese menschliche Erfahrung macht. Wie in Jesus ist dieses göttliche Prinzip in jedem von uns Mensch geworden. Das Universum ist nichts anderes als ein Bewußtseinsfeld, das sich immer wieder materialisiert. Wenn wir unseren Mittelpunktswahn aufgeben, wird klar, daß das Universum auch ohne den Menschen zurechtkommt. Wir sind also nicht menschliche Wesen, die eine spirituelle Erfahrung machen, sondern das neue Paradigma lautet: ‹Wir sind spirituelle Wesen, die eine menschliche Erfahrung machen›.» Nach: Suche nach dem Sinn des Lebens. Bewußtseinswandel durch den Weg nach innen, Petersberg 1991 (^{5}1999), 121, ist jeder Mensch ein noch nicht bewußt-gewordener Christus: «Jesus war ein historischer Mensch. Christus aber ist Symbol für die ewige transpersonale Seinsweise, die in allen Menschen angelegt ist und sich entfalten soll. Das Göttliche möchte in uns zum Durchbruch kommen.

> ... manchen Menschen wird mehr geschenkt und anderen weniger, und bei manchen geschieht es auf diese, bei anderen auf jene Weise, obwohl das eine und das andere in dieser Verfassung der geistlichen Verlobung möglich ist.

Im Kommentar wehrt er sich sogar gegen eine abschwächende Deutung, die – wohl aus Angst vor dem Pantheismus – die Verse zu inhaltsleerer Allegorese ausdünnen möchte (etwa: nur ähnlich wie ..., oder: nur als ob ...):

> So soll man nicht meinen, daß es bei dem, von dem man hier sagt, daß es der Mensch fühlt, um so etwas wie ein Sehen der Dinge im Licht oder der Geschöpfe in Gott geht,
>
> sondern daß (der Mystiker) in diesem In-Besitz-Genommensein fühlt, daß für ihn alle Dinge Gott sind.
>
> Insofern die Menschenseele in diesem Fall mit Gott geeint wird, fühlt sie, daß alle Dinge in einer einfachen Wesenheit Gott sind, wie es der heilige Johannes fühlte, als er sagte: ... Das, was geworden ist, in dem war Leben (Joh 1,3f in einer heute weniger üblichen Interpunktion)...
>
> Wie wahr (ist) jene Aussage des heiligen Franziskus, die da lautet: «Mein Gott und mein Alles.»

Juan weicht also vor dem pantheistischen Mißverständnis nicht zurück in Verharmlosungen, sondern geht mit einem philosophisch-theologischen Ernst voran, der an Eckhart erinnert: In der ekstatischen Liebe sei der Mensch so sehr eins mit Gott, daß er – ebenso wie nach scholastischer Lehre Gott alles Geschaffene im eigenen Wesen erkennt – nun als in Gott hinein verzückter Mensch im Wesen Gottes, mit dem die Lie-

Die Kontaktstelle ist hier und jetzt: denn nichts ist, was nicht göttlich wäre.» Dieser europäisierte Buddhismus greift die «Transpersonale Psychologie» auf, die Ken Wilber in der Nachfolge von New-Age repräsentiert. Dies als Mystik des Johannes vom Kreuz hinzustellen, zeugt nicht nur von Mißachtung der Quellen, sondern auch für eine unsensible Gefühllosigkeit für die poetische Sprachgebung.

be ihn eint, die ganze Fülle von Gottes schöpferischem Wesen erlebt. Juan gibt dem Gemeinten in der «Lebendigen (Liebes-) Flamme»[190] eine theologische Interpretation:

> Wenngleich die Seele hier zu erkennen vermag, daß all diese Dinge als geschaffene von Gott unterschieden sind und (nur) nach ihrem Ursprung und mit ihren Wachstumskräften in ihm bestehen, so erkennt sie doch auch, daß Gott in seinem Wesen mit unendlicher Überlegenheit all dieses Geschaffene ist. Und so erfaßt sie die Geschöpfe besser in seinem Wesen als in ihnen selbst. Und das ist das Entflammende solchen Wachwerdens, durch Gott die Geschöpfe zu erkennen und nicht durch die Geschöpfe Gott. Das heißt die Wirkungen aus ihrem Urgrund erkennen und nicht den Urgrund aus den Wirkungen. Denn diese Erkenntnis ist eine abgeleitete, jene aber ist wesentlich.

Darin formuliert sich eine scholastische Theologie: Gott trägt die volle Erkenntnis von allem, was er schafft, in sich selbst; daran hat der Mystiker Teil. Der Dichter Juan aber bringt einfachhin seine Erfahrung ins poetische Wort. Als Leser muß man sich von der Dichtung – nicht durch deren Erklärung – leiten lassen, muß ihr nachspüren. In ihr nämlich spiegelt sich die Erfahrung von Liebe, in der sich der Liebende so eins fühlt mit dem Geliebten, daß alles andere für ihn im Nichts verschwindet oder, weil Gott der Schöpfer von allem ist, im Geliebten aufgeht. In einem Brief spricht Juan dies in eher moderner Weise aus[191]:

> Man vergißt sogar die eigene Seele um der geliebten willen, denn mehr lebt man in der geliebten als in sich.
>
> O großer Gott und Herr der Liebe! Wie viele von deinen Reichtümern legst du in den hinein, der nur dich liebt und an dir Geschmack findet; denn du gibst ihm dich

[190] IV,5, Seite 116.
[191] Band 2 der Gesammelten Werke, 45.

> selbst und machst ihn eins mit dir durch Liebe und darin gibst du ihm das zu verkosten und zu lieben, was der Mensch am meisten in dir will und ihm Nutzen bringt.

Damit greift Juan einen in der christlichen Tradition oft zitierten Weisheitsspruch auf:

> In der Liebe ist der Liebende mehr dort, wo er liebt, als bei sich selbst;

eine Weisheit, die sich an das Jesus-Wort anlehnt:

> Wo dein Schatz ist, da wird auch dein Herz sein. (Mt 6,21)

Der schwedische («Rollen»-)Psychologe Hjalmar Sundén[192] zeigt deshalb gerade an den pantheistisch gedeuteten Versen und ihrer Kommentierung, wie unabdingbar es für das Verständnis ist, sich in die «Rolle» des Dichters hineinzufühlen. Es ist in diesem Fall die eines überzeugten Christen und klugen Theologen, der sich aber «unsterblich» in Gott verliebt hat und im «Weinkeller der Liebe» trunken geworden ist vom Geliebten, der also erfährt, was Buber «Begegnung» nennt.

Pantheistisch vereinnahmen kann die Dichtung des Johannes nur, wer gefühllos gegenüber ihrer poetischen Form ist und wer die Subjektivität, die «Rolle» des Dichters mißachtet, wer also die Verse in ein fremdes Vernunftkonzept hineinpreßt und sie zur begrifflich eindeutigen Philosophie verdreht – so wie es manche Neuscholastik auf ihre Weise zu tun pflegte; jemand also, der nicht hinhört. Johannes spricht sich doch oft genug deutlich über die Einungserfahrung des Mystikers aus[193]:

> ... es teilt ihm Gott sein übernatürliches Sein derart mit, daß er Gott selbst zu sein scheint und hat, was Gott selbst hat.
>
> Und eine solche Gotteinung ergibt sich, sobald Gott dem Menschen diese übernatürliche Gnadengabe gewährt,

[192] Die Religion und die Rollen. Eine psychologische Untersuchung der Frömmigkeit, Berlin 1966, 176-182.
[193] Aufstieg auf den Berg Karmel (Bd. 4), II,15,7, Seite 143.

> daß alles, was Gottes ist, und der Mensch eins werden in dieser Gleichgestaltung durch Teilhabe. Und der Mensch erscheint mehr als Gott denn als Mensch, ja er ist sogar Gott durch Teilhabe, auch wenn in Wirklichkeit sein Wesen naturbedingt genauso vom Wesen Gottes unterschieden ist wie vorher, obwohl es ihm gleichgestaltet ist, so wie auch die Glasscheibe vom Sonnenstrahl unterschieden ist, wiewohl sie von ihm zum Leuchten gebracht ist.

Auf dem Gipfel der Erfahrung wird die Mystik zum Zwiegespräch der Braut mit dem Bräutigam, der Seele mit Gott. Die Worte sind nur in Empathie mit einer solchen Braut-Liebe und Braut-Poesie, psychologisch: aus der «Rolle» des Schreibers, heraus zu verstehen.

(4) Zwischen rationaler Theologie und poetischer Mystik

Die Fehldeutungen des sanjuanistischen Zeugnisses machen darauf aufmerksam, daß Johannes vom Kreuz auf der Schwelle einer Zeitenwende steht, auf der der «Ehebruch» (nach Vandenbroucke), der Graben zwischen Spiritualität und theologischer Reflexion weit aufgerissen wird. Wer dies weiß, wird auch bei Johannes Spuren dieses Konfliktes entdecken, wird sein Zeugnis also hermeneutisch hinterfragen. Verdoppelt nicht Johannes selbst seine mystische Kundgabe in Poesie und rationalen Kommentar? Vielleicht setzt er im Gespür des Ungenügens der Theologie beim «Geistlichen Gesang» und bei der «Lebendigen Liebesflamme» mehrmals mit der Kommentierung an? Auch das seltsame Abbrechen im Kommentar zum «Aufstieg auf den Berg Karmel» (manche glauben, es seien Texte verloren gegangen) und Neuansetzen in der «Dunklen Nacht» mag zeigen, daß Johannes mit seiner «Theologie» unzufrieden war.

Man entdeckt, wie mir scheint, immer wieder, wie die theologisch-scholastische Vorbildung des Johannes die Kommentierung der Gedichte stört. Durch alle Texte läuft ein Leib-Geist-Dualismus hindurch, der den Körper als leibhafte Materie für unfähig hält zur «geistigen» Einheit mit Gott. Die mehrfache dunkle Nacht (der Sinne und des Geistes) ruht auf diesem Dualismus auf.

Johannes[194] macht sich z.B. Gedanken darüber, wie doch die «rein-geistige» Gottesmystik «leiblich-materielle» Schmerzen verursachen könne – ein Problem, das nur auf dem Boden der damaligen dualistischen Philosophie von Materie und Geist zu verstehen ist. Auch wenn Johannes durchgängig die aktive Liebesmacht Gottes der totalen Passivität des Mystikers entgegensetzt (die Frage nach der aktiven und passiven geistigen Nacht), denkt er aus einer heute überlebten Philosophie heraus: Wird der Mensch (sein Geist) umso passiver, je reicher er die göttliche Gnade empfängt? Oder schenkt nicht vielmehr die göttliche Gnade das Reif- und Frei-Werden der menschlichen Aktivität? Johannes setzt im Sinne der damaligen Philosophie göttliche Gnade (Aktivität) zur menschlichen Aktivität in Gegensatz und bedient sich zur Erklärung der Theorie von «intellectus activus» und «passivus»[195].

Aber auch an solchen Stellen ist festzustellen, daß der mystische Impuls über die scholastische Voreingenommenheit siegt – so wenn Johannes im «Aufstieg zum Berge Karmel»[196] zeigt, daß gerade das Übersteigen aller Bindung an die materiellen Güter eine größere Freude an ihnen schenkt:

[194] Mühsam synthetisiert er die dualistische Philosophie mit dem christlichen Wissen von der Einheit des Menschen. Geistlicher Gesang (Bd. 3), 12,3-5, S. 90-92: «Und der Grund dafür ist der, daß derartige Gnadenerweise nicht oft im Fleisch empfangen werden können, da der Geist erhoben wird, um sich mit dem göttlichen Geist auszutauschen, der zur Seele kommt; so muß er das Fleisch notgedrungen irgendwie verlassen. Und daher kommt es, daß das Fleisch und folglich auch die Seele im Fleisch leiden müssen, wegen der Einheit, die ihnen in einer Person zu eigen ist ... (so) ist anzumerken ..., daß bei diesem Besuch des göttlichen Geistes der Geist der Menschenseele mit großer Kraft mitgerissen wird, um mit dem göttlichen Geist in Austausch zu treten und den Leib verläßt und aufhört, in ihm zu fühlen und in ihm seine Handlungen auszuführen, denn er führt sie in Gott aus.»

[195] Dies ist eine hellenistische Theorie, die dem «Intellectus activus» die Funktion des einen und einzigen göttlichen Geistes, dem «Intellectus passivus» die Rezeptivität des jeweiligen Menschen zuteilte. S. Der Geistliche Gesang, 13. 14. St. 14, Seite 107 mit Anmerkung.

[196] III,20,3, Seite 388.

> Es freut sich also einer an allen Dingen, wie wenn er sie alle hätte, solange er keine Besitzerfreude an ihnen hat... Jener hat sie alle in großer Freiheit, insofern als er keine einzige im Herzen hat, wie der heilige Paulus sagt (2 Kor 5,10).

Die völlige «Leere» (auch von Freiheit) schenkt größere Freiheit; die Absage an die Freude schenkt die größere Freude. Das hermeneutische Hinterfragen der Kommentierung wird die Mystik des Kirchenlehres noch mehr strahlen lassen. Ein großer Text zur Schönheit möge es noch einmal zeigen. In ihm sammeln sich die Fragen, sammelt sich die Erfahrungstheologie von der Einheit mit Gott und wird sichtbar, daß der Weg über die Schönheit (und weniger über die Ratio) den Schlüssel zum Verständnis reicht. Zitiert wird er nach der Übersetzung H.U. von Balthasars[197]:

> «Laß uns zusammen hingehen, um uns in deiner Schönheit
> zu sehen.»
> Dies will sagen, daß wir an Schönheit ähnlich sein sollen
> und daß dies in Deiner Schönheit geschehe,
> so, daß, wenn einer den andern ansieht,
> Du allein in Deiner Schönheit erscheinst
> und daß jeder den anderen in Deiner Schönheit erblicke,
> was dann geschehen wird,
> wenn Du mich in Deine Schönheit verwandelst.
> Dann werde ich Dich schauen in Deiner Schönheit,
> und Du wirst mich schauen in Deiner Schönheit;
> und Du wirst Dich in mir sehen in Deiner Schönheit,
> und ich werde mich in Dir sehen in Deiner Schönheit.
> Und ich werde Du scheinen in Deiner Schönheit,
> und Du wirst ich scheinen in Deiner Schönheit,
> und meine Schönheit wird Deine Schönheit sein,
> und Deine Schönheit wird meine Schönheit sein,
> und ich werde Du sein in Deiner Schönheit,

[197] Geistl. Gesang 35, 2. Nach dem Essai in Herrlichkeit II (Anm. 1) 463-531. 518.

und Du wirst ich sein in Deiner Schönheit,
weil Deine Schönheit meine Schönheit sein wird.

Das ist keine Verschmelzung, sondern ein radikaler, durch nichts mehr abgelenkter Blick auf das Du Gottes. Und diese Liebes-Einheit strahlt einfachhin das aus, was «Schönheit» genannt wird.

b) Dichterisch-ekstatischer Überschwang – Angelus Silesius

Ein entsprechender dichterischer Überschwang zeichnet die Verse Johannes Schefflers, genannt der «Cherubinische Wandersmann», aus. Nur mit fehlender Empathie kann der große protestantische Theologe Karl Barth[198] ihnen fromme «Unverschämtheit» vorwerfen:

> Seinerzeit mit dem Imprimatur (offiziell-kirchliche Druckerlaubnis: «es darf gedruckt werden») eines römisch-katholischen Bischofs versehen, und man kann sich wohl fragen, ob dieser Bischof ein Schwachkopf war.

Der Arzt Johannes Scheffler (1624-1677) wurde 1653 katholisch, empfing 1661 die Priesterweihe und erlangte durch seine gegenreformatorische Polemik, aber besonders durch die Epigramme des «Cherubinischen Wandersmann», Berühmtheit. Sie stehen in der Tradition der «Deutschen Mystik», die Angelus Silesius besonders unter dem Namen des Johannes Tauler bekannt war.

(1) Die Verse des Cherubinischen Wandersmann[199]

Zitiert werden eben die Epigramme, denen Barth «Unverschämtheit» vorwirft. Gott und Mensch werden in ihrer Er-

[198] Die kirchliche Dogmatik II,1, Zollikon-Zürich ^{3}1948 (Studienausgabe 1993), 316. Vgl. die längeren Ausführungen in I,2, besonders § 17,2: «Religion als Unglaube».

[199] Texte und Zitate nach der Ausgabe von L. Gnädinger, Angelus Silesius, Cherubinischer Wandersmann, Stuttgart 1984.

fahrung so eng verknüpft, daß auch andere Einhalt gebieten. An dieser Stelle aber und mit dem Verdikt des künstlerisch sonst so sensiblen protestantischen Theologen kann ihr Verkennen den endgültigen «Ehebruch» zwischen Theologie und Spiritualität markieren.

> Jch weiß daß ohne mich GOtt nicht ein Nun kan leben /
> Werd' ich zu nicht Er muß von Noth den Geist auffgeben.
> GOtt ist so vil an mir / als mir an Jhm gelegen /
> Sein wesen helff ich Jhm / wie Er das meine hegen.
> Daß GOtt so seelig ist und Lebet ohn Verlangen /
> Hat Er so wol von mir / als ich von Jhm empfangen.
> Was Gott in Ewigkeit begehrn und wuenschen kan /
> Das schauet Er in mir als seinem gleichnueß an.
> GOtt ist warhafftig nichts: und so er etwas ist:
> So ist Ers nur in mir / wie er mich Jhm erkist.
> GOtt liebet mich allein / nach mir ist Jhm so bange /
> Daß Er auch stirbt fuer Angst / weil ich Jhm nicht anhange.
> Nichts ist als Jch und Du: und wenn wir zwey nicht seyn /
> So ist GOtt nicht mehr GOtt / und faellt der Himmel ein.

(2) Die christliche Mystik der Verse

Denen, die ablehnend oder akzeptierend den «Cherubinischen Wandersmann» pantheistisch verstehen, ist nicht nur Unsensibilität für dessen Poesie vorzuwerfen, sondern mehr noch, daß sie es nicht für notwendig gehalten haben, zur Kenntnis zu nehmen, was Angelus Silesius selbst in der «ErinnerungsVorrede an den Leser» niederlegt. In Voraussicht der Fehldeutungen schreibt er ausdrücklich:

> Weil aber folgende Reimen vil seltzame **paradoxa** oder widersinnische Reden / wie auch sehr hohe und nicht jederman bekandte schluesse / von der geheimen Gottheit / Jtem von Vereinigung mit GOtt oder Goettlichem Wesen/

wie auch von Goettlicher Gleichheit und Vergoettung oder GOttwerdung / und waß dergleichen / in sich halten; welchen man wegen der kurtzen Verfassung leicht einen Verdamlichen Sinn oder boese Meinung koente andichten:

Als ist vonnoethen dich deß halben zuvor zuerinnern.

Unnd ist hiermit einmal fuer allemal zuwissen / daß deß Urhebers Meinung nirgends sey / daß die Menschliche Seele jhre Geschaffenheit solle oder koenne Verliehren / und durch die Vergoettung in GOtt oder sein ungeschaffenes Wesen verwandelt werden: welches in alle Ewigkeit nicht seyn kann.

Denn obwol GOtt Allmaechtig ist / so kan er doch dises nicht machen (und wann Ers koente / waere Er nicht GOtt) daß eine Creatur natuerlich und wesentlich GOtt sey. Derowegen sagte Thaulerus...

Sondern dieses ist sein Sinn / daß die Gewuerdigte und Heilige Seele zu solcher naher Vereinigung mit GOtt und seinem Goettlichen Wesen gelange / daß sie mit demselben gantz und gar durchdrungen / ueberformet / Vereinigt und eines sey; dermassen / daß wenn man sie sehen solte / man an jhr nichts anders sehen und erkennen wuerde als GOtt...

Ja daß sie zu solcher Vollkomner gleichnueß GOttes gelangen koenne / daß sie eben das Jenige sey (auß Genaden) was GOtt ist (von Natur;) und also in diesem Verstande recht und wol ein Liecht in dem Liechte / ein Wort in dem Worte / und ein GOTT in GOtte (wie in den Reimen geredet wird) koenne genennet werden...

Wenn nu der Mensch zu solcher Vollkomner gleichheit GOttes gelangt ist / daß er ein Geist mit GOtt / und eins mit jhm worden / und in Christo die gaentzliche Kind- oder Sohnschafft erreicht hat / so ist er so groß / so reich / so weise und maechtig als GOtt / und GOtt thut nichts ohne einen solchen Menschen / denn Er ist eins mit jhm; er offenbahret jhm alle seine Herrlichkeit und Reichtuember / und hat nichts in seinem gantzen Hause / das ist / in

> sich selber / welches er fuer jhm verborgen hielte; wie er zu Mosi sagte / ich will dir all mein Gutt zeigen. Derowegen sagt der Urheber nicht zuvil wann er ... in der Person eines solchen Menschen spricht:
>
> ich bin so reich als GOtt: Denn wer GOtt hat /
> der hat mit GOtt alles was GOtt hat.

(3) «Gott-Werden aus Gnade»

Fragen darf man, ob diese Weise des dichterischen Ausdrucks geeignet ist, der mystischen Erfahrung Wort zu geben. Doch man darf nicht gegen das ausdrückliche Bekenntnis des Verfassers seinen Versuch, Gotteserfahrung auszusprechen, in die eigene pantheistische Weltsicht vereinnahmen oder ihn mit Barth als pantheistisch verdammen.

Angelus Silesius schreibt in der Vorrede, daß ihm diese alexandrinischen Verse wie im Rausch zugeflossen seien:

> ohne Vorbedacht und muehsames Nachsinnen
> in kurtzer Zeit
> von dem Ursprung alles gutten einig und allein.

Doch ebenso, wie diese «Inspiration» geprägt von der damaligen Vorliebe für dieses Versmaß, steht Angelus Silesius mit seinen kühnen Versen in der Tradition christlicher Spiritualität, die er auch bewußt aufruft: Augustinus, Bernhard, Tauler, Ruusbroec, die Deutsche Theologie, der Franziskaner Herp, der Kartäuser Surius, der Jesuit Sandäus usw. In dieser Tradition nimmt er das Wort der Kirchenväter auf, das einem Theologen geläufig sein müßte: Der Mensch soll «aus Gnade» werden, was Gott aus «Natur» ist. Wie man theologisch damit umgehen kann, wurde bei Meister Eckhart und Johannes vom Kreuz sichtbar. Dahinter steht die biblische Rede von «Gott oder Gottes Geist in uns», wie sie Paulus in der Areopagrede aufgreift (Apg 17,28):

> Denn in ihm leben, existieren (sich bewegen, vernetzt sein) und sind wir, wie auch einige von euren Dichtern gesagt

haben:
Seines Geschlechts sind wir ja auch.

In dieser, neuplatonisch scheinenden Sprachform, die Angelus Silesius mit Dionysios teilt und deren Erfahrungsgehalt sich auch in den hinduistischen Gebeten ausdrückt, findet sich eine Wahrheit von Gott, die dem rational-begrifflichen Denken verloren gegangen ist. Der «Cherubinische Wandersmann» (II,180) formuliert ganz unmittelbar die Konsequenz daraus:

Der Mensch ist nichts / GOtt alles.
Jch bin nicht **Jch** noch **Du**: Du bist wol **Jch** in mir:
Drumb geb ich dir mein GOtt allein die Ehrgebuehr.

Statt sich in den Bereich der Begrifflichkeit zu flüchten (mit Verdammung der Verse oder pantheistischer Vereinnahmung), ist der Erfahrung nachzuspüren, die in den Versen des bewußt orthodoxen Christen liegt: Es ist die Erfahrung von Liebe, die sich nicht anders als poetisch auszudrücken weiß.

Dann wird man auch verstehen, daß eine solche Erfahrung «trunken» macht. Angelus Silesius spricht es in einer Metapher (IV,139) der ekstatischen Liebeserfahrung aus, die wohl alle Religionen kennen: Untergehen in Gott wie der Tropfen im Meer:

Die glueckseelige Ertrinkung.
Wenn du dein Schiffelein aufs Meer der GOttheit bringst:
Glueckseelig bistu dann / so du darinn Ertrinkst.

Erst wenn die Erfahrungswahrheit solcher Verse lebendig geworden ist, darf die notwendige Frage nach der Unterscheidung gestellt werden. Auch dazu zwingt die Eindeutigkeit des christlichen Bekenntnisses eines Angelus Silesius.

Aber sie ruft den christlichen Glauben von heute noch mehr dazu auf, in eigenem Bekenntnis und eigenem Vollzug solchen Erfahrungen, die Angelus Silesius besingt, den gebührenden Platz zu gewähren.

c) Am Rande der christlichen Tradition – Johann Wolfgang von Goethe

Es ist kühn, in wenigen Zeilen die Genialität Johann Wolfgang von Goethes (1749-1832) in die Reihe der poetischen Gestalten von Gottes-, von Absolutheits-Erfahrungen einzugliedern. Gerade seine Religiosität steht im Zwielicht von bewundernder oder polemischer, von apologetischer oder auch pastoraler Beleuchtung[200]. Doch beim Übergang in die deutschsprachige Moderne ist niemand wichtiger als Goethe, um die poetische Gestaltung menschlicher Sehnsucht nach Gott, nach dem Absoluten, nach der «ekstatischen Trunkenheit» zu beleuchten. Selbst Novalis, Hölderlin, Nietzsche oder Rilke, die mit vielen andern aus dem deutschen Sprachraum zu erwähnen sind, müssen hinter der Bedeutung des Freiherrn von Weimar auch für unsere Fragestellung zurücktreten.

Ob nicht gerade Erfahrungen in der Art Goethes Züge des Mystischen zum Ausdruck bringen, wie sie in christlicher Weise sich bei Angelus Silesius und anderen finden? Erfahrungen, die in der Moderne – wenn auch vielfach verfremdet – gesucht und ersehnt werden, und wie sie im Christentum daher neu zu pflegen und tiefer zu verstehen sind.

(1) «Heilige Sehnsucht»[201]

Unter diesem Titel schrieb Goethe am 31. Juli 1814 in Wiesbaden folgende Verse. Kurz vorher hatte er Gedichte, die aus der Beschäftigung mit islamischer Lyrik entstanden waren, zusammengestellt und damit die Grundlage zum «west-östlichen Divan» geschaffen. Vorliegendes Gedicht faßt als Schlußgesang

[200] H. Kindermann, Wechsel der Kräfte im weltumspannenden Goethebild, in: Das Goethebild des 20. Jhts., Wien 1952, 5: Der «Wandel des Goethebildes (gehört) mit zu den kulturkritisch beredtesten Möglichkeiten einer abendländischen Selbsterkenntnis».

[201] Angelehnt an E. Beutlers klassisch gewordene Darstellung: J.W. von Goethe, West-östlicher Divan, Leipzig 1943; dazu die Inselausgabe von H.-J. Weitz, Frankfurt 1986. Zu vorliegenden Versen schreibt C. Rang: «Wenig Gedicht ist

den ersten Teil des Divan, das «Buch der Sänger», zusammen. Nach Beutler ist es «die Krone des ganzen Divans».

Sag es niemand, nur den Weisen,
Weil die Menge gleich verhöhnet,
Das Lebendge will ich preisen
Das nach Flammentod sich sehnet.

In der Liebesnächte Kühlung,
Die dich zeugte, wo du zeugtest,
Überfällt dich fremde Fühlung
Wenn die stille Kerze leuchtet.

Nicht mehr bleibest du umfangen
In der Finsternis Beschattung,
Und dich reißet neu Verlangen
Auf zu höherer Begattung.

Keine Ferne macht dich schwierig,
Kommst geflogen und gebannt,
Und zuletzt des Lichts begierig,
Bist du Schmetterling verbrannt.

Und so lang du das nicht hast,
Dieses: Stirb und werde!
Bist du nur ein trüber Gast
Auf der dunklen Erde.

Zwei Sinnkreise durchdringen sich: Die Erfahrung der erotischen Liebe, die der Franzose den «kleinen Tod» nennt; doch zugleich damit die Öffnung zu Höherem, zu «neu Verlangen», zu «fremder Fühlung», zu einer Weite jenseits aller

wie dies den Deutschen bewußt, tiefsten Gehaltes zu sein»; in: Interpretationen zum West-östlichen Divan Goethes, Darmstadt 1973, I. Dort und im vorangehenden Band der Wissenschaftlichen Buchgesellschaft: Studien zum West-östlichen Divan Goethes, 1971, finden sich mehrere, unterschiedliche Deutungen dieses Gedichtes. Zum Ganzen vgl. W. Beutin, T. Bütow, Hgg., «Gottes ist der Orient! Gottes ist der Occident!» – Goethe und die Religionen der Welt, Frankfurt u.a. 2000.

«Ferne». Im Licht der «stillen Kerze» finden beide Kreise ihre Mitte. Dort wird die Sehnsucht nach einem, nach dem größeren Licht wach und wird konkret im Bild des Schmetterlings, der sich Licht-, Liebes-hungrig in die Flamme stürzt und sterbend in den Kreislauf des Ganzen, ins Absolute eingeht. Liebestod als Einswerden mit dem All! Ein Motiv islamischer Gotteslyrik. Schon der sufitische Ur-Märtyrer Al-Hallaj[202] besingt es:

> Der Falter fliegt um das Kerzenlicht,
> bis der Morgen anbricht,
> und kehrt zu Seinesgleichen zurück,
> berichtet ihnen von des Zustandes Glück
> mit lieblichem Wort;
> dann vereint er sich mit der koketten Schönheit,
> begierig zur Vollkommenheit zu gelangen.
> Er begnügt sich nicht mit ihrem Licht,
> mit ihrer Wärme nicht,
> und wirft sich ganz hinein,
> da er nicht mit der Kunde sich begnügt.
> Und da entschwindet er, verändert sich, verflüchtigt sich,
> und bleibt ohne Spur und Leib, ohne Name und Zeichen.
> Wer zur Schau gelangt,
> bedarf nicht mehr der Kunde,
> wer zum Geschauten gelangt,
> bedarf nicht mehr der Schau.

Beutler zitiert dazu Hafis, den islamischen Dichter, von dem Goethe seine Anregungen empfing:

> Wie die Kerze brennt die Seele
> hell an Liebesflammen.
> Und mit reinem Sinne hab' ich
> meinen Leib geopfert.

[202] Al-Halladsch, Märtyrer der Gottesliebe. Leben und Legende, ausgewählt von A. Schimmel, Köln 1968, 80f, um einige Zeilen verkürzt; vgl. 243ff.

Bis du nicht wie Schmetterlinge
aus Begier verbrennest,
kannst du nimmer Rettung finden
von dem Gram der Liebe.

Anderen Spuren (griechischen, hinduistischen) geht E. Lorenz[203] in ihrer «Mystischen Schmetterlingskunde» nach. Auch durch die «Seelenburg» Teresas von Avila flattert dieser «Schmetterling», der über dem Larven- und Raupen-Zustand sich mit den Flügeln zum Licht erhebt und dieses so hingebend sucht, daß er zuletzt sich in die Flamme stürzt, im Sterben eins wird mit seiner Liebe, in die Unendlichkeit des Ganzen eingeht: Eine unsterbliche Metapher für die Liebes-Einheit von Tod und Leben, für die Mystik der Gottesliebe.

Das Zerbrechen der Verstandeslogik von «Sic-et-Non» hat in dieser existentiellen Liebeserfahrung einen Gipfel: «Tod ist Leben»[204]; Aufgeben der individuellen Existenz und so Eingehen ins Ganze.

(2) «Eins und alles»[205]

Am 6. Oktober 1821 schrieb Goethe ein Gedicht mit diesem Titel, in dem er das Sich-Hingeben und -Auflösen ins Ganze hinein neu akzentuiert. Die statische Ruhe der Vollendung, die der «Seligen Sehnsucht» nahelag, taucht ein in den Fluß des Werdens. Plotins unbewegliches «Hen kai Pan», «Eins und alles», und damit auch philosophische Ansätze aus Goethes Umgebung, werden offensichtlich um- und weiter-gedeutet. 1823 veröffentlichte Goethe das Gedicht – mit recht bewußter

203 Teresas Falter und sein geistiger Lebensraum, GuL 57, 1984, 405-420.

204 «Sic-et-Non» ist ein Kampfesruf, mit dem schon Abaelard im 12. Jht. das alte symbolische Weltbild mithilfe der neuen aristotelistischen, naturwissenschaftlichen Logik zu überwinden suchte, was aber auch in den Geist des modernen Rationalismus hineinpaßt.

205 Nach der Weimarer Ausgabe III, 1890, 81. Situierung und Weiteres nach J. Jacobs in der «Frankfurter Anthologie» (Literaturteil der FAZ), 16. Bd., Frankfurt und Leipzig 1993, 28-30. Dort auch ein Liebeslied von Klabund, das endet: «Eines und alles, all und eins.»

Zielsetzung – in seiner Schrift: «Zur Naturwissenschaft überhaupt».

EINS UND ALLES

Im Grenzenlosen sich zu finden,
Wird gern der einzelne verschwinden,
Da löst sich aller Überdruß;
Statt heißem Wünschen, wildem Wollen,
Statt lästgem Fordern, strengem Sollen,
Sich aufzugeben ist Genuß.

Weltseele, komm, uns zu durchdringen!
Dann mit dem Weltgeist selbst zu ringen,
Wird unsrer Kräfte Hochberuf.
Teilnehmend führen gute Geister,
Gelinde leitend höchste Meister
Zu dem, der alles schafft und schuf.

Und umzuschaffen das Geschaffne,
Damit sichs nicht zum Starren waffne,
Wirkt ewiges, lebendiges Tun.
Und was nicht war, nun will es werden
Zu reinen Sonnen, farbigen Erden;
In keinem Falle darf es ruhn.

Es soll sich regen, schaffend handeln,
Erst sich gestalten, dann verwandeln;
Nur scheinbar stehts Momente still.
Das Ewige regt sich fort in allen:
Denn alles muß in Nichts zerfallen,
Wenn es im Sein beharren will.

Goethe selbst kommentierte diese Verse in einem Brief, den er kurz danach abschickte.

Diese Strophen enthalten und manifestieren vielleicht das Abstruseste der modernen Philosophie. (Denn es handelt

> sich um) Geheimnisse ..., die in Prosa gewöhnlich absurd erscheinen, weil sie sich nur in Widersprüchen ausdrücken lassen, welche dem Menschenverstand nicht einwollen.

Das Gedicht selbst veröffentlichte er später mit einigen ähnlichen zusammen noch einmal unter dem Titel: «Gott und Welt»: Das Absolute also nicht im geschichtslosen, statischen Übersein, sondern im schöpferischen Werden! Darin drückt sich – anders als im eher statisch verstandenen, neuplatonischen «Hen» – modernes Weltgefühl aus.

(3) «Apokalypse der deutschen Seele» (von Balthasar)

Da es hier aber nicht um Goethe-Forschung, sondern um die Gotteserfahrung geht, um eine religiöse Frage, stütze ich mich im Folgenden auf das geniale Frühwerk Hans Urs von Balthasars[206], das endlich wieder greifbar vorliegt, die dreibändige «Apokalypse der deutschen Seele». Sie dokumentiert, wie der neue Herausgeber A.M. Haas, Germanist und Eckhartforscher betont, daß ihr Verfasser wie kaum ein anderer die Gabe hatte, mit Goethe und seinem religiösen Suchen umzugehen. Von Balthasar besaß nämlich

> jene innere Spannung zwischen wissenschaftlicher und künstlerischer Orientierung, die das Geheimnis und die unnachahmliche Attraktion seiner ganzen künftigen theologischen Schrifstellerei ausmacht.

Die Doppelbegabung von Wissenschaft und Kunst ließ ihn eine Brücke zwischen religiöser Erfahrung und künstlerischer Gestalt schlagen, führte ihn auch zu Goethe. Von Balthasar, einer der bedeutendsten Theologen des 20. Jahrhunderts, sah in dem «Heiden» Goethe, der als Ästhet sich so scharf gegen Christus und dessen Botschaft vom Kreuz wenden konnte, den

[206] Studien zu einer Lehre von letzten Haltungen. Der deutsche Idealismus (1937). Neuausgabe Freiburg 1998, 407-514. Auf genauere Verifizierung der Zitate wurde verzichtet, da der Gesamttext eine Einheit bildet.

Lehrmeister seines Suchens. Noch 1987 zur Verleihung des Amadeus-Mozart-Preises berief er sich ausdrücklich auf ihn. Denn ihm verdanke er das

> entscheidende Werkzeug, das für alles spätere unentbehrliche Instrument, den synthetischen Blick und das Gestaltsehen.

Statt rationaler Analyse geht es um das Schauen des Künstlers auf das ganze Phänomen; statt des diskursiven Nebeneinanderstellens um die Intuition der Einheit. Von Balthasar tut dies mit der synthetisch-schauenden Methode, die ihm auch das Christentum eröffnete. Und diese «Schau der Gestalt», wie er im ersten Teil seiner theologischen Synthese den Zugang zum Christentum bezeichnet, habe er von Johann Wolfgang von Goethe gelernt. Natürlich liest er selbst Goethe mit theologisch-christlichen Augen – wie könnte es anders sein. Doch, mit A.M. Haas gesagt,

> vergewaltigt dieses theologische Apriori Dichtung und Philosophie in keinem Fall... (Es ist) nichts Usurpatorisches oder unangemessen Missionarisches..., sondern ganz einfach ein – oft weithin vergessenes – Datum der christlichen Wahrnehmungspflicht, ... eine immer gebotene Dehnung des offenen christlichen Blicks auf die Kultur.

Es sollte eine selbstverständliche Voraussetzung für den menschenwürdigen Umgang mit fremden religiösen Zeugnissen sein – mögen sie auch noch so fremd erscheinen –, daß man sich nicht von ihrem und vom eigenen Zeugnischarakter dispensiert und sich auf eine angeblich «höhere» Warte flüchtet, sie damit ihrer Überzeugung entkleidet und auf Psychologie, Soziologie oder ästhetisches «Wohl-Befinden» einebnet. Abgesehen davon, daß damit doch wiederum eine pseudo-religiöse Supervision (mit Namen Psychologie usw.) in Anspruch genommen wird, mißachtet diese «Supervision» den Zeugnis-Charakter, der doch im Zentrum der fremden Äußerungen steht. Ihnen darf man weder mit gleichgültiger Toleranz, noch mit intellektuellem Besserwissen, sondern nur mit Ehrfurcht begegnen[207]. Nur so wird man ihrer Aussage gerecht. Ein Gespräch mit einem Zeugnis muß aber ebenso auch auf dem eigenen Zeugnis und der eigenen Weltsicht aufruhen.

Es darf natürlich nicht zur «Missionierung» im negativen Sinn, zur Proselitenmacherei führen. Doch auch die Überheblichkeit der Moderne, die besserwissend jede bekennende Religiosität als kleinbürgerliche Konfessionalisierung verachtet, verfehlt das Phänomen und wird selbst zum kleinbürgerlichen Anpreisen der eigenen, sogenannten «liberalen» Weltanschauung.

Diese Fähigkeit, auf ein fremdes Zeugnis hinzuhören, weil (nicht obwohl) man in der eigenen religiösen Überzeugung ruht, besaß wie kaum ein anderer H.U. von Balthasar und hat sie – manchmal mit scharfem Urteil, aber immer formvollendet – in seinem Schrifttum unter Beweis gestellt.

In seiner Goethe-Deutung geht er nicht nur von einer allgemein-religiösen Veranlagung und Sehnsucht nach Gott aus, sondern legt ihr bewußt die christliche Botschaft vom Wort Gottes zugrunde, das im historischen Jesus von Nazaret hörbar ist.

(4) Das «Konkrete», die «Polarität» und das «Empor»

Zuerst stellt von Balthasar als Fundament des Goetheschen «Lebensraums» das Erfaßtsein vom Konkret-Lebendigen in seiner vielfältigen Polarität heraus, das «Mitströmen mit dem Allströmen der Natur»: Weder Nur-Denken, noch Nur-Tun, noch Nur-Fühlen, sondern

> Totalität, die die Erfüllung jeder Strebung durch die anderen besagt.

Damit öffnet sich der Raum dieses reichen Lebens des Weimarers. Doch es hat zugleich eine Richtung,

[207] Vgl. meinen Aufsatz: Toleranz oder Ehrfurcht? Zur Humanität im Dialog der Religionen, GuL 83, 2000, 1-9.

> mehr zu sein als es selbst:
> alles Endliche ist ekstatisch.

Das Ekstatische aber verlangt eine «totale Bescheidung», also «Demut», «Offenheit», «Ehrfurcht» vor dem Lebendigen. Denn in ihm zeigt sich «zart» (nach von Balthasar ein Lieblingswort Goethes) das «Empor» (ein weiteres Lieblingswort). Goethe spricht von den

> zwei große(n) Triebräder(n) aller Natur:
> der Begriff von Polarität und von Steigerung.
> (Aphoristisch gesagt:) Erfahrung ist mehr als Erfahrung.

In der allumfassenden «Polarität» des Lebens, in der Immanenz, liegt zugleich die transzendierende Dynamik des «Empor».

> Das «Empor» des Eros ist ontologisch Potenzierung des «Lebens».

Dem geht von Balthasar nach bis zum «Faust», wo im «Tod das innere Licht ausbricht in Glorie»; eine

> Sehnsucht darnach, daß dieses Leben nicht so sehr eine nur auf sich bezogene ... Ganzheit bliebe, ... sondern daß es ... unbeschadet seiner Bescheidung, offen stünde ins Übersteigende.

Die Erfüllung aber dieser Sehnsucht ins Übersteigende hinein wird christlich zum Geschenk der Gnade. Damit greift von Balthasar die Urintention seines großen Lehrers H. de Lubac auf, die in anderer Sprachgebung auch bei K. Rahner zu finden ist: Im naturgegebenen Menschsein liege («anonym», K. Rahner) die «Sehnsucht» (de Lubac) nach dem, was Gottes Offenbarung als Erfüllung bringt[208]. Doch diese «Erfüllung» übersteigt das konkrete Leben nicht in ein rein geistiges, plotinisches «Hen kai Pan», wie man es in manchen ostasiatisch

[208] Die popularisierende Theologie K. Rahners vom «anonymen Christen» ist von dieser Grundeinsicht her zu verstehen.

* in allem ist etwas zu wenig ...

beeinflußten Meditationsangeboten findet, sondern lebt in diesem konkreten Dasein. Seine konkrete «Polarität» und das «Empor» klingen zusammen und machen so erst das lebendige Leben sichtbar. Daher findet sich seine mitteilbare Gestalt in poetischer Form von Bild, Symbol, Gleichnis: Hineingebunden ins Leben und es zugleich aufbrechend in ein Höheres, ins «Empor». In diesem Organismus leuchtet die Gestalt des «Schönen», des Lebendigen auf, das es selbst bleibend auf den verborgenen, tieferen (höheren) Sinn weist:

> Nicht im forcierten Abreißen der Hüllen enthüllt sich die Seele, sondern im ehrfürchtigen Schauen des Geheimnisses, das nur in Hüllen sichtbar ist.

So schreibt auch Goethe zum Symbol:

> Man suche nichts hinter den Phänomenen, sie selbst sind die Lehre.

Von Balthasar interpretiert dies:

> Alles wirklich Bedeutende ist daher Symbol!

Es liegt auf der Linie der Einheit des Symbols, daß er mit Goethe betont: Auch dessen Wahrheit findet sich selbst ganz und gar erst im Tun.

Das Gedicht «Eins und alles» warnt daher ausdrücklich vor dem stillstehenden Überstieg ins vermeintlich Geistige, Unbewegliche, vor dem neuplatonischen «Eins und alles», das in ferner, wenn auch allumspannender Unbewegtheit gefeiert wird. Goethe hingegen stellt das «Eins und alles», das wirklich «Ewige» in den Strom des Lebens hinein, legt es sogar in die Hände menschlichen Schaffens. So darf auch die Erfahrung der «ewigen Sehnsucht», das «Stirb und Werde» des Schmetterlings kein passives Dahingerafftwerden, sondern muß höchste Lebens- und Liebes-Aktivität sein.

Doch damit wird das «Ewige» – das ist Gott – nicht auf Lebensenergie reduziert; denn damit würde die Dynamik des «Empor» hinwiederum in die Verfügung des Menschen hineingegeben. Auch nach Goethe versagen alle innerweltlichen Rettungsversuche, die Faust unternimmt. Er kann sich in seinen Aktivitäten nicht selbst retten, sondern «wird» (!) gerettet; wird in der Schlußszene «hinangezogen».

Die Spannung der gelebten «Polarität» zur «Steigerung» in ein grundsätzliches «Empor», das aber die «Polarität» des Lebens nicht zerstört, sondern stärkt, entspricht theologisch der Spannung von «Immanenz» zur «Transzendenz», was beides sich nicht widerspricht, sondern ineinander lebt. In der christlichen Ethik wird es zur Spannung von «menschlicher Leistung» zur «geschenkten Gnade Gottes». Ästhetisch wird es sichtbar in der Spannung des «begreifenden Schauens» zum Staunen vor dem «unbegreifbar-Größeren». Das entspricht der Urbedeutung von «Kontemplation» (griechisch: «Theoria»!): staunend verharren vor dem «je-Größern». Die Mißdeutung von Kontemplation als meditative Selbsterfahrung schlägt dem Ursinn des Wortes ins Gesicht.

Goethe hat es ausgesprochen: Diese Spannung scheint für die «Prosa» (das wissenschaftliche Denken und eben auch für die angedeutete Verengung des Meditierens zum Selbsterfahren) absurd, enthält «Widersprüche ..., welche dem Menschenverstand nicht einwollen». Erst die Poesie wird dem Gemeinten gerecht. Von Balthasar sieht als Theologe in dieser Spannung das Symbol des aufgerichteten Kreuzes: Der «Querbalken» weltimmanenter Polarität, der aber durchbrochen ist vom «aufgerichteten» Balken der Transzendenz. All das vertieft das Symbolverständnis, wie wir es schon bei P. Tillich fanden.

Man mag von Balthasars Goethe-Deutung aus literarkritischen wie aus theologischen Gründen ablehnen. Doch die literarkundliche Grundlage dieser Deutung, das mit ihr berührte Symbol- und Poesie-Verständnis von «Polarität» und «Empor» bleibt theologisch von Bedeutung. Goethe weitet es bezeichnender Weise im «Versuch einer Witterungslehre» zur Allgemeingültigkeit aus:

> Das Wahre mit dem Göttlichen Identische läßt sich niemals von uns direkt erkennen: wir schauen es nur im Abglanz, im Beispiel, Symbol, in einzelnen und verwandten Erscheinungen; wir werden es gewahr als unbegreifliches Leben und können dem Wunsch nicht entsagen, es dennoch zu begreifen.

Das klingt nicht unähnlich dem theologischen Selbstbekenntnis K. Rahners.

Goethe weitet diese Wahrheit in einem Gespräch vom 29.4.1818 noch einmal aus zum (Kantschen[209]) Blick «empor», nach oben:

> Der Mensch, wie sehr ihn auch die Erde anzieht mit ihren tausend und abertausend Erscheinungen, hebt doch den Blick forschend und sehnend zum Himmel auf, der sich in unermeßlichen Räumen über ihm wölbt, weil er es tief und klar in sich fühlt, daß er ein Bürger jenes geistigen Reiches ist, woran wir den Glauben nicht abzulehnen noch aufzugeben vermögen.

Aufgrund vieler solcher Zeugnisse Goethes wird verständlich, daß von Balthasar seinen Essai abschließen kann mit einer christlichen Deutung des Faust-Schlusses vom «Ewig-Weiblichen», das uns «hinanzieht». Goethe umschreibe damit die «Doppel-Tat der Sehnsucht und Gnade»:

> Von Gretchen über Helena, über Sophia, die das Beste unseres Inneren mit sich zieht, höher empor zu Maria, die selbst nur als höchste Menschenmitte, durch Emporblick hinzieht ins Wunder des Geheimnisses.

Wahrscheinlich wird die Gestalt Marias an Bedeutung gewinnen, wenn der christliche Glaube und Vollzug die Wahrheit des Ästhetischen stärker wahr- und ernstnimmt und damit der Mystik ein neues Verständnis eröffnet. Sicher aber bietet die

[209] S. 54.

«Schau der Gestalt», die von Balthasar bei Goethe fand, mit der Ganzheit von «Polarität» und «Empor», von lebendiger Immanenz und sich übersteigender Transzendenz ein sicheres Fundament, um die Wahrheit der mystischen Gotteserfahrung nicht zu verfehlen.

V. Moderne Zeugnisse: Zerrissen zwischen Vereinzelung und Vermassung

Je näher man der Gegenwart kommt, desto mehr muß jede Darstellung konkreter poetischer Gestalten von Gotteserfahrung fragmentarisch bleiben. Die Zeugnisse spiegeln immer deutlicher und auch einseitiger die jeweilige Individualität des Zeugen, anstatt eine übergreifende Weltsicht darzustellen. Man nennt die Situation gerne Postmoderne: Es gebe keine tragende Gemeinsamkeit; und Dekonstruktivismus: Angebliche Gemeinsamkeiten seien nur Schein und müssen aufgelöst werden ins Individuelle. Sicher wird damit ein, wenn auch nicht einfachhin der Zug der Moderne getroffen. Doch mit dem religiösen Sinn für ein übergreifendes Göttliches zerbricht, wie George Steiner[210] gezeigt hat, auch der humane Sinn von Ethik und Solidarität. Übrig bleibt nur noch ein äußerer Druck, miteinander auskommen zu müssen. Schlägt sich darin nicht die Wirklichkeit des unvorstellbaren «Bösen» nieder, das sich – wie der Name Satans «Diabolos», d.i. «Durcheinanderwerfer» andeutet – gerade nach neuplatonischer Tradition als Zersplitterung, Zerstörung von «Einheit» zeigt!

Das Zerbrechen des übergreifenden Halts ergreift auch die individuelle Befindlichkeit. Gibt es einen Sinn über die augenblickliche (gute oder weniger gute) Wirklichkeit hinaus? Wie weit reicht er? Mit dem einenden Gottesbild stirbt auch das einende, sinntragende Weltbild, das noch bei Goethe aufleuch-

[210] S. 13.

tet. Werden Sinn und Wert nicht durch den Fortschritt der Makro- und Mikro-Naturwissenschaft überflüssig gemacht?

Doch zugleich damit treibt die Sehnsucht nach Einheit alle möglichen und unmöglichen Phantastereien aus sich heraus. Man staunt (erschrickt!), mit welcher Hingabe Menschen sich in esoterischen und utopischen Weltentwürfen verlieren. Längst ist aus dem modischen Gag von New-Age in Kalifornien eine durchaus ernstzunehmende Religion, Religiosität oder – weil solche Worte noch zu traditionell, institutionell, ethisch und dogmatisch klingen – eine «Spiritualität»[211] geworden, wie es sich auch im Poetischen zeigt.

Vorliegende Zeugnisse wollen den Geist von heute spiegeln. Aus der konkreten Überfülle kann nur ein winziger Sektor vorgestellt werden. Zwei Zeugnisse stammen aus dem säkularen Bereich: Einheitserfahrung oder Vereinzelung. Dem werden zwei ähnliche Zeugnisse aus christlichem Umfeld – nicht entgegen-, sondern bei-gestellt. Alle vier zeigen, wie lebendig das Fragen nach dem ist, was Dionysios in «nüchterner Trunkenheit» besingt. Sie bezeugen auch gemeinsam, wie fundamental die künstlerisch-poetische Gestalt ist, die diesem Suchen Ausdruck gibt. Vor allem aber helfen sie, die religiöse Poesie des Dionysios besser zu verstehen und einzuschätzen.

a) Trunken vom Ganzen, enttäuscht vom Utopischen – Hans Arp

Als Elsässer, der von Kindheit an in Zweisprachigkeit lebte, repräsentiert Hans (Jean) Arp (1886-1966)[212] auch in seiner Kunst eine erstaunliche Formenvielfalt. Von der deutschen Romantik, der Deutschen Mystik und auch der Theosophie[213] beeinflußt arbeitete er eine Zeitlang mit dem «Blauen Reiter»

[211] Dazu in «Gottes Geist ist konkret» (Anm. 3); s. auch Anm. 75.

[212] Zu Arp in: Deutsches Literatur-Lexikon I, Bern ^{3}1968, 166f.

[213] Theosophie heißen die Versuche, «mystische» Erfahrungen in oft verschrobenen Begrifflichkeiten und Anschauungsformen festzuhalten.

Münchens zusammen, hatte viele Kontakte zur «klassischen Moderne», die in Paris ihr Zentrum hatte und lernte in der Schweiz den skurrilen Humor des Dadaismus schätzen, dessen Repräsentant, Hugo Ball, den Areopagiten Dionysios verehrte. Gegen Schluß seines Arbeitens, nachdem er sich mit der Kunst der «papiers déchirés» (Zusammenkleben zerrissener Papiere) beschäftigt hatte, schuf Arp volle, runde, organische Steinplastiken im Stile Henry Moores. Dafür erhielt er den großen Preis der Kunst-Biennale von Venedig.

Wer – wie der Münchener Ausstellungskatalog[214] – Arps darstellende Kunst im Zusammenhang mit Kunstwerken seiner Zeit würdigt, wird insbesondere den Reichtum, die Erdnähe und die sprudelnde Vielfalt seines Genies bewundern.

(1) «Singendes Blau»

Unter diesem Titel schrieb Hans Arp um 1947[215] folgendes Gedicht. Es hat nichts von der Enigmatik anderer moderner Verse an sich. Die Bilderfülle spricht unmittelbar an und stammt aus unmittelbarem Erleben. All dies als «Singendes Blau» in-eins zu erfahren fordert Arp auf. Man sollte das Gedicht zuerst wie auch die «Theologia Mystika», einfachhin meditieren, genießen, die darin beschriebene Erfahrung «schmecken», «riechen»[216].

SINGENDES BLAU

Duftendes Licht
sanft wie ein sprießender Garten
quillt durch mich.
Es sprüht.

[214] Elan Vital oder das Auge des Eros, Ausstellungskatalog des Münchener Haus der Kunst von 1994. Verglichen werden darin Kunstwerke von Kandinsky, Klee, Arp, Miró, Calder; dazu gezielte Essais zu den Künstlern.

[215] Anregung und Hinweise von A.M. Haas, Vision in Blau. Zur Archäologie und Mystik einer Farbe, in: Mystik als Aussage (Anm. 97) 189-220; dort der Text.

[216] S. 103f. Das Verbum «sapere», schmecken, führt zum Substantiv «sapientia», das «Weisheit», nicht aber «Wissen» bedeutet.

Es duftet.
Ich schreite
leicht und schnell
über lichte ländergroße Blumenblätter.

Die Erde und der Himmel
durchdringen sich.
Das Blau blüht
verblüht
blüht wieder auf.
Duftendes tönendes Licht
durchleuchtet mich
Ich ruhe
vom Licht gewiegt
in der duftenden tönenden
farbig funkelnden Quelle.

Bebende Lichtkronen
sinken um mich nieder
steigen um mich empor.
Sie klingen
wenn sie mich berühren.
Mein Narzissenkleid zerfällt.

Mein Herz
schweift über die Wiese der Sterne
zwischen unzähligen Sternen.
Unter mir blüht es blauer und blauer.

Duftende tönende farbig funkelnde Welten
durchziehen die unendiche Tiefe und Höhe.
Ich ruhe inmitten
spielender schwebender Lichtkränze.
Sie steigen und sinken durch mich.
Ich ruhe überschwenglich
heiter und licht
in der unendlichen Quelle.

Kaum spüre ich noch die Erde.
Der Boden wird blauer und blauer.
Mein Schritt wird leichter und leichter.
Bald schwebe ich.
Singende Sterne wandern mit mir.

Ich fühle die tiefe Höhe
und die hohe Tiefe
über mir und unter mir
mich gewaltig durchdringen.
Licht steigt und sinkt durch mich.
Heiter und zart
ruhe ich auf der Erde.

Es klingt
es rauscht
es hallt
es widerhallt
es sprüht
es duftet
und wird andächtig singendes Blau.

Das Blau verblüht zu Licht.

Ich höre
flüstern
klingen
summen
kichern.
Es tönt jetzt schillernd.
Zersplitterndes blendendes Licht.
Zarte Sterne
schlagen Wurzeln in mir.

Zarte Ewigkeiten
schlagen Wurzeln in mir.

Endlich endlich
darf ich die Zeit vertun
Weilchen um Weilchen
Unendlichkeiten lang
Saumseligkeiten von duftendem Klingen
zwischen überschwenglichen
inneren Sternen
in der unendlich lichten Quelle.

Blumenwolken
Wolkenblumen.
Töne spiegeln sich
ins Unendliche wider.
Blaue Erinnerungen.
Zwischen Höhe und Tiefe
Duft und Bläue
plätschern die gleichen Quellen
an denen ich als Kind träumte.

(2) «Blau ist die typisch himmlische Farbe» (W. Kandinsky)
Mit diesem Zitat aus Kandinskys berühmtem Essay «Über das Geistige in der Kunst» umreißt A.M. Haas die breite Tradition dessen, was man «Spiritualität» der blauen Farbe nennen kann: «Die gegenseitige Durchdringung von Erde und Himmel», die sich auch in der «blauen Blume» der Romantik oder im Blau des Marc Chagall findet. Haas verweist auf den biblischen Hintergrund dieser Tradition, auf Evagrios Pontikos, den er den «Beginner und Schöpfer der eigentlichen christlichen Mystik» nennt und der in der «Erfahrung des Lichts ohne Form» die Verwandschaft des «Saphirs und der Farbe des Himmels» fand. Von dorther stammt nach A.M. Haas die Bedeutung, die der himmelblaue Saphir durch das ganze Mittelalter hindurch hatte.

Zwar warnt er, diese spirituelle Erfahrung von Blau als absolute Größe einzuschätzen und darüber die historischen

Bedingtheiten zu vergessen. Doch B. Bender[217] kommt in den gründlichen «Anmerkungen zur Farbe Blau im Mittelalter» mit dem Titel «Color Caelestis» (Himmelsfarbe) zu eben solchen Einsichten und orchestriert dies mit reichem historischem Wissen:

> Das sichtbare Blau des Himmels, seine undefinierbare Tiefe und seine materielle Unfaßbarkeit erlaubte eine Deutung der Farbe als himmlische und legitimierte gemäß ihrer Eigenschaft als Farbe ihre Verbindung zu Gott.

Nach S. Kraft[218] brachte Abt Suger beim Bau der gotischen Kapelle St. Denys die Inspiration des Blaus bewußt mit seinem Schutzpatron, dem Areopagiten Dionysios, in Verbindung:

> Den blauen «Saphirus» enthielt sowohl das Kreuz des St. Eloy als auch der Schrein Karls des Großen, die beide zum wertvollsten Besitz von St. Denys gehörten. Vor allem war Suger stolz auf die blauen Glasfenster, die er ausdrücklich im Kapitel XXIV seiner Schrift erwähnte.

Mit der Transparenz der Glasfenster wird das Blau zur Lichtfarbe, zur Farbe der Welt-Immanenz des Transzendent-Göttlichen, zur Farbe dessen, was auch Dionysios in seinen Schriften darstellen möchte. Der dickleibige, prachtvoll illustrierte und sorgfältig dokumentierte Heidelberger Ausstellungskatalog, worin dieser Aufsatz steht, lebt von der Faszination der Farbe Blau.

G. Hoeppe stellt mit dem reich ausgestatteten Buch: «Blau, die Farbe des Himmels»[219], solche Überlegungen auf naturwissenschaftliche Basis. Er geht der Geschichte dieser Faszina-

[217] Der Ausstellungskatalog: Blau: Farbe der Ferne, Heidelberg 1990, hat neben der prachtvollen Wiedergabe der Kunstwerke eine wohl einmalige Zusammenstellung historischer, volkskundlicher, literarischer und kunstkritischer Analysen zum Thema. Der Aufsatz Benders steht 82-103, Zitate 87. 91.

[218] Auch S. Kraft schlägt in: Gottesgegenwart. Die gotische Kathedrale als Lichtereignis, NZZ 28./29.XII.1996, 40, den Bogen von Dionysios über das Mittelalter bis zu Goethe, Hegel und Auguste Rodin.

[219] Spektrum Akademischer Verlag, Heidelberg-Berlin 1999, 183f.

tion nach, bringt künstlerische und philosophische Zeugnisse, setzt sich von der naiven Polemik Goethes gegen Newtons naturwissenschaftliche Betrachtung von Licht und Farbe ab und integriert mit seinen Analysen das modern-physikalische Verständnis in die Faszination des Blau. Er schlägt die Brücke zur künstlerischen Erfahrung von «Blau», indem er das Schauen des Menschen in die Analyse einbezieht. So weist er zum Schluß auf W. Kandinsky, J. Ruskin, G. Bachelard und besonders auf die «monochrome» Malerei[220] von Yves Klein hin, dem das Blau zum Inbegriff von Kunst wurde. Deshalb endet Hoeppe auch beim Menschen, der sich «das Himmelsblau angeeignet und Besitz davon ergriffen» hat. Mit dem Hinweis auf dessen «zerstörerische Kraft» läßt er sich «von dieser Farbe daran erinnern», «wie sehr unsere Zukunft vom Schicksal einer empfindlichen Atmosphäre abhängt».

(3) Meditation des Blau

Arps Gedicht ist ein Kronzeuge für die Exaktheit der künstlerischen Aussagen, die nicht in der «begrifflichen» Schärfe der Wissenschaft (auch der theologischen) «begriffen», wohl aber – und recht genau – in ästhetischer Empathie zu realisieren sind. Jede «Erklärung» des Gedichts kann nur eine «Wittgensteinsche» Leiter sein, die hinführt zur Poesie der Erfahrung, dann aber wegzustoßen ist, um der Erfahrung selbst Platz zu machen. Diese aber ist Licht, ist Klang, ist Duft, ist Schweben, ist Spielen, ist Lachen, ist Echo, ist Sternen- und Blumen-Welt. Man steigt in sie hoch wie Mose auf den Berg Sinai und entdeckt dabei die wahre Tiefe. Man vereint alle Sinnesqualitäten zu einer einzigen Erfahrung. Man überbietet die Unterschiede von Höhe und Tiefe, von Farbe und Duft, von Licht und Wasser, von Zeit und Ewigkeit und erfährt dabei das von Arp gemalte «Schweben» als ein ständiges «Empor», das einen zugleich die Erde neu erfahren und lieben lehrt.

[220] Ähnlich der Münchener Maler Helmut Kästl (geb. 1934), in: H. Kießling, Maler der Münchner Kunstszene, St. Ottilien 1982, 470-475.

Es ist nur eine einzige Erfahrung, die jede einzelne Zeile des Gedichts durchzieht, aber von keiner ausgeschöpft wird, die zart ist, ruhend, heiter, leicht, andächtig plätschernd. Meditieren kann man das Gedicht, aber nicht be-«greifen». Auch psychologische Deutungen wie «Entgrenzung», «Bewußtseinserweiterung», «Leere» oder «Nichts» bleiben in ihrer Abstraktheit zurück hinter der einen, sehr konkreten, ungleich tieferen Erfahrung. Hildegard von Bingen oder Mechthild von Magdeburg hätten ihre Mystik bei Arp wiedergefunden. Goethe sprach diesbezüglich vom Symbol, das in seiner sinnenhaften Konkretheit zugleich Ganzheit, Einheit, Fülle, Vollendung, eben das Glück ausdrückt. Deshalb wandte er sich gegen die «nur»-leere, «nur»-abstrakte Unendlichkeit von «Eins und alles».

Vorsichtig führt Arp seine Erfahrung sogar zurück auf die «unendliche Quelle», an der er «als Kind träumte»: Der eine Ursprung, die eine schöpferische Kraft!

Recht verschieden von ihm, aber doch mit dem gleichen Appell an persönliche Erfahrung und bewußtes Engagement, auch mit der Warnung, bei einem – wenn auch im Negativen – Begreifen stehen zu bleiben und mit ähnlicher poetischer Kraft führt die «Theologia Mystika» des Dionysios in die Begegnung mit Gottes Absolutheit hinein. Doch für Arp stellt alles – anders als für Dionysios – nur einem Traum, eine (leere?) Utopie dar. So nennt er ein anderes Gedicht «Gebet»[221]. Darin wird die traumhaft schöne Welt des Blau zerrissen vom Schrei aus der Wüste der Sinnlosigkeit, einem Schrei nach Erlösung, nach «reinem Licht», nach wirklichem Blau. Der Dadaist fügt dem ironische Züge bei, mit denen er sich auslacht, um so den Schmerz abzumildern:

GEBET

Reines Licht
erlöse uns von der Sinnlosigkeit.

[221] Hans Arp, Ich bin in der Natur geboren, Hamburg 1992, 109.

Erlöse uns von dem sinnlosen Leiden
der Sinnlosigkeit.
Es genügt nicht
daß ab und zu
ein Tropfen auf den heißen Stein
der Erde fällt.
Erlöse uns
von den Zuhältern der Sinnlosigkeit
den triumphierenden Menschenfressern
prahlenden Brüllaffen.
Wir irren in sinnlosem Leiden.
Wir sind die ewigen Sandwanderer.
Wir wälzen uns in Betten
aus glühendem Sand.
Es ist zum lachen
es ist zum weinen
es ist zum beflissen irrsinnig zu werden.
Weh uns armen Narren.
Welchem Wahnsinn obliegen wir.

Die Erfahrung des Blau ist für Arp – leider! – nur Utopie. Er liebt sie, aber ist zu sehr Realist, als daß er mit ihr eine Paradieses-Mauer errichtet, die vom Blick auf die Wirklichkeit abschirmt. Doch die Frage klingt laut und schmerzlich: Gibt es nicht doch ein Licht der Erlösung? Ein Licht, das heilt? Eine Quelle, die den Durst löscht? Ein Blau, das «wahr» ist? Gibt es nicht doch Rettung? Wohin doch richtet Arp sein «Gebet»?

Sicher aber erinnert die Meditation der «Himmels»-Farbe Blau daran, wie lebendig, unendlich reich, alle Sinne übersteigend und zugleich einbeziehend die mystische Erfahrung des Göttlichen, des «Sinnes» von allem, sein muß, keineswegs mit der Erfahrung von «Leere».und «Gegenstandslosigkeit» gleichzusetzen; Dionysios weiß ja: sie ist nicht nur jede Bejahung, sondern auch alle Verneinungen übersteigend. (!)

b) Das Zerbrechen des Ganzen – Paul Celan

Die Erfahrung der Sinnlosigkeit führte den in Rumänien geborenen, deutschsprachigen Juden Paul Celan (1920-1970)[222] in den Freitod. Er ist anerkanntermaßen einer der bedeutendsten Dichter des letzten Jahrhunderts. Stigmatisiert durch die nazistische Judenverfolgung (die Eltern wurden umgebracht) fühlte er sich des Verrates an seiner Mutter schuldig. Seine Lyrik ringt in dieser Vergeblichkeit und diesem Grauen um den Sinn der menschlichen Existenz. Sein Dichten ist ein stets neuer Versuch, durch Wort-«Schöpfung» dennoch Sinn und Halt zu finden. Es ist ein Abbild dieses Ringens, daß er, dem seine deutsche Sprache Atem-Raum für dieses Ringen schenkte, nur noch außerhalb des Raums der deutschen Sprache in Paris wohnen konnte. Sein Freitod in der Seine war – auch bei der Krankheit, die ihn psychisch zerriß – ein Signal dafür, daß ihm das dichterische Wort, das ihm einen Raum für Leben und Sinn schuf, abhanden gekommen war.

(1) «Gelobt seist du, Niemand»[223]

(1) Der Lyrikband «Die Niemandsrose» enthält Dichtungen der Jahre 1959-1963. Den Gesamt-Titel entnahm Celan folgendem Gedicht, dessen ersten Entwurf er Anfang 1961 niederschrieb:

PSALM

Niemand knetet uns wieder aus Erde und Lehm,
niemand bespricht unsern Staub.
Niemand.

[222] J. Felstiner, Paul Celan. Eine Biographie, München 1997. Dazu wissend und verständlich als Einführung in die Lyrik P. Celans: J. Firges (Anm. 121). Die Roro-Monographie Nr. 50397 von W. Emmerich (Reinbeck 1999) bringt auch wichtige Hinweise zu den Gedichten (Niemandsrose 117f; Nelly Sachs 120ff).

[223] Zitiert nach der Taschenbuchausgabe, Frankfurt 1986, I 225; I 214; II 89; II 107; II 398. Die Todesfuge: I 71. Zum Verständnis: die Bearbeitung der «Niemandsrose» nach der Tübinger Ausgabe von H. Schmull, Frankfurt 1996.

Gelobt seist du, Niemand.
Dir zulieb wollen
wir blühn.
Dir
entgegen.

Ein Nichts
waren wir, sind wir, werden
wir bleiben, blühend:
die Nichts-, die
Niemandsrose.

Mit
dem Griffel seelenhell,
dem Staubfaden himmelswüst,
der Krone rot
vom Purpurwort, das wir sangen
über, o über
dem Dorn.

(2) Folgendes Gedicht erinnert an ein Treffen mit der Nobelpreisträgerin Nelly Sachs in Zürich. Sie reiste zu einer Preisverleihung nach Meersburg über die Schweiz, um als jüdische Deutsche den Kontakt mit deutschem Boden möglichst zu vermeiden[224].

ZÜRICH, ZUM STORCHEN

Für Nelly Sachs

Vom Zuviel war die Rede, vom
Zuwenig. Von Du
und Aber-Du, von
der Trübung durch Helles, von
Jüdischem, von
deinem Gott.

[224] Paul Celan / Nelly Sachs, Briefwechsel, Frankfurt 1996, 39-42.

Da-
von.
Am Tag einer Himmelfahrt, das
Münster stand drüben, es kam
mit einigem Gold übers Wasser.

Von deinem Gott war die Rede, ich sprach
gegen ihn, ich
ließ das Herz, das ich hatte,
hoffen:
auf
sein höchstes, umröcheltes, sein
haderndes Wort –

Dein Aug sah mir zu, sah hinweg,
dein Mund
sprach sich dem Aug zu, ich hörte:

Wir
wissen ja nicht, weißt du,
wir
wissen ja nicht
was
gilt.

Paris, am 30. Mai 1960

(3 u. 4) Die beiden nächsten kurzen Gedichte stammen aus dem Band: «Atemwende» (1967). Die knappen Zeilen von «Einmal» machen als Abschluß dieses Bandes dessen gesamten sechsten Teil aus.

EIN DRÖHNEN: es ist
die Wahrheit selbst
unter die Menschen
getreten,
mitten ins
Metapherngestöber.

EINMAL,

da hörte ich ihn,
da wusch er die Welt,
ungesehn, nachtlang,
wirklich.

Eins und Unendlich,
vernichtet,
ichten.

Licht war. Rettung.

(5) Das letzte Gedicht erschien erst nach Celans Tod 1971 in «Schneepart» und läßt die Verzweiflung seines Sterbens ahnen.

UND KRAFT UND SCHMERZ

und was mich stieß
und trieb und hielt:

Hall-Schalt-
Jahre,

Fichtenrausch, einmal,

die wildernde Überzeugung,
daß dies anders zu sagen sei als
so.

(2) Meditierender Versuch zum Verstehen

Man sollte Celans Gedichte zuerst, ohne sie schon verstehen zu wollen, auf ihre Musik hin abhorchen, ihre Melodie erklingen lassen. Vokale, Konsonanten, Zeilenkompositionen mit Zeilen-Brüchen sind sorgfältig durchlebt und durchdacht. Man höre nur den Klang (1): «wollen / wir blühn»; dann sich steigernd: «wollen / wir bleiben, blühend»; und noch einmal gipfelnd in (mit großgeschriebenem «Dir» und je einer Zeile): «Dir / entgegen». Zurückblickend wird schon musikalisch «die Nichts-» zur «Niemands-rose» umgeschrieben. Das will sagen: Nein!

nicht gegenständlich-sachhaft: «Nichts-», sondern personal-dialogisch: «Niemand-» ist gemeint. Das Gedicht ist reine Musik. Wer sie zu hören versteht, hat vielleicht mehr verstanden, als analysierende Reflexion erbringen kann.

Ähnlich klangvoll ist jedes Gedicht: Die warmen «W» am Schluß von (2) schlingen – ein Wort von Nelly Sachs aufgreifend – ein Band der Gemeinsamkeit, lassen darin das gemeinsame Fragen aufklingen, das in dem sich wiederholenden «von» bis zum «Da- / von» (wiederum zwei Zeilen!) so schmerzlich tönt. Im einsilbigen Kurzvers von (5) «so» wird der Schmerz trutzig: «anders als / so». Die Wortmusik setzt ein kraftvolles Ausrufezeichen!

Im Hinhören auf die Sprachmusik gelingt das Einfühlen in die sehr genaue Aussage der Verse: Poetische Weite und menschliches Ergriffensein sind in erstaunlicher, auch philologisch aufweisbarer Sprach-Präzision gegenwärtig.

Besonders der «Psalm» erfordert aber einige Geduld. Deutlich ist die Absage an den biblischen Schöpfergott. Er existiert nur als Aberglaube, was mit dem zauberischen «Besprechen» ausgedrückt wird. Aber in diesem Gottesbild lag doch Sinn und Glück, wonach der Psalm dialogisch sich ausstreckt. Am Archetyp der «Rose»[225] wird es deutlich. Der ganze Gedichtband trägt ihren Namen: Die sich öffnende Rose mit Griffel, Staubfäden, roten Blütenblättern ist ein lebendiger Partner, der Dialog sucht. Die Rose will – wie der Mensch zu Gott – «Dir» entgegenblühen. Aber ist nicht der «Du»-Gott Aberglaube und durch das Grauen der Shoah tausendfach widerlegt? So widerlegt sich die Rose (der Mensch) in ihrem dialogischen Wesen gleichsam aus sich selbst heraus. Sie ist zwar keine «Nichts-», nein!, sondern eine «Niemands-Rose», durch und durch dialogisch, aber ohne Partner. Wird dies nicht schmerzvoll in den klingenden «O's» der letzten Strophe – wie unter der «Dornen»-Krone aus Rosenzweigen – hörbar? Erinnert es nicht an das «rote» Blut dessen, der das «Wort» (Gottes) selbst ist? Im

[225] Materialreich G. Heinz-Mohr, V. Sommer: Die Rose, München 1988.

Gespräch mit Nelly Sachs wird sein «höchstes, umröcheltes, sein / haderndes Wort» hörbar.

Sinnsuche und Frage vertiefen sich weiter. Celan denkt an die Opfer des Holocaust, die Psalmen singend in die Verbrennungsöfen schritten und deshalb – im «himmelswüsten» Chaos – den «Dorn» des Schmerzes «über»-steigen konnten zum Sinn. Sie doch blühten als Rose rot vom Schmerz ihm, dem «Niemand» entgegen. Celan schließt sich in ihren Gesang ein: «waren wir, ... wollen / wir bleiben». Doch der schmerzende Zeilenbruch mit dem vierfachen «W» zerreißt alles Hoffen mit dem Riß der Vergeblichkeit.

Nochmals vertiefen sich die Verse und bringen nun Celans persönliche Existenz ins Wort. Er verwirklichte sich, fand Sinn im Dichten, in Worten, die – wie der Schöpfer-Gott der Bibel – die Welt auf Sinn hin «besprechen». Sprechen aber geht zum Ohr des anderen; das existenztiefe Sprechen (Singen, Loben, «Blühen») des Psalms geht sogar zum Ohr des schöpferischen Existenzgrundes. Doch er ist «Nichts», ist «Niemand». Dem Dichter leuchtet Sinn auf, weil er Sinn ins «Wort» bringen kann. Dichterisches Wortwerden ist Schöpfung, wie es im ersten Kapitel von Genesis und im Prolog des Johannesevangeliums erklingt. Doch dies ist zerbrochen, ist «anders zu sagen ... als / so». Die Vernichtung, in die Celans jüdische Geschwister Psalmen-singend hineinschritten, steht für die Sinnlosigkeit des Daseins und im Munde des Dichters ebenso für die Sinnlosigkeit seiner Poesie, für den Dialog ohne «Du».

In dieses Zwielicht des poetischen, jüdischen, menschlichen Suchens versetzt das zweite Gedicht schon mit seinen Metaphern: «Trübung durch Helles»; «Spiegeln des Münsters» im Zürichsee; der «dem Auge sich zusprechender Mund». Celan berichtet, daß sich Nelly Sachs als «gläubig» bekannte. Als er trutzig «hoffte, bis zuletzt lästern zu können» – in seinem Dichten – habe sie geantwortet: «Man weiß ja nicht, was gilt». So «röchelte» doch auch Jesus am Kreuz. Trägt er nicht die «Krone rot vom Purpurwort»? War sein Röcheln «Rettung» oder doch nur der Schrei der Sprach-, der Sinn-Losigkeit?

Hatte das Psalmen-Beten der Juden im Verbrennungsofen Sinn?

Die beiden kurzen Gedichte (3 u. 4) rufen nun wirkliche Erfahrungen von Sinn auf. Man vernimmt in ihnen poetische (Wahrheit statt Metapherngestöber) und auch mystische Anklänge: «Einmal», «Waschen der Welt» im Blute Christi; neuplatonisches «Eins und Unendlich» wie Goethes «Eins und alles»; das alte deutsche Wort «Ichten» brauchen auch Mechthild von Magdeburg und Meister Eckhart, später auch Heidegger; bei Angelus Silesius klingt es an als Icht; es signalisiert «Licht und Rettung».

Im Schlußgedicht aber bricht es durch: Auch Celans Dichterwort ist vergeblich, sinnlos: «anders zu sagen ... als / so». «Hall»-Jahre besagt nicht nur das vergangene dialogische «Echo» der Existenz-Erfahrung (nach Eckhart ist der Mensch «Echo» auf Gottes Ruf; nach Dionysios ist Schönheit «Gerufen-sein» von Gott), sondern erinnert auch philologisch (hebräisch) an das jüdische Jubel-(Hall)-Jahr, in dem das ganze Volk die Sabbat-Gegenwart Jahves feiern und alles auf die paradiesische Unschuld zurückführen sollte. Doch das Rauschen der Fichten ist längst erstickt im «wildernden» Unterholz. Celan bekannte sich im Freitod zur Vergeblichkeit seiner poetischen Sinnsuche. Eine Bekannte von ihm erzählte mir, daß er kurz vor seinem Todestag geklagt habe: Ihm sei das «Wort» des Johannesprologs nicht mehr zuhanden: Nicht mehr dichten können heißt für den Dichter Celan: Tot sein.

(3) Ein jeder ist gefragt

Ich kenne kein modernes Zeugnis, das die Gottesfrage so unmittelbar und zugleich so formvollendet stellt, wie die Dichtung Celans. Er hat die so verständliche These Theodor W. Adornos widerlegt, man könne nach dem Grauen von Auschwitz keine Gedichte mehr schreiben, die Poesie sei grundsätzlich im Schrecken der Verbrennungsöfen verbrannt. Doch bevor Adorno seine These hervorschrie, schrieb Celan wohl schon 1944 (nach Firges) die erschreckend schöne «Todesfuge»: «Schwarze Milch der Frühe»:

> Der Tod ist ein Meister aus Deutschland...
> Dein goldenes Haar Margarete,
> Dein aschenes Hahr Sulamith.

Das Gedicht ist längst als Klassiker in Schulbücher und Anthologien eingegangen.

Celans Dichtung ist ein gewaltiges Zeugnis dafür, wie unlösbar eng Poesie, Bild, Metapher mit existentieller, religiöser Betroffenheit, mit Mystik verbunden sind – auch und gerade wenn sie vom Grauen berichten. (Der Liebestod der Schmetterlinge kommt in Erinnerung!) Beide: Poesie und Existenz stossen auf einen einzigen Tiefengrund, auf das Fragen nach dem Sinn, nach dem Absoluten, nach Gott. Ist nicht Gott, der Schöpfer der Welt und Bildner des Menschen vor allem ein Künstler, Dichter oder Musiker und gar Tänzer, wie ihn die hinduistische Mythologie so grausam-blutig darstellt?

Doch vor allem frägt Celan den Leser: Hast du die Verse überhaupt verstanden, wenn du der Gottesfrage ausweichst? Und jeder Gottesgläubige wird gefragt: Ist dein Glaube doch nicht nur Aber-Glaube, wenn du die Anfrage Celans überhörst? Und der Christ denkt an den Gekreuzigten.

Im Blick auf das Werk des Areopagiten muß man festhalten: Beide, Celan wie Dionysios, zerschlagen eine Gottesvorstellung, die Gott in die Hantierbarkeit des menschlichen Vorwitzes herunterzerrt. Dionysios tut es von einer gewaltigen, aber gewiß durchlebten Theologie her; Celan aber aus dem Erleben des Bösen. Daß beide zur dichterischen Form greifen, rückt sie näher aneinander, als es auf den ersten Blick scheinen mag.

c) Gott im Zerbrechen – Eva Zeller

Die 1923 geborene Schiftstellerin wohnte in der DDR, lebte mit ihrem Mann, einem evangelischen Pastor, von 1956-1962 auf einer Missionsstation in Südwestafrika (Namibia). Wie

Nelly Sachs erhielt sie den Droste-Preis in Meersburg. Ihre Romane sind durchzogen von schmerzlichen, autobiographischen Elementen (Jugenderfahrungen in «Nein und Amen», 1986). Ihre Lyrik darf als Aufarbeitung dieser Lebenserfahrungen gelten.

(1) Im Wettlauf mit dem Schmerz

P.-K. Kurz schrieb: Folgendes Gedicht gehöre «zu den stärksten religiösen und zu den symptomatischen Gedichten des jüngsten Jahrzehnts»[226]. Es steht in der Gedichtsammlung mit dem biblischen Titel: «Auf dem Wasser gehn»[227].

NACH DEM TOD GOTTES

Danach
zerreiße ich nicht
meine Kleider

Ich rolle mich wieder zusammen
Tödliche Augenblicke
überlebt man am besten
in der Krümmung nach vorn
den Kopf auf den Knien
Mit der Grimasse des Keimlings
wehrlos
ohne Fingernägel und Zähne
Wieder angenabelt
in der zottigen Höhle

Doch auch zusammengekrümmt
wäre der Wettlauf
mit dem Schmerz
noch nicht gewonnen
Noch nicht gefurcht genug

[226] Über moderne Literatur VII,2, Frankfurt 1980, 202. Im ersten Teilband über die Romane von E. Zeller.
[227] Ausgewählte Gedichte, Stuttgart 1979, 60.

der ebenbildliche Leib
Noch nicht verhohlen genug
was hatte werden sollen
Ich will nicht
daß es noch zuckt
dünnwandig mit durch-
scheinendem Herzen
Ich muß weiter zurück
wo nichts mehr frohlockt
künstlich und fein bereitet
worden zu sein

Aber
Ich glaube
Noch als Stein
würfe ich mich
in den Riß
der mich selber
zerreißt

(2) Erfahrungen über Erfahrungen hinaus

Als theologisch gebildete Frau stellt Eva Zeller ihr zuerst 1975 erschienenes Gedicht in die damals noch lebendige «Gott-ist-tot!»-Debatte hinein. Wie die meisten ihrer lyrischen Verse bietet es keine größere Verständnisschwierigkeit, sondern greift altvertraute christliche Metaphern und Motive auf: Das alttestamentliche Kleiderzerreißen ob unsäglicher Trauer; das «Frohlocken», weil «künstlich und fein bereitet», wie ein Kirchenlied singt; das Ebenbild-Sein. Sie faßt als Frau alles in der Metapher der Leibesfrucht zusammen, die im Schoß der Mutter Geborgenheit erfährt und in dessen uroborischen, zusammengekrümmten Ursprung mancheiner flüchten möchte. In ihrem Roman «Nein und Amen» schildert sie ihr eigenes Muttererleben mit dem Kind, das sie während der schlimmen Kriegsmonate 1944/45 in ihrem Leib trug.

Ist eine solche Geborgenheitserfahrung des Embryoseins schon der Weg zu Gott? – das wehrlose Kind darf doch sogar während der Kriegswirren im Leib der Mutter Behütetsein erfahren! – Oder wird damit nur die von Sigmund Freud analysierte psychologische Regression in einen Vor-Zustand vollzogen, in eine kindhaft «dünnwandige», traumhafte Utopie, in die große Illusion, in die «kollektive Neurose» der Religion hinein? Doch Eva Zeller überwindet auch noch diese letzte Versuchung eines billigen «neurotischen Urvertrauens» und fragt weiter, nach vorne, wirft sich hinein in den Riß, der sie selbst (und nicht nur ihre Kleider) zerreißt, hinein in die todesstarre Regungslosigkeit eines Steines, der fällt und fällt und fällt.

Der erwähnte autobiographische Roman kommt auf Romano Guardini zu sprechen, dessen Vorlesungen und dann Vorträge und Predigten Eva Zeller in Berlin hören konnte:

> Aus unseren Erfahrungen – Guardini sagt's mit leiser Stimme – ist Gott nie und nimmer abzuleiten, im Gegenteil, nur allen Erfahrungen zum Trotz kann er einbrechen von einem ganz anderen Ursprung her, der unsere Fähigkeit, ergriffen zu sein, voraussetzt. Nur dem äußersten Maß an Trauer und Elend kann der Glaube so umfassende Trostkraft erpressen.

Gerade doch Guardini, der in seiner warmen Sprache an großen literarischen Kunstwerken die religiöse Uranlage des Menschen darzustellen wußte, lehrt, daß Gott aus dem Jenseits all der Trost-, Geborgenheits-Erfahrungen, auch der kindlichen, in die Existenz einbrechen muß, um wirklich Gott zu sein.

(3) Darf man Gedichte vergleichen?

Man soll Gedichte ebensowenig vergleichen, wie man nach Thomas von Kempen auch die Heiligen nicht vergleichen soll. Aber man soll sie auf sich wirken lassen, sie sich zu Herzen nehmen. Deshalb schreibt der Dichter sie nieder und gibt sie dem Leser zur Hand, wie Celan betont. Nach J. Firges sah er

das Dichteramt als eine Art Priesteramt (an),
als ein sakrales Amt im Dienst der Wahrheit und der Menschlichkeit.

So darf und soll man auch Celans Psalm zusammen mit Eva Zellers Versen lesen und meditieren. Ist die Karsamstags-Erfahrung der Gott-Ferne, die «Dunkle Nacht» des Johannes vom Kreuz, Martin Luthers Anfechtung, die sich selbst übersteigende «Negative Theologie» des Dionysios nicht ein «notwendiges» Merkmal jeder wahren Gottesbegegnung und Mystik? Eva Zeller stellt ihrem Gedichtband ein Poem über das biblische «Auf dem Wasser gehen» voran. In äußerster Not steht sie vor dem Schritt aufs offene Meer, den Petrus, von Jesus aufgefordert, wagt:

entweder ich kann jetzt
über das Wasser gehn
oder den Abgrund ermessen
in welchem wir untergehen

Es ist der Stein, der fällt und fällt und fällt in den Riß der eigenen Existenz. Alles geistreiche Reden über Dichtung und Verse, alles feinsinnige literarkritische Analysieren bleibt im Raum der Buchstaben und der Wohl-(Miß)-Klänge stehen. Doch der Todesschmerz, das Kreuz stellt mich in die garnicht feingeistige Realität des Lebens hinein. Dort aber will Eva Zellers Dichtung mich treffen; dort, wo ich stehe; und will mir den Mut zum Wagnis geben, auf dem Wasser zu gehen, den Mut, der auch noch die bisherigen Lebens- und Meditations-Erfahrungen übersteigt, einen Mut, der jeweils neu zu ergreifen und zu bestehen ist.

Ob Celans Freitod in der Seine nicht vielleicht auch ein solcher Schritt auf das Wasser hinaus war?

(4) «Auf dem Wasser gehn»

Eva Zeller schreitet damit in den biblischen Glauben hinein, und er ist mehr als nur die immanente Erfahrung; er ist Engagement nach vorne, Schritt über sich selbst hinaus. Sie weigert sich, nach den Balken des Alltagslebens zu greifen, selbst nach dem Balken psychischer Geborgenheitserfahrung im Mutter-Leib, selbst nach dem Balken des Todes. Die «Gott-ist-tot»-Erfahrung wird nicht überwunden durch Argumente, aber auch nicht durch die erhabendsten Erfahrungen wie das Ruhen im Selbst oder durch den letzten Schritt in die Verzweiflung. Als Christin hört Eva Zeller die Aufforderung Jesu, den Schritt des «Dennoch» zu wagen, den Schritt aufs Wasser, den Schritt aus dem Ich heraus zum Du, wozu nur Jesus einladen kann. Dieses Wagnis des Dennoch wirft sich in eben den Riß hinein, der die eigene Existenz zerreißt.

Ist das nicht eine moderne Fassung der «Negativen Mystik» des Dionysios, die selbst die Negation noch übersteigt? Einer «Negativen Mystik», an der jedes rationale Verstehen-Wollen (auch das der Theologie) ebenso wie jede noch so empfindsame Erfahrung (auch die der Meditation) zerschellen? Einer «Negativen Mystik», die allein in künstlerischer Gestaltung vom Wagnis des Glaubens ein Wort-Zeugnis ablegen kann? Einer «Negativen Mystik», die sich in den Riß der eigenen Negation hineinwirft und wie ein Stein – nicht aus eigener Kraft, sondern in der eigenen Schwere – fällt und fällt und fällt?

Eva Zeller drückt das Gleiche mit einem anderen großen Bild der Bibel aus. Zu dieser Geschichte des ringenden Jakob mit der Engelgestalt, die in einer bleibenden körperlichen Verwundung endet, schrieb J. Bernhart[228]: Jede wahre Begegnung mit Gott hinterläßt Spuren der Verwundung – bis in das leibliche Fleisch hinein.

JAKOBS KAMPF MIT DEM ENGEL

Als mir
die Sonne aufging
über Pniel
Ich siegte

[228] Heiligkeit und Krankheit, GuL 23, 1949, 172-196.

Ich hatte gesiegt
ich werde
besiegt worden sein

Mein Indiz?
Meine verrenkte Hüfte
Mein Handicap
Mein Heimatschuß
auf Grund dessen
ich lebe

Der Sieg besteht im «Besiegt worden sein» und wird sichtbar in der Verwundung! Stellt uns das nicht vor Jesu Kreuz, hören wir nicht mit Paul Celan sein «höchstes, umröcheltes, sein haderndes Wort»? Der große Zen-Kenner, D.T. Suzuki[229],

[229] Der westliche und der östliche Weg. Essays über christliche und buddhistische Mystik, Frankfurt 1960, 121ff: Kreuzigung und Erleuchtung: «Immer wenn ich ein Bild des gekreuzigten Christus sehe, muß ich an die tiefe Kluft denken, die zwischen Christentum und Buddhismus liegt. Das empirische Ich ist begrenzt. Es hat kein Dasein aus sich selbst. Es ist relativ und psychologisch begründet. Woran liegt es nun, daß es sich frei fühlt, als wäre es wirklich so unabhängig und selbstherrlich? Die Täuschung kommt aus dem transzendenten Ich, das – indem es durch das empirische Ich wirkt und in ihm verweilt – falsch gesehen wird. Statt das relative Ich in Beziehung zu setzen zum transzendenten Ich und das letztere zu seinem Ausgangspunkt zu machen, klammert sich der westliche Geist beharrlich an das erstere. Da das relative Ich aber seiner Natur nach verletztlich ist, findet man es stets unbefriedigt und eitel und mit Unheil verkettet. Und da der westliche Geist an die Realität dieses Unheilstifters glaubt, wünscht er kurzen Prozeß mit ihm zu machen. Daß man ihn im Leib Christi gekreuzigt hat, ist wiederum etwas Charakteristisches für den Westen. In bestimmter Hinsicht ist der östliche Geist nicht auf die Leiblichkeit der Dinge gerichtet. Das relative Ich geht still und ohne viel Aufhebens im Leib des transzendenten Ichs auf. Im Christentum wird die Kreuzigung gebraucht, Leiblichkeit verlangt einen gewaltsamen Tod. Im Buddhismus wird die Erleuchtung gebraucht. In der Erleuchtung finden wir Glückseligkeit und echte Transzendenz.» Vgl. Die Kraft des inneren Glaubens im Zen und Christentum, Frankfurt 1990.

Dies entspricht der These W. Jägers (Anm. 189). K. Wilber bietet in dem Kapitel «Allgegenwärtiges Gewahren», in: Das Wahre, Schöne, Gute (Anm. 74) 409-411, eine nachvollziehbare Hinführung zu dieser Weltsicht: «In jedem einzelnen Augenblick besteht ein spontanes Gewahren von allem, was gegenwärtig ist, und dieses schlichte, spontane, anstrengungslose Gewahren ist der allgegenwärtige Geist selbst. Selbst wenn man glaubt, daß man ihn nicht sähe, ist es eben jenes Gewahren... Der Geist ist kein Objekt; er ist radi-

schrieb, daß gerade das schreiende Ende Jesu am Kreuz ihm den Unterschied von Christentum und Buddhismus zeige: Buddha sei sanft ins Endgültige hinein geschlummert. Aber ist nicht das Sterben Jesu Realitäts-bewußter, Existenz-ehrlicher, Wirklichkeits- und damit auch Menschen-näher als der Weg in ein schmerzfreies Nirvana? Eva Zellers Dichtung lebt davon und setzt damit für uns moderne Menschen einen Akzent, der selbst in der «Theologia Mystika» des Dionysios (aber ganz und gar nicht in der Geschichte der christlichen Mystik, die doch eine «Kreuzes»-Erfahrung kennt) noch zu schwach, zu «verständlich» zu sein scheint.

d) Das Eine, Ganze als revolutionäre Hoffnung – Ernesto Cardenal

Der nicaraguanische Lyriker (geb. 1926)[230] war Trappistennovize bei Thomas Merton, dem herausragenden Botschafter des modernen Katholizismus. Doch dieser schickte ihn in die Welt zurück, weil er dorthin berufen sei. 1965 wurde Cardenal Priester und nahm als solcher aktiv teil am Kampf gegen das Somoza-Regime. Die Bibelgespräche mit seiner christlichen Kommune von Solantiname und seine Lyrik machten ihn berühmt. Als die Kommune zerstört wurde, mußte Cardenal flüchten. Im neuen Nicaragua wurde er 1979 Kultusminister. 1980 erhielt er für sein literarisches und zugleich engagiertes Werk den Friedenspreis des deutschen Buchhandels. Mit seiner Kirche geriet er in einen (gemäßigten) Konflikt, wie überhaupt die «Befreiungstheologie» Südamerikas, der Cardenal in seiner

kales allgegenwärtiges Subjekt und daher nichts, was vor uns wie ein Stein, ... eine Erkenntnis, ... eine Empfindung großer Seligkeit auftauchen würde... So ruht man also in diesem Zustand ... des wahren Sehers, der unermeßliche Leerheit und reine Freiheit ist... Geist ist im freien und leeren Seher, nicht in den beschränkten, ... sterblichen und endlichen Objekten... So ruht man in dieser weiten Leerheit und Freiheit, in der alle Dinge aufsteigen.»

230 Vgl. den 1. Teil seiner Selbstbiographie, Verlorenes Leben, Erinnerungen, Wuppertal 1998.

poetischen Kraft verpflichtet ist, in der katholischen Kirche leider noch immer nicht den gemäßen Platz gefunden hat.

(1) Cantico Cosmico: «Am Anfang war der Gesang»

«Kosmischen Gesang»[231] nennt Cardenal sein Hauptwerk. Mit den rund sechzehntausend Versen hat man ihn neben Dantes «La divina comedia» gestellt. Aber anders als dieser schaut Cardenal in unsere Welt hinein und besingt die evolutive «Welt»-Sicht auf Gott hin. Leicht zu erkennen ist, daß Teilhard de Chardin im Hintergrund steht. So heißt der Erste Gesang «Der Urknall»:

> Am Anfang gab es nichts,
> weder Raum
> noch Zeit.
> Das ganze Universum verdichtet
> auf den Raum eines Atomkerns,
> und davor noch kleiner, viel kleiner als ein Proton,
> und sogar noch kleiner, ein unendlich dichter
> mathematischer Punkt.
> Und es geschah der Urknall.
> Die Große Explosion. (I, 10. 11)

Der Zweite Gesang: «Das Wort», greift tiefer:

> Am Anfang,
> vor der Raum-Zeit,
> war das Wort.
> Alles, was ist, ist also wahr.
> Gedicht. (I, 22)

Oftmals noch durch den Gesang hindurch und auch sonst im Epos wird der Anfangsvers in Anlehnung an Genesis und den Johannesprolog wiederholt: «Am Anfang war also das Wort», und immer weiter entfaltet:

231 Deutsch als «Gesänge des Universums», I. u. II., Wuppertal 1995; zitiert wird nach dem Buch und den am Rand notierten Seitenzahlen des Originals.

Am Anfang war der Gesang.
Den Kosmos schuf er singend.
Und deshalb singen alle Dinge...
Alles singt.
Die Dinge, nicht aus Berechnung erschaffen,
sondern aus Poesie. (I, 24. 26)

In immer neuen Ansätzen beschreibt Cardenal das Drama der kosmischen Entwicklung: Atomphysik und Astrophysik; Ethnologie und Mythenkunde, Religion und menschliches Suchen; Revolution und technischer Fortschritt; Ökologie und Kulturkritik; Geopolitisches und private Liebe. Die euro-amerikanische Tendenz zum Psychologisieren fehlt allerdings. Dafür beherrscht der freiheitstheologische Elan das Epos. In ihn hinein legt Cardenal seine eigenen Erfahrungen – am ergreifendsten, oft überaus intim die von Freundschaft und Liebe.

Ein ganzer Gesang (Nr. 25) ist dem «Besuch in Weimar» gewidmet: «Goethe»! Doch in unmittelbarer Nachbarschaft zu dieser menschlichen Höhe liegt das KZ von Buchenwald, ein Mahnmal menschlicher Abgründe:

Und fünfzehn Minuten von hier fort,
zwischen den Bäumen,
beschreiten wir die «Straße des Bluts». (I, 252)

Doch alles wird evolutiv-revolutionär in den Zusammenhang des Gesamtdramas gestellt: «Befreiung» mit dem Blick auf die Zukunft, die einfachhin «Liebe» heißt. Im einundvierzigsten «Gesang der Gesänge» wird diese Liebe thematisiert und dabei die kosmische Ideenwelt Teilhard de Chardins aufgerufen: Die evolutive Kraft findet in der Begegnungseinheit der Liebe ihren Gipfel:

Das erste Paar, das Wasserstoffatom.
«Das Universum ist so geschaffen, daß es niemals
ein Elektron oder ein Proton oder was auch immer
allein schaffen kann,

sondern immer nur Paare: Partikel und Antipartikel.»...
Mann und Frau. Sonne und Mond.
Und Sonne und Mond machen aus einem zwei
(mit seinem Schatten).
«Oder sieh dir diese Feder an: jede Adlerfeder
besteht aus zweien.»
– Geliebte:
Schon blühen die Bukare-Bäume feuerrot,
die Brotfruchtbäume tragen reife Frucht,
der Pirol singt in den Papaya-Stauden.

(II, 449-450)

Dieses Sich-Durchdringen von Kosmischem, Privatem, Politischem, Wissenschaftlichem, Meditativem, Religiösem macht den Reiz des Epos aus.

Da mir die Originalsprache nicht so zur Verfügung steht, daß ich von dorther ein Urteil habe, stütze ich mich auf die Übersetzung. Mag dabei auch vieles von der ursprünglichen Kraft verloren gehen, der Text ist so stark, daß auch die Übersetzung begeistert.

(2) «Omega», Die Vollendung; aus dem Schlußgesang

Dort, im dreiundvierzigsten Gesang kommt als perspektiver «Punkt» das ins Wort, worauf sich alles Weltgeschehen evolutiv richtet und worin es, wie Cardenal singt, eins wird. Doch vorher noch, nach dem «Gesang der Gesänge» über die Liebe, bekennt sich der zweiundvierzigste Gesang zu: «Ein ich-weiß-nicht-was, das bleibt». Cardenal setzt im letzten, dreiundvierzigsten Gesang das, was wir wiedergeben, in Anführungszeichen und will damit wohl zeigen, daß sich nun die poetische Reflexion in betender Meditation vollendet, obgleich er dies nicht in Du-Form setzt. Auch Dionysios beginnt die Vollendung seines Gesamtwerks, die «Theologia Mystika» betend. Bei Cardenal wird das Beten zu einem fassungslosen Staunen, das in keinem «Punkt» zum Stillstand kommen kann, sondern – gemäß dem Ursinn des Wortes Kontemplation –

dynamisch in eine stets größere, aber unfaßbare Erfahrung hinein weiter wächst, die als Einheit zu beschreiben ist.

«Wesen, das vor allem anderen war
und verschieden ist von allem anderen,
ohne Grenze, wo es aufhört und ohne Teil noch Form,
und das Wesen, das er ist, ist Handlung aus sich selbst heraus,
nicht Menge noch Beschaffenheit, nicht bewegt noch unbewegt,
weder an einem Ort noch einer Zeit,
sondern gleichförmig in sich
und von sich selbst,
und gibt sich selbst das Sein durch sich selbst,
und ist vorher ganz formlos, vorherig jeder Form,
vorherig der Bewegung und der Ruhe, ohne wesentlich zu sein,
man kann nur sagen, daß es über das Sein hinausgeht,
was nicht bedeutet, was es ist, sondern allein das, was es nicht ist,
ohne ihm irgendeinen Namen geben zu können
außer den Namen Eines,
und ohne selbst noch von ihm sagen zu können, daß er **ist**
noch daß er gut ist, sondern nur einfach das Gute ohne das **ist**,
so läßt sich von ihm sagen, was er nicht ist,
aber nicht das, was er ist,
und weil er in sich weder das Nicht-Gute, noch das Gute trägt,
besitzt er nichts und ist allein und abgetrennt von allem,
der Glanz, der eine schöne Statue schön macht,
und eine lebende Person, schöner noch als eine schöne Statue,
und wo ist der Schöpfer von so vieler Schönheit?
Er kann keins der schönen Dinge sein,
denn er hat keine Form, aus ihm entstehen alle Formen,

und seine Schönheit ist die Schönheit,
die über jede Schönheit weit hinausgeht,
doch aus ihm kommt die Schönheit,
und alle Dinge streben hin zu ihm,
als errieten sie, daß sie nicht sein können ohne ihn,
weil er das Gute ist, das allen gegenwärtig ist,
und auch die, die schlafen, sind in ihm,
und er ists nicht, der sich uns wünscht, damit er
um uns ist,
wir sinds, die wir ihn wünschen, um ihn zu umgeben,
und die Harmonie des Tanzes um ihn her
ist die des Tanzes eines Gottes,
und es liebt ihn auch die Seele,
die mit der Natur in Harmonie ist,
und will sich ihm verbinden,
in wunderschöner Liebe von wunderschöner Jungfrau,
und dieses Glück,
wir können es erahnen in unsrer irdischen Liebe,
wo wir ja sehen, wieviel Glück es bringt,
das zu besitzen, was man liebt,
doch sind auf dieser Welt
die Gegenstände unserer Liebe sterblich,
und unsre Liebe nur gestellte Liebe wie auf dem Theater,
denn das Geliebte ist nicht unser Gut noch das,
nach dem wir suchen,
er trägt kein Fleisch, das trennt, der wirkliche Geliebte,
und die Seele findet dann ein andres Leben
und braucht keinen andern,
und ist von allem andern bloß,
um nur in ihm zu sein, nur er allein zu sein,
in einer Flucht des Geistes hin zu Ihm allein,
dort oben, wo die Farbe ganz erblühte Schönheit ist,
noch besser: alles ganz Farbe und wirkliche Schönheit ist,
dort ist der Eine und was der Eine sieht,
nicht Einer außerhalb des andern,
vielmehr nimmt der, der sieht, den in sich auf, den er sieht,

und die Seele, die die Schönheit dieser Welt sieht,
die vermutet,
daß nichts von dieser Schönheit das ist, was sie sucht,
und wenn sie sie vorüberziehen sieht, dann weiß sie
doch genau,
daß das, was in ihr leuchtet, von woanders herkommt,
doch wo ist er, der Schöpfer dieser Schönheit?
Er muß wohl über aller Form sein,
endloser Anfang, ohne Form, aus dem jedwede Form
kommt,
und so soll man sie auch von sich weisen, die Sicht
der Dinge,
und nur zu dem sehen, durch den gesehen wird,
wie wenn man etwas ansieht, ohne andres sehn zu wollen,
und den Vorhang seiner Lider senkt, um so das Licht
zu sehn,
oder wie man seine Augen ganz fest schließt
und in sich selbst das Licht sieht,
sieht man ohne zu sehen in der Dunkelheit
und sieht viel mehr als je zuvor,
weil man das Licht sieht,
die andren Dinge waren leuchtend, waren aber nicht das
Licht,
und um ihn zu haben, braucht man nichts zu haben,
sondern nur ihn allein
(diese Initiation, die kennen auf bestimmte Weise
auch die Initiierten),
und so erscheint er dann in einem, und es sind nicht mehr
zwei,
sondern zwei ein einziger,
wovon die Liebenden und die Geliebten
nur eine Nachahmung sein können,
die die Trunkenheit vorziehn, den Trunk langsam
zu trinken,
und es ist schwer, das Bild zu zeichnen,
wo sie nicht mehr zwei sind,

sondern der, der sieht, ist mit dem Angeschauten eins
geworden,
nicht mehr beschäftigt mit den schönen Dingen,
sondern jenseits ihrer
wie der, der in das Allerheiligste des Tempels
vorgedrungen ist,
hinter die Statuen:
wenn er herauskommt, dann sieht er sie wieder.»
(II, 492-494)

(3) Metaphysik der Einheit und ein Hymnus der Liebe

Es ist erstaunlich, daß ein solch gewaltiger Hymnus uns aus der sogenannten dritten Welt und überdies aus einem Klima von Verfolgung und Hunger entgegenkommt. Ist die westliche Welt, in Wohlstand und Zufriedenheit versunken, zu schwach, zu skeptisch, zu egoistisch, zu satt, um in einem solchen Gottesoptimismus beten zu können?

Es ist nämlich durch und durch ein lobpreisendes Gebet, das nicht mehr aufhören möchte, sondern – wie der rapsodische Stil ohne die Satztrennung durch Punkte zeigt – alles und jedes einbirgt in den Preisgesang. Sicherlich wird erst ein Vertrautsein mit der Originalsprache diese sich umschlingenden und durchdringenden Sätze recht würdigen können. Darin ist «Er» die Mitte, auch wenn ein weltumfassendes «Es» ständig mittönt; doch dieses «Es» ist eingeborgen in das allumfassende «Er». Cardenal spricht stets persönlich, auch wenn vieles unpersönlich, manchmal wie eine Vorlesung über den Gottesbegriff klingen mag: Wesen, Form, Sein mit den bekannten, sich übersteigernden Aussagen: daß der Mensch nur wissen kann, was Gott nicht ist und nicht einmal dies. Es ist das Ungenügen von Sprache überhaupt, das Cardenal im zweiundvierzigsten Gesang durchmeditiert hat, was ihm immer wieder die Sprache verschlägt und im Schlußgesang aufbricht.

Ständig hört man auch den Dialog mit anderen religiösen Auffassungen vom Absoluten im Text mitklingen; besonders wenn Cardenal die mystische Einheit preist, die aber wiederum die Unterschiedenheit nicht aufhebt, sondern vollendet, und wozu er die konkrete Erfahrung des Lichts bei geschlossenen Augen als Beispiel anführt. Ob er hier von Dionysios gelernt hat?

Nur das Wort «Gut» für Gott übersteigt die reflektierenden Negationen, übersteigt selbst das Prädikat: Sein. Nicht als ob Gott nun gut zu nennen sei, er ist mehr, ist einfach «das Gute ohne das **ist**». Mit dem Stichwort «Gut» bricht zugleich «Schönheit» auf: «Eine lebende Person, schöner noch als eine schöne Statue». Tanzen setzt an: «Der Tanz eines Gottes». Ganzheitlich zusammenklingend verdichten sich die Verse noch einmal: Zur Liebe und zwar zur «wunderschönen Liebe von wunderschöner Jungfrau». Cardenal scheut sich nicht recht unmodern, «Jungfräulichkeit» als Idealbild hinzustellen, scheut sich aber auch nicht, als Zölibatär diese Liebe zu preisen. Es ist die Jungfräulichkeit der Liebe. Man erinnert sich an sein frühes Werk in Prosa, wohl noch im Trappistenkloster bei Thomas Merton konzipiert: «Vida en el amor», zu deutsch: «Das Buch von der Liebe»[232].

Und nochmals vertiefen sich die Verse: Wiederum recht «unmodern» gegen den «Geist der Zeit». In ihrer menschlichen Liebe, im «Fleisch, das trennt», suchen die Liebenden doch noch Höheres: «ein anderes Leben» ... «in der Flucht des Geistes zu ihm allein». Das Wesen der Gottesbegegnung enthüllt sich. Es heißt Liebe, worin «zwei ein einziger» werden, weil sie getragen sind von diesem «empor», wie es von Balthasar bei Goethe fand. Es sind bekannte Bilder: – Mit der «Trunkenheit» wird wohl das zögernde, langsame «Trinken» ekstatisch überboten. Die Metapher Licht läßt den anderen so tief gesehen werden, daß beide eins werden: der Schauende, der mit dem «Angeschauten eins ist». Neu, und wohl von einer Praxis des ruhigen Meditierens mit geschlossenen Augen geprägt, ist ein

232 Wuppertal 1971 (Gütersloh ^{2}1990).

weiteres Bild für diese Einheit: Die Innenschau nämlich; hinter den geschlossenen Augenlidern erlebt Cardenal bildhaft diese «Einheit»; aber es ist keine Leere, sondern die Fülle des Lichts, die aufleuchtet. Alle Bilder sind Spiegel des «Einen und Einzigen», dem auch Plotin und Dionysios huldigen.

Es geht Cardenal um das «Allerheiligste des Tempels», das alle Statuen im Vorraum der Welt vergessen macht, aber sie zugleich in ihrem wahren Eigensein auferbaut; um das Allerheiligste, das selbst die Liebe der Verliebten noch übersteigt, aber durch das die Liebenden sich in gegenseitiger Liebe finden. Teilhard de Chardin, auf den sich Cardenal offen und verborgen beruft, hat aus solchen Erfahrungen heraus seine Weltsicht aufgebaut.

Doch Vorsicht! Mit diesem, alles Welthafte übersteigenden Einen ist keine «Verachtung» dieser unserer Welt ausgesagt, was doch stets im Neuplatonismus lauert. Cardenal hat diese Welt doch in allen Gesängen vorher bis zu diesem Gesang über den Punkt «Omega» hochgepriesen. Gerade diese Liebe zur Welt lenkt den Blick des Menschen hinauf über diese Welt hinaus; dort nämlich ist das Bleibende zu Hause, nach dem die Liebe sich sehnt und woraus sie jetzt schon lebt. Dies ist das Grundthema des «Cantico Cosmico». Und mit Teilhard de Chardins Punkt Omega beschreibt, dichtet, singt Cardenal nichts anderes als einen Kommentar zum ersten Johannesbrief (4,16):

> Gott ist die Liebe
> und wer in der Liebe bleibt, bleibt in Gott und Gott in ihm.

Alle die Erfahrungen des Lebens, die schönen der Begegnung mit Mensch und Natur, die schlimmen von Verfolgung durch Gewehr, Folter und Totschlag, die sich aufbäumenden der Revolution und die voranschreitenden der Wissenschaft, die suchenden und die fragenden, die verzweifelten und die mutigen – alle will Cardenal abschreiten und einbringen in die Dynamik des «Cantico Cosmico», der die Größe des Menschen und seines Weltendaseins besingt. Doch dies alles hat seine Mitte im religiösen Suchen der Menschheit, besonders auch im Suchen der Urreligionen, die so oft als primitiv-abergläubisch abgetan werden. Ihnen gilt Cardenals Liebe ganz besonders. In allem aber lebt die Liebe des Johannesbriefs. Und sie ist Zeichen, Symbol für Gott. Nein! richtiger: sie ist Gott selbst.

Jetzt, in diesem letzten Gesang feiert Cardenal ihn, den Zielpunkt und die Anziehungskraft von allem, was vorangegangen ist.

(4) Die Mitte des kosmischen Geschehens

Wenn ein Zen-Meister sein «Autogramm» gibt, malt er aus der Versenkung heraus mit großem Pinselstrich einen Kreis – ohne Mittelpunkt. Der Kreis, den Cardenal in seinem «Cantico Cosmico» durch alle Räume und Zeiten hindurch schlägt, hat eine Mitte. Es ist Gott, von dem der alte Weisheitsspruch weiß, daß er ein Kreis ist, dessen Mittelpunkt überall und dessen Umfang nirgendwo ist; es ist der perspektivische «Augenpunkt» des Andreas Pozzo. Dieser Mittelpunkt ist auch einfachhin die Liebe, die aber – in ihrer Tiefe gesehen – ein Synonym für Gott ist.

Doch selbst dieses Bild vom «Kreis» alleine ist für Cardenal noch zu statisch, zu neuplatonisch. So legt er die Faszination des Geschlossenen, Ganzen, Vollendeten, die der Kreis nahelegt, hinein in die Zeit, hinein in die Evolution. Cardenals Weltendynamik hat – anders als der Zen-Kreis – ein Ziel, den «Punkt Omega». Mit ihm werden die Daten der Weltwirklichkeit, der menschlichen Erfahrung – in ihrer Unvollkommenheit – eingeborgen in die Entwicklungsdynamik und damit in das vollkommene Sein hinein. Besonders die Erfahrung der Liebenden und das Suchen aller Religionen nach Gott zeigen: Alles Unterwegssein ist geprägt vom Endziel, dem Punkt Omega der Liebe.

So steht zu Beginn des vierzigsten Gesangs, «Flug und Liebe», die Übertragung des Johannesprologs durch den großen chinesischen Weisen, Dr. Wu[233], womit der Konvertit die östliche Weisheit ins Evangelium einbringt:

> Am Anfang war das **Tao.**
> Und das **Tao** war bei Gott.
> Und das **Tao** war Gott...
> Und das **Tao** ward Fleisch und wohnte unter uns.
> (II, 434)

Dann kommt Cardenal auf den dialektischen Materialismus zu sprechen, bewundert auch sein großes Anliegen, stellt ihm aber Jesus entgegen und fragt

> ... danach, was nach dem Kommunismus kommt.
> Wie uns Paulus sagt (1. Korinther 15,19):
> wenn Christus nicht erstanden ist,
> dann sind wir nichts als Tölpel... (II, 435)

Diesen Blick auf die Auferstehung trägt eine Liebe der Art, wie sie Gabriel Marcel umschrieb: «Glauben an die Auferstehung heißt vor allem, ‹dir› sagen, daß ‹du› weiterleben wirst, und nicht so sehr darauf bauen, daß mein kleines ‹ich› weiterleben darf.» So klingt für Cardenal «Liebe und Auferstehung» fast gleich mit «Revolution», die aber stets auf das Du schaut:

> Die Liebe dient dem Überleben.
> Ohne die es den wirklichen Revolutionär nicht gibt,
> so sagt der Che. (II, 435)

Auch der Revolutionär Che Guevara, in der Hoffnung auf «Mehr», der Sehnsucht nach Endgültigkeit des «Du», weist nach Cardenal einen Weg zur Liebe und – darin verborgen, «anonym» – hin zu Gott, der Jesus von den Toten auferweckt hat. Man denkt an den Lehrer Cardenals, Thomas Merton,

[233] Der im heutigen Religionsgespräch vergessene (zu christlich?) hochgebildete Aristokrat hat sich gewichtig über chinesische und christliche Spiritualität geäußert: Über den Geist des Ostens und die Freude; Über Therese von Lisieux und Lao Tsu; GuL 54, 1981, 410-421; 55, 1982, 246-261.

der auf dem Kongreß der Religionen zu Bangkok am Morgen vor seinem tragischen Tod den Marxisten Herbert Marcuse («Der eindimensionale Mensch») neben den christlichen Mönch stellte.

Für Cardenal aber wird die Mitte des allumgreifenden Horizont von Welt und Menschheit nirgendwo deutlicher, greifbarer als schlicht und einfach in der intimen Liebe. Es geht ihm umfassend weit um

> Die Auferstehung der Energie und des Lebens:
> wenn es kein andres Leben gäbe,
> dann wären wir wahrhaft erledigt.

Doch diese Weite ist eingesammelt in einer schlichten, gegenseitigen Liebe; und so fährt er sogleich fort:

> Das junge Mädchen ganz allein auf diesem Fest.
> Ich erwarte dich, mein Freund.
> Komm zu mir. (II, 435-436)

Wie in einem Akkord klingt der faszinierende Reichtum des «Cantico Cosmico», der so vieles in Beziehung setzt, zusammen, und Paulus gibt den Ton an: «Wenn Christus nicht auferstanden ist...» Es geht um den Punkt Omega Teilhard de Chardins als der Einsammlung des Lebens und der Energie der Welt. Doch dies lebt in der intimen Liebe des Mädchens, die sich im biblischen Maranatha ausspricht: «Komm doch!» Es ist der lockende Liebesruf des alttestamentlichen Hohenlieds (z.B. 2,10-13.17), der im Neuen Testament zur mystischen Sehnsucht des Alls nach Vollendung wird (Apk 22,20): «Amen, komm, Herr Jesus!» Die christliche Mystik[234] legte den Vers in immer neuem Hinhören aus auf Gott und Kirche, Gott und Seele, Gott und Maria: «Horch, mein Geliebter! Siehe da, er kommt!» Die Mitte der christlichen (Auferstehungs-)Hoffnung auf den Punkt Omega ist überall schon sichtbar, wo wahre Liebe lebt.

[234] Zur Hohelied-Exegese s. Anm. 167.

Statt Schwachstellen im «Cantico Cosmico» zu suchen, ob Gott nicht manchmal mehr gedacht als erfahren ist und der rapsodische Stil nicht manchmal die Genauigkeiten verschluckt, sollte man sich von der Poesie des Ganzen mitreißen lassen. Sie läßt den einen Akkord Gottes ertönen, in dem die Weite der Weltwirklichkeit zusammenklingt: die Liebe Gottes, die nach Hildegard von Bingen die Urformel der Welt ist. Manches geht sicher in der Übersetzung verloren. Wer kann schon fünfzehntausend Verse adäquat übersetzen? Doch der Gesang greift ein gewaltiges christliches – man darf sagen: das christliche – Thema von Gott und Welt auf. Kann ein solches Thema anders einigermaßen adäquat aufgegriffen werden als in poetischer Gestalt?

Man darf Cardenals Werk messen an dem, was Dionysios unternommen hat: Gott zu lobpreisen und damit auch sein schöpferisches Werk. Doch dieser Lobpreis klingt nur dann wahrhaftig und ehrlich, wenn auch das Schreien mitgehört wird, wie es bei Paul Celan und auch Eva Zeller erklingt, wenn auch das Kreuz Jesu Christi als Offenbarung der Liebe Gottes zu seiner endlichen Welt ernst genommen wird – Cardenals persönlicher und auch der Weg seines «Cantico Cosmico» stehen unter diesem Kreuz und bleiben nicht im Besitzen und Haben stecken, wie manche angeblich kosmische Spiritualitäten, sondern führen als Weg der Hoffnung weiter in die Zukunft Gottes.

DRITTER TEIL

WIR DENKEN ZU KLEIN VOM GÖTTLICHEN

Von vorneherein sei es gesagt und damit auch der Grund für die abstrakte Rede der Überschrift vom «Göttlichen» benannt: Das «wir» dort möchte viele Anliegen umgreifen: Das des Christen, der aus seinem Glauben lebt ohne ihn hinterfragen zu wollen. Doch auch das Anliegen des theologisch Engagierten, der im Nachsinnen über das Geheimnis Gottes den unendlichen Abstand zu Gott erfährt und zugleich ergriffen ist von der innigen Nähe eben dieses Gottes. Zugleich damit wird das Anliegen des religiösen Menschen überhaupt berührt, der sich in Ehrfurcht vor dem «Letzten» beugt, wie immer auch er weltanschaulich sozialisiert ist. Und so auch ein Anliegen der anderen, denen Religion wichtig ist, wenn auch «nur» aus geschichtlich-kulturellen, aus soziologischen oder psychologischen Gründen. Nicht zuletzt muß sich der Autor dieser Zeilen in das «wir» einschließen – wissend und täglich neu belehrt über die Unzulänglichkeit seines Denkens und Redens über Gott.

Zusammengebunden sind diese «wir» durch das Erfahren und Wissen, daß die letzten Dinge und wichtigen Wahrheiten von Mensch und Welt nicht aufgehen im rationalen Bescheidwissen. Und so wächst – schon aus «rationalen» Gründen – der Gottesbegriff über die Grenzen der eigenen Vorstellung, mit Dionysios: über «jede Bejahung» und «jede Verneinung» hinaus; – und ist gerade deshalb immer neu von der Rationalität des Menschen her zu befragen.

Wie von selbst wird dabei die Erfahrung der Liebe wichtig: Sie vermittelt für das Alltagserleben am dichtesten eine Ahnung vom Gottesgeheimnis. Mit dem Blick auf sie möchte der Mensch tiefer in dieses unausschöpfliche Geheimnis Gottes eindringen. Mit ihr wird auch eingeholt, was zum Verständnis des Dionysios nicht fehlen darf, nämlich sein Christsein im Glauben an Gottes «Du». Deshalb doch beginnt die «Theologia Mystika» mit einem Gebet; und die poetischen Paradoxe seines Hymnus haben nur den Sinn, dieses übergroße «Du» Gottes zu umschreiben, ohne seine Transzendenz über alles Verstehen hinaus einzuengen.

I. Existentielle Erfahrung, Poesie und die Eindeutigkeit des Rationalen

Die großen Gotterfahrenen und Pilger des Absoluten scheinen ihre Innerlichkeit stets in poetischer Weise (Gesang, Kunst, leibhafter Ausdruck in Ritus und Tanz) aussprechen zu müssen. Erst im nachträglichen Reflektieren darüber beginnt das Ästhetische zu verblassen, sodaß der Gotterfahrene ins Schweigen versinken möchte. Es ist ihr Dilemma: Gerade weil Gotteserfahrung von persönlichem Anspruch ist, sind sie getrieben, sich mitzuteilen und auszudrücken, mit anderen zu kommunizieren; – doch dabei erfahren sie die Unzulänglichkeit der Alltags-Sprache und suchen poetische Formen. Hildegard von Bingen wurde krank, als sie ihre Erfahrungswelt im Innern verschloß; doch dann strömte wie befreit ihre Mystik hinein in die Dramatik ihrer Bild- und Musik-Welt. Meister Eckhart[235]

[235] Hildegard erzählt in ihrem Erstlingswerk «Scivias», wie psychologisch befreiend das Niederschreiben ihrer Schauungen war; ähnlich auch die Vita. Zu Eckhart N. Largier, Hgg., Meister Eckhart, Werke I, Frankfurt 1993, 990: «Trotz der Negation der Möglichkeit, Gott sprachlich zu fassen und ihm in dieser Weise Ausdruck zu geben, ist die gesamte mystische Tradition von einer Emphase des Wortes geprägt, in der die Unmöglichkeit von Gott zu

war getrieben, sogar vor Opferstöcken und leeren Kirchen zu reden; seine Sprache lebt von einer poetischen Genialität. Das chinesische Tao te king[236] stellt zwar fest: «Die Wissenden reden nicht. Die Redenden wissen nicht», und wird deshalb von den Verächtern des Wortes immer wieder zitiert. Doch diese unterschlagen, daß das Weisheitsbuch auf überlangen Seiten in höchst poetischen Worten redet und redet. Alle (gerade auch Meister Eckkart[237]) finden eine Sprach-(Bild-, Ton-)Welt, deren Poesie es erst gelingt, Wahrheiten so auszudrücken, Erfahrungen so ins Wort zu bringen, daß das Herz des Hörers, Lesers ergriffen wird. Reduziert auf kühle Eindeutigkeit klänge ihr Gesagtes absurd, wäre entweder zur Harmlosigkeit verkrüppelt oder in seiner Aussage verfälscht.

a) Die Mystik des Sufismus

Der Umgang westlicher Gelehrter mit der Mystik des Sufismus deckt die Gefahr auf, wenn ein «poetisch» gefaßtes mystisches Zeugnis in ein rational-logisches und prosaisch-biederes Verständnis fällt. Schon die Basis des Sufismus, der Koran, ist ein poetisches Buch und wird nur von jemandem recht verstanden, der Gespür für das Ästhetische hat. Dies hat soeben N. Kermani[238] in lebendiger Kenntnis des Arabischen und mit bewußter Anlehnung an die moderne Linguistik gezeigt. Für den gläubigen Leser ist der Koran in sich selbst Wortwerdung Gottes («Inverbation») und nicht «nur» wie die Bibel inspirier-

sprechen immer wieder als Problem erscheint und dadurch von neuem an ihre Grenze führt.»

236 Ausgabe, München 1994, 82; schon chinesische Dichter machten sich über dieses Mißverhältnis lustig.

237 So schreibt ihm nicht zuletzt auch aus sprachlichen Gründen gerade der Germanist K. Ruh das Dreifaltigkeitslied zu.

238 Gott ist schön. Das ästhetische Erleben des Koran, München 1999. Fr. Rückert gab seiner klassischen Übersetzung daher eine Stichen-Form. Zu ihm A. Schimmel, Friedrich Rückert. Lebensbild und Einführung in sein Werk, Freiburg 1987. Ihre Dankesrede zur Verleihung des Friedenspreises des deutschen Buchhandels mit dem weiter unten angeführten Rückert-Zitat steht in der FAZ Nr. 240, 1995, zum 10.10., S. 10.

ter Bericht über Gottes geschichtliches Wirken bis zur Menschwerdung («Inkarnation»)[239] des göttlichen Wortes. Man müßte den Koran eigentlich singend lesen oder als Rezitation des Muezzin vom Minarett hören. Deshalb läßt er sich nicht so leicht in ein fremdes Sprachgewand kleiden wie die Bibel. Die Konvertiten zum Islam müssen sich daher um das Original-Arabisch bemühen. Selbst Parets vielgerühmte Koran-Übersetzung ist nach Kermani «wahrhaft schauerlich». Auch die Umsetzung von Koran-Versen in Kalligraphie zeugt vom poetischen Verständnis seiner Verse.

Auf diesem Mutterboden wuchs der Sufismus, die islamische Mystik, die durch und durch poetisch ist. Annemarie Schimmel, in der islamischen Welt hochgeachtet und 1995 mit dem Friedenspreis des Deutschen Buchhandels ausgezeichnet, wird nicht müde, diese Poesie auf Deutsch (Englisch) und in Versform bekannt zu machen (was manchmal recht holprig klingt). «Weltpoesie allein ist Weltversöhnung!»: dieses Wort des Koranübersetzers Friedrich Rückert war Motto ihrer Dankrede zum Friedenspreis. Ihr Grundwerk, «Mystische Dimensionen des Islam»[240], führt in die Geschichte der sufitischen Spiritualität ein – und damit auch in deren mißdeutende, «prosaische» Rezeption durch abendländische Gelehrsamkeit. Lange Zeit nämlich – und heute noch – interpretierte man den Sufismus weithin als pantheistisch. Pantheistisch deutete man insbesonders den «berühmtesten aller Sufi-Aussprüche» und irrte damit ebenso, wie die juristisch-prosaisch denkenden, fundamentalistischen Theoretiker, die dessen Urheber Al-Hallaj 922 als Ketzer grausam hinrichteten:

> Als er (Al-Hallaj) an Jamaids Tür klopfte,
> fragte der Meister:

[239] Das verschiedene Offenbarungsverständnis erschwert den Religionsdialog.

[240] Von ihr selbst aus dem Englischen übertragen, Insel-Taschenbuch, Frankfurt 1995. Die Zitate (nach der Ausgabe Ahlen 1979) in ihrer Reihenfolge: 73. 73. 80. 43. 44. Zu Suhrawardi, «Der Meister der Erleuchtung», 290-294; seine Lehrerzählung nach ihrem Al-Hallaj(dsch)-Buch (Anm. 202).

> Wer ist dort?,
> und er antwortete:
> Ana'l Haaq,
> Ich bin die absolute (oder schöpferische) Wahrheit;
> (oder: Die wahre Realität).

Prosaisch-logisch verstanden klingt dieser Ruf: «Ich bin die absolute Wahrheit», gotteslästerlich. Recht verstanden aber, so zeigt Schimmel, drückt er das Gegenteil aus: Der Mystiker war nämlich wie ein Verliebter ganz und gar in Gott hinein verloren. Eine sufitische Anekdote vermittelt eine Ahnung vom wahren Sinn dieser ekstatischen Liebes-Äußerung. Sie erzählt:

> Satan und Pharao versuchten sich mit Koran-Worten
> gegenseitig auszuspielen:
> «Ich bin besser als Adam.»
> «Ich bin euer höchster Herr.»
> Doch Al-Hallaj überbot beide:
> «Ich bin die absolute Wahrheit.»
> (Allah selbst aber vermittelte
> das rechte Verständnis dieses blasphemisch
> klingenden Wortes:)
> «Pharao sah nur sich selbst und verlor Mich.
> Während Husain (Al-Hallaj) nur Mich sah
> und sich selbst verlor.»

Recht verstanden ist das Wort: «Ich bin die absolute Wahrheit», Ausdruck der total ekstatischen Liebe, einer Liebe, die aus sich herausspringt, sich vergißt und nur im «anderen», im «Du», ruht! In Übereinstimmung mit der Fachwelt – von Muhammed Iqbal, dem «geistigen Vater Pakistans», bis zu Louis Massignon, dem katholischen Wiederentdecker Al-Hallajs – zeigt Schimmel:

> Hallajs wirkliche Lehre jedoch hält immer an der absoluten Transzendenz Gottes fest, der durch qidam, seine Existenz in der Vor-Ewigkeit, von allem getrennt ist, was in der Zeit geschaffen (shadath) ist.

> Die Liebe um der Liebe willen wurde zum Mittelpunkt des Sufismus. Fast jeder mystische Dichter im Islam hat in dieser oder jener Form gesagt, daß «der Liebende auf dem Weg der Liebe so sein muß, daß er sich weder an die Hölle noch an das Paradies erinnert». Denn «ein paar Huris» und Schlösser, wie sie dem Frommen im Paradies versprochen sind, sind mehr oder weniger Schleier, welche die ewige göttliche Schönheit verhüllen.

Der Dichter-Theologe Suhrawardi Maqtul, Schihabaddin Yahya (1153-1191), der auch von den orthodoxen Rechtsgelehrten hingerichtet wurde, interpretierte das Wort Al-Hallajs mit einer Lehrerzählung. Der Prophet Idris frug den Mond nach seiner Liebe zur Sonne. Anspielend auf das Phänomen des Neumonds antwortete dieser:

> Das Bild vom Licht der Sonne, das auf mir erscheint, füllt mich restlos aus, welchen Blick auf mich selbst ich auch werfe. Ich sehe in mir alles als Sonne. Hast du nie bemerkt, daß die Form der Sonne sich in einem Spiegel zeigt, wenn man diesen der Sonne gegenüber hält? Angenommen, der Spiegel hätte Augen und er betrachtete sich selbst im Augenblick seines Gegenüberstands zur Sonne, er sähe sich selbst ganz als Sonne, und wäre er auch nur aus Metall: «Ich bin die Sonne», würde er sagen.
>
> Und ginge er so weit zu sagen: «Ich bin Gott (Ana'l-Haaq)», so müßte man selbst dann seine Entschuldigung gelten lassen. «So sehr hattest du mich dir genähert, daß ich glaubte, du bist ich.»

Auch Meister Eckhart[241] demonstriert am Bild des Spiegels die bleibende Unterschiedenheit in der «Unio Mystica» mit Gott, der der ganz Andere ist, obgleich im mystischen Blick auf ihn

[241] Vgl. mein Buch (mit W. Ligges), Das wahre Wort der Ewigkeit wird in der Einsamkeit gesprochen. Meister Eckharts Seinsmystik und die Erfahrung der Wüste, Würzburg 1989, 62 u.ö.. S. oben 160ff u. 264ff.

alles andere, auch der Mystiker selbst, «Nichts» wird. In dieser Verzückung betet die sufitische Mystikerin Rabi'a:

> O mein Herr,
> was immer du in dieser Welt für mich bestimmt hast,
> gib es Deinen Feinden,
> und welchen Anteil in der nächsten Welt Du mir
> geben willst,
> gib es Deinen Freunden,
> – DU bist genug für mich.

Man hat Al-Hallajs Wort von der absoluten Wahrheit mit dem «ahaam brahmasi, Ich bin Brahman» der Upanishaden gleichgesetzt. Doch dazu sagt Annemarie Schimmel aus religionswissenschaftlicher Sicht[242]:

> Der islamische Mystiker will den Schleier wegräumen und sich im Göttlichen ganz verlieren, im göttlichen Glanz verbrennen, während der indische Mystiker die Einheit des Seelenfünkleins, des atman mit dem brahman betont: Der entscheidende Unterschied ist wohl, daß die letzte Erfahrung im Hinduismus wie im Buddhismus die Erlösung aus dem Kreislauf der Geburten ist; und da der Islam keine Wiedergeburtslehre kennt – jedes Wesen ist einmalig und individuell –, kann das «Entwerden» keine Erlösung solcher Art sein. ... Vielleicht kann man als gutes Kriterium für den Unterschied der Erfahrung der Ekstase, wie sie uns aus den jüdisch-christlich-islamischen Traditionen vertraut ist und sich auch in der späteren indischen bhakti-Mystik findet, und der Erfahrung des Nirvana Friedrich Heilers Bemerkung nehmen: «daß in Ekstase das Seelenleben auf einen Siedepunkt gelangt, während es im Nirvana den Gefrierpunkt erreicht; die unendliche Fülle des ekstatischen Erlebens steht der unendlichen Leere des Nirvana-Erlebens gegenüber.»

242 In ihrer populären Gesamtschau: Wie universal ist die Mystik? Die Seelenreise in den großen Religionen der Welt, Freiburg 1996, 81. 83.

Schimmel zeigt, daß erst in der Nachfolge Ibn-Arabis (†1240) der Sufismus eine «Theosophische Schule» hervorbrachte, in der man mystischen Erfahrungen mit rationalen Kategorien und sinnenhaften Bildern auf die Spur kommen wollte und sich daher oftmals in pantheistischen Deutungen verlor. Doch ein «noch immer oft rezitiertes Strophengedicht» von Hatif Isfahanim zeige, wie lebendig die ekstatische Liebeserfahrung des Ursufismus[243], die auf den theistisch verstandenen Gott, auf sein unendliches «Du» schaut, bis in unsere Zeiten geblieben ist:

> Zerschmilzt die Seele in der Glut der Liebe,
> kannst Liebe als die Alchemie du sehn;
> dann wirst du aus dem Zwang der Dimensionen
> ins weite Reich des «Ohne-Orte» gehn,
> bis man dich dorthin führt, wo du nur Einen
> kannst von der Welt und ihrem Volk erspähn:
> Dem Einen schenk mit Herz und Seele Liebe –
> Mit der Gewißheit Aug' wirst du verstehn:
> Er ist der Eine, keiner außer Ihm!
> Er nur alleine – kein Gott außer Ihm!

b) Liebeserfahrung von Gott und die Ästhetik der Sprache. Drei Zeugen aus der abrahamitischen Tradition

Man muß sich von der poetischen Kraft solcher Verse, die in der Übersetzung viel von ihrer Kraft verlieren, ergreifen und in die Erfahrung der Liebe führen lassen, um zu verstehen, was sie preisen: Das ekstatische Sich-selbst-Vergessen der Liebe! Wer solche Zeugnisse reduziert auf rechnerische Logik des Einsehens, versperrt sich ihrer Aussage – so wie man zwischen-

[243] Auf der Veranstaltung der Kölner Melanchthon-Akademie, 2.-5.10.1997 (dazu Schnorrenberg, Anm. 75), hob sich der Sufi-Gottesdienst von manchen dort vorgetragenen Ansichten wohltuend durch tiefe Gott-Gläubigkeit ab.

menschliche Liebe zerstört, wenn man sie auf ihren Nutz- oder auch Wohlgefühl-Effekt reduziert. Bei Johannes vom Kreuz oder auch Suhrawardi Maqtul begegneten wir Deutungen dieser urmenschlichen, wenn auch sprachlich schwer zu fassenden Erfahrung. In ähnlicher Weise ist auch die «Theologia Mystika» des Dionysios zu verstehen: Sie besingt eine Gipfelerfahrung, die in logischer Analyse zerstört würde, im poetischen Verständnis aber den christlichen Glauben ihres Autors bezeugt.

Zeugen aus der Tradition der drei abrahamitischen Religionen mögen zeigen, wie unterschiedlich und doch in einer einzigen Intention sich die personal-dialogische Gotteserfahrung in pantheistisch klingenden Texten finden kann.

(1) Jalaluddin Rumi (†1273) genannt Maulana, «Unser Herr», der wohl größte Lyriker der Sufi-Mystik, schuf Verse, die unvergleichlich schön die offene Dynamik der Liebesmystik besingen. Ihn, den Begründer des mystischen Ordens der «Tanzenden Derwische», preist A. Schimmel in einer Monographie: «Ich bin der Wind und du bist Feuer», und widmet ihm in den «Mystischen Dimensionen» das Kapitel: «Rose und Nachtigall!»[244]. Eine berühmte Passage aus dem Mathnawi, der gewaltigen sechsbändigen, nicht abgeschlossenen Sammlung von Menschen-, Welt- und Gottesgesängen, dokumentiert die metaphysische Gestalt seiner Mystik:

Es klopfte einer an des Freundes Tor –
«Wer bist du», sprach der Freund, «der steht davor?»
Er sagte: «Ich!» Der sprach, so heb dich fort,
wenn du so sprichst! Ist hier der Rohen Ort?
Den Rohen kocht das Feuer Trennungsleid –
Das ist's, was ihn von Heuchelei befreit!
Der Arme ging, ein Jahr von ihm zu scheiden.
Und glühte hell im Schmerz, den Freund zu meiden.

[244] S. Anm. 240.

Da ward er reif. Nun kam er von der Reise,
daß wieder er des Freundes Haus umkreise.
Er klopft ans Tor mit hunderterlei Acht,
daß ihm entschlüpft kein Wörtlein unbedacht.
Da rief sein Freund: «Wer steht denn vor dem Tor?»
Er sprach: «Geliebter, du, du stehst davor!»
«Nun, da du ich bist, komm, o ich herein –
Zwei ich schließt dieses enge Haus nicht ein!»

Zuerst ist zu wissen, daß die sufitische Mystik die Liebe zwischen Menschen so eng mit dem Einswerden des liebenden Menschen mit Gott verknüpft, daß sie in einem Wort (in Symbol, Bild, Klang, Harmonie) oft beides umfaßt. Das eine Phänomen wahrer Liebe verbindet Mensch mit Mensch wie auch Mensch mit Gott. Unser Gedicht beschreibt im «Symbol» der Freundesliebe die «symbolisierte» Gottesliebe. Jedesmal ist es eine Erfahrung von Einheit: Im Vergessen der Individualität, nicht aber in deren Auflösung. Reine Prosa nun würde eine solche Erfahrung auflösen in ein eindeutiges Entweder-Oder. Doch Rumis Verse beschreiben in diesem Bild menschlicher Liebe die Ekstase der dialogisch-personalen Liebe zu Gott. Und damit bringen die Verse eine Kurzfassung des mystischen Weges:

Zuerst Begegnen im dinghaften Abstand von ich und du.
Dann Gott-Entbehren im läuternden Schmerz der Ferne, der Nacht.
Gott-Begegnen von neuem – aber nun in der ekstatischen Liebe, die sich selbst vergißt
und in der Einheitserfahrung sich noch tiefer findet.

Was als Einheit geschildert wird, ist in der Seins-Tiefe Höhepunkt personaler Selbst-Findung und -Verwirklichung. Es ist die Selbsthingabe der Liebenden. Es ist der Gipfel, auf dem nach K. Rahner[245]

[245] S. Anm. 85.

(die) Eigenständigkeit ... im selben Maße wächst ...
(wie die) Herkünftigkeit von Gott,

und nicht, wie die Logik meint, geringer wird.

(2) Martin Buber gelingt es, diese Dialektik der Liebes-Einheit auch phänomenologisch genau darzustellen. Auch er übersteigt damit die eindimensionale Gedankenlogik in eine Sprache hinein, die poetisch geprägt ist und von jemandem, dem das Phänomen der Liebe oder die Poesie der Sprache fremd sind, kaum verstanden wird. Der schon erwähnte Text ist vollständiger zu zitieren.

In den «Ekstatischen Konfessionen»[246] aus seiner ersten Schaffensperiode veröffentlichte er eine Sammlung mystischer Zeugnisse, die er in ein pantheistisches Grundschema von Selbst-gleich-All-Mystik hineinpreßte:

Es gibt ein Erlebnis, das aus der Seele selber in ihr wächst,
ohne Berührung und ohne Hemmung,
in nackter Eigenheit.
Die Seele, die in ihm steht, steht in sich selber,
hat sich selber,
lebt sich selber – schrankenlos.
Sie lebt die Einheit des Ich
und in ihr die Einheit von Ich und Welt,
nicht mehr einen Inhalt,
sondern das, was unendlich mehr ist als aller Inhalt.

Nach einer Erfahrung, die er selbst als «Bekehrung» beschreibt, distanzierte er sich so sehr von dieser Deutung der Mystik, daß er die Neuauflage seiner doch so einflußreichen

[246] P. Sloterdijks Neuausgabe: Mystische Zeugnisse aller Zeiten und Völker, gesammelt von Martin Buber, München 1993 (^{2}1994), verharmlost Bubers «Bekehrung». A. Ribi, Die Suche nach den eigenen Wurzeln. Die Bedeutung von Gnosis, Hermetik und Alchemie für C.G. Jung und Marie-Louise von Franz und deren Einfluß auf das moderne Verständnis dieser Disziplin, Bern u.a. 1999, verzerrt Bubers Ansicht, als gehöre für ihn das «Einswerden der Seele» zur unter-personalen Es-Dimension.

(auf Robert Musil, Thomas Mann) «Ekstatischen Konfessionen» untersagte. In «Das Dialogische Prinzip» faßt er seine neue Sicht zusammen – mit einer Sprache von poetischem Flair[247]:

> Man findet Gott nicht, wenn man in der Welt bleibt,
> man findet Gott nicht, wenn man aus der Welt geht.
> Wer mit dem ganzen Wesen zu seinem Du geht
> und alles Weltwesen ihm zuträgt,
> findet ihn,
> den man nicht suchen kann.

Martin Buber läßt damit die Einheits-ideologische Deutung der Mystik hinter sich und versucht auch sprachlich die Totalität der Mystik in die lebendige Zwiesprache, in das liebende Hinschauen zum Du einzubringen, worin ihm das unendliche Du Gottes aufleuchtet; man darf sagen: worin die menschliche Liebe zum vollmenschlich verstandenen Stehen vor Gott wird. Mit diesem dynamischen Verständnis von Mystik distanzierte er sich ausdrücklich von religiösen Ideen, die in der Verschmelzung, Auflösung des Menschen zur absoluten All-Einheit gipfeln, wie er sie bei nicht wenigen Denkern seiner Zeit fand, die für eine ostasiatisch geprägte Mystik schwärmten:

> Die Versenkungslehren (ostasiatischer Meister) berufen sich auf die großen Sprüche der Identifizierng – die einen vor allem auf das johanneische «Ich und der Vater sind eins». (Joh 10,30)
>
> Daß die Berufung auf das «sind eins» nicht begründet ist, wird jedem offenbar, der unbefangen Abschnitt für Abschnitt des Evangeliums nach Johannes liest. Es ist recht eigentlich das Evangelium der reinen Beziehung. Alle modernen Versuche, diese Wirklichkeit der Zwiesprache in ein Verhältnis des Ich zum Selbst umzudeuten, sind vergeblich.

247 Das Dialogische Prinzip (Anm. 81) 80. 85-89.

Dann aber stellt er die für unsern Zusammenhang entscheidende Frage:

– Aber die Mystik!
Sie berichtet, wie Einheit ohne Zweiheit erlebt wird.
Darf die Treue ihres Berichts angezweifelt werden?

Bubers Antwort ist ein Klassiker des Mystik-Verständnisses. Leider werden die lebensgeschichtlichen Hintergründe in der Neuausgabe der «Ekstatischen Konfessionen» durch P. Sloterdijk[248] abgeschwächt.

Ich weiß nicht von einem allein, sondern
   von zweierlei Geschehnis,
   worin man keiner Zweiheit mehr gewahr wird.
Die Mystik vermengt sie zuweilen in ihrer Rede,
   auch ich habe es einst getan.

a) Das eine ist das Einswerden der Seele.
Das ist nicht etwas,
   was sich zwischen dem Menschen und Gott,
   sondern etwas, was sich im Menschen ereignet.
Die Kräfte sammeln sich in den Kern ein,
   alles, was sie abziehen will, wird einbewältigt.
Es ist der entscheidende Augenblick des Menschen.
   Ohne ihn ist er zum Werk des Geistes nicht tauglich.

b) Das andere Geschehnis ist jene unausforschliche Art
   des Beziehungsaktes selbst,
   darin man Zwei zu Eins werden wähnt.
Ich und Du versinken, die Menschheit,
   die eben noch der Gottheit gegenüberstand,
   geht in ihr auf.
Was der Ekstatiker Einung nennt,
   das ist die verzückende Dynamik der Beziehung;

[248] S. Anm. 246.

nicht eine in diesem Augenblick der Weltzeit
entstandene Einheit,
die Ich und Du verschmilzt,
sondern die Dynamik der Beziehung selber,
die sich vor deren einander unverrückbar
gegenüberstehende Träger stellen und
sie dem Gefühl des Verzückten verdecken kann.
Die Beziehung selber,
ihre vitale Einheit wird so vehement empfunden,
daß ihre Glieder vor ihr zu verblassen scheinen.

c) Ich nehme die Menschen zum Gleichnis,
die in der Leidenschaft des erfüllten Eros
so vom Wunder der Umschlingung verzückt werden,
daß ihnen das Wissen von Ich und Du
im Gefühl einer Einheit untergeht,
die nicht besteht und nicht bestehen kann.

Auch wenn dies keine Poesie im strengen Sinn ist, zeigt sich doch der Meister der Sprache. Ihm gelingt es, einen Erfahrungsbereich dem Verstehen aufzuschließen, der dem nüchternen Sachdenken objektiver Wissenschaft verschlossen bleibt und daher verkannt werden muß.

Die Objektivität der Sachlogik zwingt dazu, Alternativen aufzubauen: Entweder EINS oder ZWEI (Vielheit); entweder löst sich die Vielheit in letzte Einheit auf, oder es gibt diese letzte Einheit nicht und menschliches Verstehen muß in der Vielheit stecken bleiben – im Sinn von Postmoderne und Dekonstruktivismus. Religiös ausgedrückt: Entweder hebt die weltliche Vielheit sich in die absolute Einheit des Göttlichen hinein auf, wie es die pantheistische Mystik der «Ekstatischen Konfessionen», auch idealistische Philosophien und meditative Ideologien vertreten; oder der Mensch bleibt bei der Vielheit der Welttatsachen stehen, was letztlich Chaos besagt.

Daß aber Vielheit und Einheit in- und gar von-einander leben, daß die eigenständige Personalität zweier Liebenden sich in und an der Einheit ihrer Liebe auferbaut, ist ewas, das nach poetischem, nicht aber logisch abmessendem Ausdruck verlangt. Für Buber ist diese Wahrheit der Liebe so tief und umfassend, daß sogar noch Menschen- und Gottes-Liebe ineins fließen. Doch auch die Bibel weiß: «Gott ist die Liebe!» (1 Joh 4,8). Und nach Dionysios liegt der Grund für die innerweltliche Einheit im Unterschiedensein des Dreifaltigen (also unterschiedenen) Wesens, das der Eine und Einzige Gott ist. Mystiker wie Johannes vom Kreuz oder Suhrawardi berühren diese überlogische Wahrheit wie von selbst.

Buber steht in einer breiteren Bewegung der personalen, dialogischen Philosophie (M. Theunissen[249]) und hat in Emmanuel Lévinas[250] (Philosophie des «Andern») eine tiefschürfende, auch kritische Begründung erfahren.

(3) **Teilhard de Chardin**[251] sieht in dieser Wahrheit von der Liebe, die eint, aber nicht verschmilzt, sondern zum personalen Selbstand auferbaut, die metaphysische Grundlage seines kosmischen Christentums. Er versucht, dieser Dialektik sogar bis in die Naturwissenschaft hinein nachzugehen und ihr naturwissenschaftliche Plausibilität zu verleihen. Nach ihm ist diese, die Denk-Logik übersteigende Struktur die Grundstruktur von Sein überhaupt, die in personaler Liebe ihre Vollendung findet und ins Geheimnis der drei-einen göttlichen Liebe weist: Nicht Einheit als Identifikation und Verschmelzung, sondern Einheit als Polarität mache die lebendige Wirklichkeit aus. Teilhards theologisch-mystisches[252] wie sein naturwissenschaftliches Werk kreist um diese Philosophie. Von selbst nähert sich damit seine Sprache oft der Poesie, was in der deutschen Übersetzung meist verloren geht.

249 Der Andere. Studien zur Sozialontologie der Gegenwart, Berlin 1965 (^{2}1981); er weist auf viele ähnlich denkende Philosophen hin.

250 S. 74. Insbesondere: Totalität (Anm. 82). Zusammenfassend W.N. Krewani, Emmanuel Lévinas. Denker des Anderen, Freiburg-München 1992.

251 Souverän dargestellt von M. Trennert-Helwig, Die Urkraft des Kosmos. Dimensionen der Liebe im Werk Pierre Teilhards de Chardin, Freiburg 1993.

252 Teilhard nannte seine Welt-Synthese bewußt: «mystisch».

Die institutionelle Kirche verdächtigte sein evolutives Einheitsdenken als pantheistisch. Und die pantheisierende New-Age-Bewegung (auch unter katholischer Flagge) rechnet ihn immer noch unter ihre Ahnen. Doch damit kehrt die Verkennung der Mystik Al-Hallajs in der islamischen Orthodoxie wie der modernen Philologie in neuem Gewand zurück. Die pantheistische Mißdeutung Meister Eckharts oder Margarete Poretes[253] gründet auf ähnlichem Fehlverständnis offizieller kirchlicher Behörden. Dabei wird auch Teilhards ausdrückliches Zeugnis – oft distanziert er sich von dem, was ihm als ostasiatische Mystik begegnete – ebenso mißachtet, wie seine eindrucksvolle Sprache verkannt, mit der er seine Ansicht und seine Erfahrung ins Wort brachte. Überaus bewußt stellte er seine evolutive Weltsicht auf die Basis dessen, was in der Liebeserfahrung den Höhepunkt findet, daß zwei zur Einheit werden und gerade dadurch ihre je-persönliche Identität festigen. «Dialektik» der Begegnung statt «Monotonie» der Verschmelzung ist die Basis dessen, was er weiterhin ausdrücklich Mystik nennt: Immer wieder schreibt er[254]:

> Die wahre Einigung verschmilzt die Seienden nicht,
> die sie einander nähert.
> Sie differenziert sie im Gegenteil noch mehr;
> das heißt, wenn es sich um denkende Teilchen handelt,
> **ultra-personalisiert** sie sie.

Je mehr Einheit, je mehr Totalität der Liebe, umso stärker die Persönlichkeitsformung der Liebenden in ihrer sich-gegenüberstehenden Identität. Die naturwissenschaftliche Logik wird überboten zur Logik der Liebe. Diese ruht auf der existentiellen Erfahrung, die schon Blaise Pascal[255] «Ordnung

[253] I. Leicht, Marguerite Porete. Eine fromme Intellektuelle und die Inquisition, Freiburg 1999. C.M. Müller, Marguerite Porete et Marguerite d'Oingt de l'autre côté du miroir, New York 1999.
[254] Wir benutzen die gründliche Anthologie von A. Haas, Teilhard de Chardin-Lexikon, I. u. II., Freiburg 1971; Stichworte: Einheit, Liebe u.a..
[255] Pensées, Nr. 283; übers. W. Rüttenauer, Leipzig 1937, 89.

des Herzens» nannte und gegen die «Ordnung des Geistes» stellte:

> Man beweist nicht, daß man geliebt werden muß, indem man der Reihe nach die Ursachen der Liebe darlegt. Das wäre lächerlich.

Zwischen Teilhard de Chardin und der «Theologia Mystika» des Dionysios liegen zwar anderthalb Jahrtausende. Beide aber wollen das unaussprechliche Geheimnis Gottes dennoch aussprechen. Zwei Züge Teilhards zeigen den Epochenunterschied an: Die bewußte Ausrichtung der Erfahrung auf Liebe, auf das Personale und das Verständnis vom Evolutiven her.

Um beide zu verstehen, muß man den poetischen Zug ihrer ganzheitlichen Schau ernstnehmen. In seinem autobiographischen Werk mit dem sprechenden Titel: «Das Herz der Materie»[256], beschreibt Teilhard, wie seine Intuition der einenden und zugleich personalisierenden Kraft der Liebe in der Weisheit des Christentums verankert ist. Er berichtet – offenbar unter dem Pseudonym eines Freundes – von einer prägenden, «mystischen Erfahrung». In ihr «schaut» er im Bild des «Herzens Jesu», daß die Einheit der kosmischen Evolution zum «Punkt Omega» sich in Liebe vollendet; einer Liebe, die deshalb kosmisch allumfassend ist, weil sie in einer personalen Mitte wurzelt: Die Gestalt dieser Schau ist zugleich bildhaft-poetisch wie gläubig-christlich: Das Herz Jesu als Mitte und Kraft der kosmischen Einheit. Die Anschaulichkeit dessen, was Teilhard von der Frömmigkeit seiner Mutter ererbte, trägt die Dynamik seiner Vision von der Einheit des Kosmos:

> Sie wollen wissen, sagte er zu mir, wie das machtvolle vielfältige Universum für mich die Gestalt Christi angenommen hat. Das ist nach und nach geschehen, und derart erneuernde Intuitionen wie diese lassen sich nur schwer

[256] Kernstück einer genialen Weltsicht, Olten-Freiburg 1990, 91-95; leicht angepaßt.

durch die Sprache analysieren. Ich kann ihnen jedoch einige der Erfahrungen erzählen...

Mein Geist war mit einer halb philosophischen, halb ästhetischen Frage beschäftigt. Nehmen wir an, so dachte ich, Christus ließe sich herab, hier vor mir leiblich zu erscheinen.

Wie würde er dann aussehen?

Mein Blick war wie von selbst bei einem Bild stehen geblieben, das Christus darstellte mit seinem, dem Menschen angebotenen Herzen. Als ich meinen Blick über die Konturen des Bildes laufen ließ, bemerkte ich plötzlich, daß sie zerschmolzen, aber in einer besonderen Art und Weise.

Wenn ich versuchte, den Umriß der Person Christi zu sehen, erschien er mir deutlich begrenzt.

Und dann, wenn ich mein Bemühen zu sehen sich entspannen ließ, ging der Lichtschein Christi,
die Falte seines Gewandes,
das Strahlen seiner Haare,
die Blume seines Fleisches
sozusagen (wenn auch ohne zu entschwinden)
in alles übrige ein.
Man hätte sagen mögen,
die trennende Oberfläche zwischen Christus
und der umgebenden Welt
verwandle sich in eine vibrierende Schicht,
in der alle Grenzen verschmolzen.
Die ganze Bewegung schien von Christus auszugehen,
vor allem von seinem Herzen.
Während ich versuchte,
zu der Quelle der Ausstrahlung emporzusteigen
und deren Rhythmus zu erfassen,
und meine Aufmerksamkeit
zu dem Porträt selbst zurückkehrte,
sah ich die Schau rasch ihrem Paroxysmus zustreben.
Und immer schwebte unter dieser bewegten Oberfläche,
sie tragend

> und sie auch in einer höchsten Einheit konzentrierend,
> die unmittelbare Schönheit Christi.

Vielleicht war das Herz-Jesu-Bild, das Teilhard vor Augen hatte, von dem Symbolisten Odilon Redon[257] angeregt. Bei Teilhard vereinen sich das Personale, das Kosmische und das Bildhafte in dem einen, höchst poetischen Bild des Herzens. Diese uralte Frömmigkeit pflegten im Mittelalter besonders die Helftaer Schwestern; sie wurde zur Zeit der großen französischen Mystik von Marie-Margarete Alacoque[258] ergriffen; grundgelegt ist sie in zentralen Texten des Neuen Testaments (z.B. Joh 3,16; 19,33f):

> Denn Gott hat die Welt so sehr geliebt, daß er seinen einzigen Sohn hingab, damit jeder, der an ihn glaubt, nicht zugrunde geht, sondern das ewige Leben hat.
>
> Als (die Soldaten) zu Jesus kamen, stieß einer der Soldaten mit einer Lanze in seine Seite; sogleich floß Blut und Wasser heraus.

Herz-Jesu-Frömmigkeit verehrt – bildhaft-poetisch – Gottes weltumspannende, erlösende Liebe, die in Jesus Christus Mensch geworden ist[259]. Das ist Teilhards Intuition: Liebe, die eint, aber nicht verschmilzt, sondern differenziert; die zur Ganzheit führt, die personal in Jesus Christus sichtbar ist. Teilhards naturwissenschaftliches Forschen entdeckte entsprechende Strukturen auch im vorpersonalen, materiellen, biologischen Sein. Cardenal beruft sich darauf. Teilhards viel beschworener «kosmischer Christus» ist ein Liebes-Organismus, dessen Hoffnung sich bis in die Ur-Materie hinein erstreckt. Durch

[257] Von 1895, Musée du Louvre; dazu mein Beitrag: Herz-Jesu-Verehrung. Der moderne Auftrag einer klassischen Frömmigkeit, GuL 7, 1997, 28-47.

[258] In Helfta: Gertrud die Große 1256-1302; ihre Schwester Mechthild von Hackeborn 1221/22-1299; besonders Mechthild von Magdeburg 1207/10-1282/94; Marie-Margarete Alacoque 1647-1690.

[259] In seine noch nicht abgeschlossene Trilogie: Sphären I, Frankfurt 1998 (^{3}1999), führt Sloterdijk mit einem Kapitel über das Herz ein; im Kontrast zu La Mettries rationalisierendem Wort von «L'homme machine», 1747.

dieses Band der «Liebe», das in kosmischer Konkretheit die bildhaften Züge des Herzens trägt, werden die Glieder zur Einheit vereint und dabei im ihrem Eigensein bestärkt, nicht aber abgeschwächt.

Sicherlich, in letzter Evidenz ist Teilhards Vision wohl nur auf dem Boden des christlichen Glaubens nachzuvollziehen. Aber ganz gewiß – dafür spricht der Einfluß Teilhards weit über den christlichen Glauben hinaus – kann die künstlerische Kraft der Vision viele Menschen begeistern. In ihr ist auch aufgehoben, was die ostasiatische Religiosität dem modernen Menschen anziehend macht: Kosmische Einheit und ihre Erfahrung. Nicht ohne Grund greift die «Holon»-Theorie der Transpersonalen Psychologie Ken Wilbers ähnliche Intuitionen auf, löst sie aber von der personalen Mitte ab. Fruchtbarer wäre eine Auseinandersetzung mit der hinduistischen «Advaita»-Auffassung vom Absoluten (Nicht-Dualität), die Le Saux mit dem christlichen Dreifaltigkeits-Geheimnis verbindet wollte. Als Christ muß man sich sagen: Teilhard gibt der christlichen Botschaft einen gültigen Ausdruck für heute. Es bleiben Anfragen an sein Lebenswerk[260]. Aber das darf nicht daran hindern, seine schöpferische Synthese für die Zukunft des Christentums zu bedenken. Doch dies wird kaum gelingen, wenn man dabei absieht von der künstlerischen Kraft Teilhards, der im «Kosmos», im Sinn der wörtlichen Übersetzung, im «Schmuck» Gottes und im «Herzen» die Mitte seiner Synthese sah.

(4) Gemeinsam öffnen die drei Zeugnisse die Augen für **die Kraft des Poetischen** und zeigen auf, was der Denklogik entgeht. Mit solch offenen Augen ist auch die «Theologia Mystika» des Dionysios zu betrachten. Die Aufgabe von heute ist, den Epochenunterschied zu überwinden und ihr Anliegen in unsre Zeit hinein zu übertragen. Die personal-dialogischen

[260] Anzufragen sind sein Wissenschaftsoptimismus und sein Fortschrittsglaube, wie auch sein Freund H. de Lubac zeigt.

Auffassungen von Einheit in der Mystik Bubers und Teilhards bahnen Wege dorthin. Die all-übergreifende Einheitsideologie, die Dionysios im Neuplatonismus fand und formal auch übernahm, kann sich an einer solchen Einheitserfahrung der Liebe erneuern, die auch der Sufismus eines Rumis nahelegt. Es ist kein Zweifel: Dies entspräche der Intention des Dionysios.

So zeigt die poetische Form (wie immer man sie versteht) einen Weg in die Zukunft des christlichen Glaubens und in die des menschlichen Denkens und Erfahrens überhaupt. So ist es nicht überraschend, daß die poetische Gestalt von selbst aus der Intuition des Dionysios erfließt, wenn er insbesondere die Einheit des Friedens und der Schönheit ins Wort bringt.

c) Glanz und Elend der Theologie

Die Zeugnisse von Dionysios, dem Areopagiten, bis zu Teilhard de Chardin, dem Mystiker und Naturwissenschaftler, kreisen um ein (um das!) Urproblem der Philosophie: Wie läßt sich die Vielzahl der Phänomene, der unendlich verschiedenen Tatsächlichkeiten der Welt in die Einheit einer Weltsicht einbringen; wie läßt sich ihre relative Existenz mit einer umfassenden Sinngebung, ihre unendliche Weite mit einer einzigen Bestimmung verbinden; in den Worten der klassischen Philosophie: Es geht um die vielen Seienden und das eine Sein. Seit ihrem Beginn diskutiert die Philosophie darüber. Doch sind die Antworten mehr als nur Wortgeklimper?

Die Religionen binden den Sinn der Vielfalt an das Göttliche. Doch auch ihre Antworten scheinen sich durch die großen Differenzen der Religionen selbst zu widerlegen. In christlicher Weltsicht wird die philosophisch-theologische Problematik noch einmal schärfer akzentuiert:

(1) Der Gott der Offenbarung wird als Schöpfer, Erhalter und Vollender seiner Welt angebetet. Mit Wissen und Wollen umspannt und eint er alles. Die klassische Theologie nimmt diese Erhabenheit so ernst, daß sie ihm Vorherwissen und auch

Vorherbestimmen (Praedestination) von allem, was je ist und je geschieht, zuschreibt. Dies zugrundelegend hat K. Flasch[261] als Philosoph sich erbittert gegen den Kirchenvater Augustinus gewandt: Er mache aus Gott, in Konsequenz der Lehre von der absoluten Praedestination, einen Tyrannen, der einen Teil der Menschheit, die «massa damnata», von vorneherein im Vorher--wissen und -wollen des Erschaffens für die Verdammnis, das ewige Höllenfeuer «praedestiniere».

Immer mehr Theologen und theologische Psychologen versuchen nun, Gott von dieser «Verteufelung» zu befreien. Nach G. Baudlers[262] Buch, «Die Befreiung von einem Gott der Gewalt», liegt der Grund für diese furchtbare Gottesvorstellung in der «Vergegenständlichung der jesuanischen Heilserfahrung» durch die theologische Tradition. Sie mißverstehe die «christliche Ur-Disclosure» (d.i. Jesu «erschließende» – disclosuring – Erfahrung des befreienden Angenommenseins durch den Vater-Gott) und deute «ihre hymnisch-esoterische Umschreibung (um) in eine philosophisch-spekulative Trinitätslehre».

Wer noch «Trinitäts-Mathematik»[263] studieren mußte (wie diese «Theologie» zu meiner Studienzeit karikiert wurde), wird Baudler verstehen: Präpariert nicht das trinitarische Dogma mit seinen Konsequenzen aus der Botschaft Jesu so klinisch sauber eine Denkstruktur heraus, daß nur ein fleischloses Knochenskelett und Museumsstück mit Drohgebärde, aber keine Heilsbotschaft mehr sichtbar wird? Die «Negative Mystik» des Dionysios wird umgedreht zu einer «Theologie des Bescheidwissens». Muß sich nicht als Konsequenz dieser «Ver-Rationalisierung» eine mißverstehende Umdeutung «exi-

[261] Logik des Schreckens. Augustinus von Hippo, Mainz 1990; auch: Augustinus. Einführung in sein Denken, Stuttgart 1980 (^{2}1994).

[262] Die Befreiung von einem Gott der Gewalt. Erlösung in der Religionsgeschichte von Judentum, Christentum und Islam, Düsseldorf 1999, vorbereitet durch verschiedene Veröffentlichungen.

[263] Ein Netz von «göttlichen» Beziehungen wurde konstruiert, um dem Trinitätsdogma rationale Plausibilität zu geben.

stentieller» Aussagen ergeben, die nur in «Empathie» und mit «poetischem Einfühlen» zu verstehen sind? Es entstehen logisch-eindeutige Behauptungen, die wie Rechenaufgaben zu lösen sind!

Doch auch Baudler darf angefragt werden, ob eine rein-historisch-biblische Festbindung genügt, um den christlichen Erlösungsglauben zu umreißen[264], ob man nicht noch weitergehen müsse und mit Dionysios das Ungenügen jedes Festbindens der Jesus-Offenbarung – sei es begrifflich-scholastisch, sei es historisch – hinterfragen müsse: Gott in sich und sein Heilshandeln in der Geschichte sind «je-größer»! Jede begriffliche und historische Analyse bleibt korrigierbar, kann aus anderer Sicht heraus ergänzt und bereichert werden, wie es Dionysios mit der Übernahme neuplatonischer Sicht getan hat.

Man vergleiche Baudlers Kritik an der Trinitätstheologie mit der «Ikone der heiligen Dreifaltigkeit des Malermönchs Andrej Rubljov», die Gabriel Bunge[265] in einem Buch mit dem Obertitel: «Der andere Paraklet», erschließt. Es gehe nicht um das «innertrinitarische Mysterium als solches, d.h. um die sogenannte ‹theologische Trinität›», sondern nur um «die ‹ökumenische Dreifaltigkeit›, ihr Sein ‹für› uns», um eben das Erlösungsgeschehen, dessen trinitarische Ausdeutung Baudler zurückschrauben will auf die biblisch dokumentierte Jesus-Erfahrung. In allem Fragen, was damit gemeint sei, wird es niemand wagen, an Rubljov die Kritik zu richten, die Baudler an dessen theologischen Gewährsleuten übt, den Kirchenvätern, die aus der «disclosure»-Erfahrung Jesu eine trinitarische Schau entwickelten.

Man muß vielmehr zurückgreifen auf die – von Dionysios genial dargestellte – christliche Glaubensbasis: Selbst Jesu Reden und Erfahren von Gott mit seinem Heilshandeln, wie es die Bibel berichtet, bleibt zurück hinter der Wahrheit von Gottes Leben und Liebe selbst. Auch das maßgebende Zeugnis

264 Anders geht G. Greshake voran: Der Dreieine Gott, Freiburg 1997.
265 Würzburg 1994, sich ausführlich auf die lebendige Liturgie beziehend.

der Bibel darf nicht fundamentalistisch abgeschirmt werden gegen weitere Entfaltungen, gegen «Erschließungen» («Disclosures»), die z.B. der Hellenismus eines Proklos gebracht hat oder die heute aus der Begegnung mit anderen Religionen kommen mögen – vielleicht mit der «advaita»-Vorstellung des Hinduismus, wie es Le Saux[266] versuchte. Bilder, Symbole, Dichtungen, musikalische Darstellungen können Türen öffnen zu einem neuen, persönlichen Verhältnis zu Gott und seinem Jesus. Darum doch geht es: Begrifflich zu eindeutige Markierungen (Definitionen) legen fest, was letztlich im Geheimnis Gottes ruht und stets hinter ihm zurückbleibt; es braucht Raum für neues Suchen, was hinführt zum erfahrenden Vollzug, zum Glauben.

Dionysios gibt mit seiner Beschreibung des göttlichen Urgrundes eine zugleich «bildhafte Begrifflichkeit» zur Hand, die in ihrer Negativität weit genug ist, neue Vorstellungen zu integrieren. Er führt zum Urgrund, der

> völlig eines-seiend
> über jeder Bejahung,
> über jeder Verneinung,
> als die Erhabenheit des von allem völlig Gelösten
> alles überragt.

(2) Meister Eckharts Mystik[267], die sich als «intellektuelle Mystik» wie die des Dionysios mehr auf dem Boden des (Nicht-)Verstehens als auf dem der Liebe und des Vertrauens bewegt, macht die Brisanz des Fragens bewußt:

– Da ist das «Endliche», der Mensch, der Gottes Gnade empfängt; als Geschöpf ist er ganz und gar Geschenk von Gott, also nichts als Gnade.

– Da ist der «unendliche» Gott, der die Gnade schenkt; mit «unendlich» ist gesagt, daß er alles umfaßt und einbeschließt.

[266] S. 126ff.

[267] Zum Folgenden (Zitate) mein Eckhartbuch (Anm. 241).

Und so kann er nichts als sich selber schenken. Auch er ist ganz und gar Gnade.

– Wort und Wirklichkeit von Gnade umfassen also beides in ursprünglicher Einheit: Gott, der ganz und gar Gnade ist, als schenkender; der Mensch, der im tiefsten Grund ganz und gar Gnade ist, diesmal als Geschenk. Meister Eckhart kann deshalb Gott und Mensch in dieser Hinsicht (Gnade, Liebe) «identifizieren»; eine Theologie, die ihm die Verurteilung durch die kirchliche Institution einbrachte. Er predigt tatsächlich:

> Nach der Weise meiner Ungeborenheit
> bin ich ewig gewesen
> und bin jetzt und werde ich ewiglich sein.
> Ich war Ursache meiner selbst und aller Dinge.
> Wäre ich nicht,
> so wäre auch Gott nicht,
> daß Gott «Gott» ist,
> dafür bin ich Ursache.
> Und darum bin ich Ursache meiner selbst
> meinem Sein nach, das ewig ist,
> nicht aber meinem Werden nach, das zeitlich ist.

Solche, auf den ersten Blick schockierende Sätze, wie wir sie aber in den «poetischen» Zeugnissen öfters berührten, umschreiben nur die Einheit, die im Wort «Gnade» liegt; bei Eckhart heißt es meist «Sein», heute würde man eher von «Liebe» sprechen. Angelus Silesius hat dies in der Vorrede mit der klassischen Unterscheidung betont, daß der Mensch «auß Genaden», als Geschenk, das werden soll, was Gott «von Natur» her, also wesentlich ist. Auch Eckhart markiert mit diesen oder anderen Worten den Unterschied von Gott und Welt in ihrer Einheit: Im obigen Text durch das Wort «werden», anderswo mit dem schon erwähnten Bild des «Spiegels», das in der sufitischen Mystik oftmals herangezogen wird[268]; oder

[268] Im Register bei Schimmel, Mystische Dimensionen (Anm. 240).

ähnlich wie Dionysios[269] mit «Ruf-Echo (Hören)». Philosophisch predigt Eckhart:

> Alles geschaffene Sein hat Sein, Leben, Denken
> seinsmäßig und wurzelhaft von Gott und in Gott,
> nicht in sich selbst als geschaffenem Seienden.
> Und so zehrt es immer von Gott,
> insofern es hervorgebracht und geschaffen ist,
> hungert jedoch immer (nach dem Eigentlichen),
> weil es nie aus sich selbst ist,
> sondern nur von einem anderen.

Die für übliches Denken ungewohnte Schau, die auch Cardenal in seinem Hymnus berührt, hebt eine Sicht im Verhältnis von Gott und Mensch hervor, die zwar überrascht, aber das christliche Gottesbild vertieft. Der Glaube an den Schöpfergott besagt doch: Das Wesen des Menschen (wie das aller Welt) besteht im ständigen Herkommen aus Gottes Schöpferhand; theologisch heißt dies: «Creatio continua», ständiges Schöpfungsgeschehen. Das meint Eckhart, wenn er betont: Das Geschöpf ist wirklicher in Gott als in sich selbst. Da aber Gottes Macht nicht neben sich greift, um «daraus» etwas zu bilden (es gibt kein «neben Gott»!), ruft er aus dem eigenen ewigen Sein alles ins Leben. Da nun wiederum Gott nicht aus Teilen besteht, sondern ganz und gar nur einer ist, hat alles, was er ins Leben ruft, Anteil an seinem Eins-Sein, seinem Wesen, wie Dionysios schreibt. Daß dieses Verhältnis von Eins-Sein des Geschöpfes mit Gott – gerade weil das Geschöpf als Geschenk ganz und gar von Gott stammt – durch das Gnadengeschenk Jesu Christi noch einmal überhöht wird, soll hier nur in Erinnerung gerufen werden. So kann Eckhart seine Predigt von «Edlen Menschen» beenden:

> Eines vom Einen,
> Eines in Einem,

[269] S. 46 u. 88.

und in Einem Eines ewiglich.
Amen.

Von solchen Überlegungen geführt, kann einer Sympathie mit der Einheitsspiritualität des Neuplatonismus finden und auch verstehen, warum die großen Theologen der östlichen Religionen (wie Shankara 800 n.Chr.) die Weltvielfalt auflösen in eine letzte, ununterschiedene Einheit – buddhistisch Nirvana, hinduistisch Advaita (Nicht-Dualität); Religiositäten allerdings, die in der euro-amerikanischen Vermarktung oft bis zur Karikatur entstellt werden.

(3) Mit dem reinen Begriff als Handwerkszeug sind solche Zeugnisse nie restlos zu verstehen. Der verantwortete Umgang mit ihnen braucht eine tiefere Basis. Auch Flaschs Kritik an Augustinus als «Logik(er) des Schreckens» und Baudlers Kritik an der «Vergegenständlichung» der Jesus-Erfahrung gründen im Mißverständnis, man könne das Verhältnis von Gott und Welt, von schenkender und empfangender Gnade, von Unendlichkeit und dem Endlichen auf glasklare Formeln abseits mitfühlender Empathie bringen. Damit wird vergessen, daß Gottes überhelles Sein und Wirken von keinem geschaffenen Erkennen einzufangen, sondern nur in liebender und anbetender Verehrung zu berühren ist.

Eine Diskussion der christ-katholischen Dogmengeschichte macht in ihrer spekulativen Abstraktheit die Brisanz der Fragestellung deutlich. Ihr tragisch-(komisch)-er Verlauf spiegelt auch die Kontroverse der katholischen Kirche mit der Reformation[270], was ebenfalls in vermeintlicher Klarheit begrifflich so zugespitzt wurde, daß eher Verdunklung als Erhellung geschah. Die Spitzfindigkeiten zeigen, wie sehr sich menschliches

[270] Vgl. das am 31.10.1999 in Augsburg von beiden Konfessionen unterschriebene ökumenische Papier zur Gemeinsamkeit in der Rechtfertigungslehre. Der zur Frage stehende lutherische Satz: «Zugleich Sünder und Gerechter» lebte schon vor Luther in der konkreten Spiritualität; vgl. die «Imitatio Christi» des Thomas von Kempen; meine Ausgabe Kevelaer 2000, 163-165.

Denken verirrt, wenn es Gottes Weisheit rein-rational auf die Spur kommen will.

Im sogenannten «Gnadenstreit» (ca. 1567-1607) ging es um das Verhältnis von menschlicher Freiheit zur göttlichen Gnade im Prozeß der «Rechtfertigung des Menschen», also ebenfalls um des Menschen Verhältnis zu Gott. Die christliche Wahrheit nun betont ebenso, daß eine Entscheidung für Gott nur in Freiheit geschehen kann, wie auch – was dem anscheinend diametral entgegensteht -, daß eine solche Entscheidung nur Kraft der Gnade Gottes geschehen kann, insbesondere wenn es um «Erlösung» geht. Man stritt erbittert um das Verhältnis beider Wahrheiten: Die dominikanische Theologen-Schule dachte von Gottes Unendlichkeit her und postulierte deshalb eine göttliche Allmacht, die so gewaltig ist, daß sie auch diese (frei bleibende!) Freiheitsentscheidung des Menschen – ihr Tun wie ihren Inhalt – vorherbestimme (praedeterminatio physica); die jesuitische Schule dachte vom Menschen her und vertrat, daß der Mensch in seiner Freiheitsentscheidung auch von Gott her nicht praedestiniert sein könne, weil es um «Freiheit» gehe; doch um Gottes Allmacht zu wahren, postulierte man ein geheimes «mittleres Wissen» in Gott (scientia media), worin dieser schon vor der freien Entscheidung des Menschen deren Ergebnis kenne und dem Menschen so die notwendige Ermöglichungsgnade zuweise. Beide Antworten enden in offensichtlichen Unsinnigkeiten.

Die bösartigen Verketzerungen beider Seiten führten zu einer solchen gesamtkirchlichen Krise, daß der spanische König – ansonsten kein Freund des Papstes und ihm sogar das Eingreifen in die spanische Inquisition verwehrend – diesen Papst um eine Entscheidung bitten mußte. Beinahe wäre es zur kirchenamtlichen Verurteilung der Jesuiten gekommen. Des Papstes Entscheidung aber ist nach M. Lütz[271] «als eine der glänzendsten in die Kirchengeschichte eingegangen». Sie ver-

[271] Der blockierte Riese (Anm. 113) 92. Humorvoll wissend werden viele kirchliche Probleme auf ihre oft recht menschliche Basis zurückgeführt.

urteilte von vorneherein jede der sich bekämpfenden Gruppen, sobald sie nur die andere Seite verurteile – als seien die Dominikaner Calviner (Reformatoren, die einseitig die radikale Praedestination vertraten) oder die Jesuiten Pelagianer (gegen die Augustinus den absoluten Primat der Gnade Gottes verteidigte). «Das Geniale der Entscheidung war, daß mit den Mitteln der Verurteilung die Verurteilung verboten wurde. Wer andere nicht toleriert, der solle selbst nicht toleriert werden.»

Im letzten Jahrhundert wiederholte sich in etwa, auch in den Verketzerungen zumindest einer Seite, diese Kontroverse[272], die eng mit dem Namen H. de Lubacs verbunden ist. Die Problematik war nun: Gehört die gnadenhafte Begegnung mit Gott in Jesus Christus, die freies Geschenk ist, so sehr zur Natur des Menschen («natura pura», noch vor der Erbsünde), daß der Mensch ohne sie sein endgültiges Ziel nie erreichen kann? – Dann könne er sie doch vom Schöpfer als integralen Bestandteil seiner Ganzheit fordern; die Gnade in Christus wäre letztlich kein freies Geschenk, sondern die natur-notwendige Vollendung der Schöpfung. Oder andersherum: Diese Gnade ist ein absolut freies Geschenk von Gott; dann müsse der Mensch aber auch ohne sie sein letztes Ziel erreichen können und die Gnade Jesu Christi wäre nur eine beliebige Zugabe von Gott. Beides aber: Gnade als naturnotwendiger Bestandteil des Menschen wie Vollendung des Menschen auch ohne Gottes Gnadengeschenk, das nur willkürliche Zugabe wäre, scheint der Frohbotschaft zu widersprechen. Das Dilemma spiegelt die Urproblematik, vor der auch Dionysios stand, sein Nicht-Wissen bekannte und sich anbetend niederkniete: Wie ist Gottes allumfassende und allwirkende Unendlichkeit mit dem Selbstand und der Freiheit des Menschen zu vereinen?

[272] Neben den Handbüchern besonders: M. Figura, Der Anruf der Gnade. Über die Beziehung des Menschen zu Gott nach H. de Lubac, Einsiedeln 1979; die (unvollständige) «Bibliographie Henri Kardinal de Lubac 1925-1974», Einsiedeln ²1974 (Neuausgabe in Vorbereitung), bringt ein Schema der Entwicklung von de Lubacs Gnadentheologie.

Die damalige «Theologie Nouvelle» überstieg bewußt die reine Denklogik und konnte deshalb Gnade und menschliche Freiheit in oft poetischer Weise verknüpfen. Von dieser Poesie zeugen insbesonders de Lubacs kleine Schriften. Auch dieser Streit löste eine Kirchenkrise aus, aufgrund der die Enzyklika «Humani Generis» wichtige Vertreter der «Theologie Nouvelle» – darunter auch de Lubac, später als Kardinal rehabilitiert – entmachtete. Von heute her gesehen ein überaus peinlicher Vorgang.

Reine Denklogik (zu der sich damals sogar K. Rahner mit einem Aufsatz gegen die «Theologie Nouvelle» bekannte) ist eben nicht das geeignete Instrument zum Umgang mit der Urfrage nach Mensch und Gott. Schon lange vorher hatte Romano Guardini[273] gezeigt, daß erst mit Kategorien der Liebe die Problematik von Freiheit und Gnade, von Endlichkeit und Unendlichkeit, von Gott und Mensch angegangen werden könne:

> Die Gnade ist das einfachhin Nicht-Selbstverständliche
> und doch zugleich Letzt-Erfüllende.
> Dieses Aussagengefüge bildet keinen Widerspruch,
> sondern eine Antinomie:
> das Grundgesetz, nach welchem Gott
> das Menschendasein begründet hat.
> Der Liebende weiß,
> daß er die Liebe des Anderen nicht erzwingen kann,
> sondern daß sie aus der innersten Freiheit des Herzens
> herüberkommen muß;
> dennoch hängt der Sinn des eigenen Daseins davon ab,
> daß das geschehe.
> Der Verstand kann das Gefüge dieser Beziehungen
> nicht auflösen,
> aber das Herz weiß,
> daß es so ist und so richtig ist.

[273] Freiheit, Gnade, Schicksal. Drei Kapitel zur Deutung des Daseins, München 1948, 164-166; zur (damaligen) Distanz gegenüber der Theologie, 163.

Ähnlich – und doch wieder anders –
steht es mit der Gnade.

(4) Die Analogie und die Bilder. Guardini bezieht sich ausdrücklich auf den erwähnten Gnadenstreit. Er zeigt den Weg zur Überwindung des Dilemmas von Unendlich und Endlich, von Gott und Welt, von Gnade und Freiheit: Es ist der Schritt von der Logik des Denkens zur pascalschen «Logik des Herzens», der Liebe und damit ins Geheimnis Gottes hinein. Doch das damalige theologische Klima zwang Guardini zu versichern: «Hier soll keine Theologie entwickelt werden!»

Diese nämlich bewegt sich naturnotwendig auf dem Boden begrifflicher Abstraktion. Dort allerdings schmiedete man – im Wissen, daß Denkkategorien vor dem göttlichen Geheimnis zerbrechen – das «Denk»-Werkzeug der Analogie. Damit wird das Nichtwissen eingestanden und das Zerbrechen von Logik und Denken in die Begrifflichkeit eingebaut. Nach K. Rahner[274] ist Analogie

der Versuch,
den Zusammenhang von Endlichem und Unendlichem
so zu denken
  daß weder von notwendigem Zusammenhang
    (Dialektik)
  noch von Beziehungslosigkeit (Positivismus)
    gesprochen werden kann...
Im Inhalt des analogen Begriffes sind
  Gemeinsames und Verschiedenes,
  Ähnliches und Unähnliches des Gemeinten
  in logisch nicht mehr trennbarer Einheit enthalten...
Die Analogie als Form des Sprechens und Denkens
  von Gott und seinem Verhältnis zu uns und zur Welt
ist kein logischer Trick...
sondern die Umschreibung

[274] Kleines theologisches Wörterbuch (mit H. Vorgrimler), Freiburg [10]1976, 19-20 (Neubearbeitung 1981).

der Grundgegebenheit der menschlichen Erkenntnis:
daß sie immer und von vornherein
auf das absolute Geheimnis ausgerichtet ist,
das ihr ungegenständlich gegeben ist,
ohne daß der Geheimnischarakter der Gegebenheit selbst
oder dies
die Unbegreiflichkeit Gottes aufhebt.
«Denn von Schöpfer und Geschöpf kann
keine Ähnlichkeit ausgesagt werden,
ohne daß sie eine größere Unähnlichkeit
zwischen beiden einschlösse.»
(Dogmatische Definition des IV. Laterankonzils)

In Umgangssprache und Umgangsdenken übetragen heißt dies: Jede Aussage von Gott: ob sie bekennt, er ist personal und dreifaltig; ob sie lobpreist, er steht aufrecht wie ein Turm und leuchtet klar wie das Licht; ob sie meditiert, er ist allumfassend und alles durchdringend; ob sie sich auf die Bibel, auf Philosophie, auf Erfahrung stützt – jede Aussage von Gott ist, auch wenn sie wahr ist, zugleich auch falsch, nach dem Dogma zugleich ähnlich und von größerer Unähnlichkeit. Die Denklogik wird bewußt zerschlagen. Die analoge Aussage hat nämlich ihre Wahrheit nicht aus ihrer Widerspruchslosigkeit, sondern vom absoluten Gottesgeheimnis her, auf das sie hinweist. Man kann analoge Aussagen daher auch nicht spalten: bis hierher «richtig» und ab dort «falsch»; etwa so: Gott ist Person, aber nicht nach unseren menschlichen Maßstäben, sondern... oder so: Gott ist Licht, aber nicht eines, das sich räumlich erstreckt und zeitlich vergeht, sondern... Auch solche eindeutige Scheidungen des Wahren vom Falschen treffen nicht das, was mit «analog» gesagt ist; denn sowohl die Bejahung wie die Verneinung in sich selbst bleiben «analog». Liegen nicht selbst in den Aussagen zum Endlichen, z.B. in der Sterblichkeit, Werte, die «analog» auch Gott gelten! In dem Fall der Sterblichkeit: der Wert der Einmaligkeit im «Jetzt», der Wert des ganz und gar Ergriffenseins, der Wert der endgültigen Letztentscheidung. Franziskus preist daher im Sonnengesang Gott mit Bruder Tod!

Rahner weist den anderen Weg zum Verständnis: Die Analogie verlangt, daß der Mensch sich selbst übersteigt und sich in die Dynamik auf Gottes Geheimnis hin begibt. Alles und jedes – auch die Sterblichkeit des Menschen – hat in Gott Anfang und Ende: Aussagen also, die das Verhältnis von Mensch und Gott, von Endlich und Unendlich betreffen, müssen daher das Verständnis des endlichen Menschen übersteigen. Der Analogie wird somit nur gerecht, wer sich in der Haltung des Glaubens Gott, dem Urgrund von allem nähert; Gott geht niemals in unserem Denken und Erfahren auf und doch hat von ihm her alles Denken und Erfahren seine Wahrheit. Deshalb verlangt Analogie den Überschritt. Ihr wird letztlich nur gerecht, wer anfängt zu meditieren und zu beten, wer seine Subjektivität einbringt in ihr Verständnis.

Deshalb sprechen die Mystiker in Paradoxien von Gott wie vom Kreis, dessen Umkreis nirgends und dessen Mitte überall ist. Doch auch dieses Paradox bleibt noch im Mathematisch-Logischen hängen. Dionysios aber will zur existentiellen Meditation der unbegreiflichen Wahrheit Gottes führen – ähnlich (und doch ganz anders) wie der zen-buddhistische Koan mit dem Zerschlagen der Logik in die weltlose Leere des Selbst hineinführen will. Doch die Analogie führt in Gottes übergroße Wahrheit hinein, die voll Liebe ist.

Die Poesie des Dionysios zeichnet mit dem Bild des Aufstiegs auf Sinai und über ihn hinaus diese Bewegung auf Gott hin nach – besonders wenn man dies im Gesamtentwurf[275] seiner Werke lokalisiert. Die «hierarchische» Struktur unserer Welt (Kirche und Engel) bleibt Ausgangspunkt des Emporsteigens. Die «Umrisse der Theologie», das «Buch der göttlichen Namen», die «Symbolische Theologie» brechen diese Welt auf zu Höherem. Doch erst die «Mystische Theologie»

[275] Vgl. das Schema (Anm. 41).

erschließt die volle Wahrheit durch das Bekenntnis zum Nicht-Erkennen der Wahrheit. Gleich zu Anfang ermahnt sie den Timotheus, alles zu lassen, sich erkenntnislos auszuspannen hin zu dem, der alles übersteigt, hinauszutreten aus sich, aus dem eigenen Verstehen (und Nicht-Verstehen!). Alles Weitere lebt aus dieser Aufstiegsdynamik auf Sinai und dem Eintreten in die dunkel-helle Wolke. In diesem Bild liegt das, was nach Guardini «der Verstand nicht auflösen kann», und was Rahner einfachhin «Geheimnischarakter» nennt.

Selbst die «Negative Theologie» alleine, das «Sagen, was Gott nicht ist», wird dem Entwurf des Dionysios nicht gerecht. Mehrmals betont er doch, daß Gott nicht nur «über jeder Bejahung als der völlig eines-seiende Urgrund von allem» throne, sondern auch «über jeder Verneinung als die Erhabenheit des von allem völlig Gelösten, die alles überragt». Sinn hat dieses Reden nur, wenn einer vom denkerischen oder ähnlichen Bemühen aus hinein in den Vollzug steigt und auch in diesem Vollzug sich nochmals übersteigt auf «Ihn» hin. Das, worum es geht, liegt über Wissen und Nichtwissen hinaus. Das Gebet, wozu Dionysios auffordert, ist daher kein nur-frommer Hinweis. Denn nur wer sich in die durch Beten entbundene Dynamik hineinwirft, steigt mit ihr auf zu Gott, zur Wahrheit der analogen Aussage. Das ist letztlich mit dem Wort Ek-Stase gemeint: Aus sich Heraustreten.

Guardini spricht von Liebe und nennt damit die Erfahrungsbasis im Menschen, die dieser Existenz-Dynamik entspricht. De Lubac als Initiator der «Theologie Nouvelle» nennt es: «desiderium naturale in supernaturam», «naturangelegtes Streben in eine übernatürliche Vollendung», die jenseits des eigenen Tuns liegt, gemäß dem Augustinuswort: «Unruhig ist unser Herz, bis es ruht in Dir»[276]. Greifbar wird dies in der Liebe.

So verdeutlicht sich der Analogiebegriff nach zwei Richtungen: In den subjektiven Vollzug hinein – Glaube, Hymnen-

[276] Auch dieses bekannte Augustinuswort ist neuplatonisch beeinflußt.

Singen, Sehnsucht, insbesondere Liebe. Die persönliche Bewegtheit in ihrem Überstieg über sich selbst hinaus hat einen unaufgebbaren Platz im vollen Verständnis der Analogie. Zugleich aber erstreckt sich die Analogie in eine weltumspannende Weite hinein; denn alles kann «analog» zu Gott hin aufbrechen. Analogie liegt ja nicht vor allem im Begriff, sondern sie entspricht dem Wesenszug von allem, was geschaffen ist, eben seinem Geschaffen-Sein. Die ganze Breite der Welterfahrung kann zur Analogie für Gott werden, sobald sie sich in ihre Eigen-Dynamik des Geschaffen-Seins und -Werdens hinein begibt.

Wiederum ist zu fragen: Ob es nicht poetische, künstlerische Wege sind, die dieser subjektiven Inbrunst und dieser Weltweite entsprechen? – Jedenfalls tun sie es mehr als abstrakte Konstruktionen. Ob somit nicht die Ästhetik maßgebend werden muß für das Aufbrechen der Denkkategorien hinauf zu Gott? Auch Dionysios findet in der Schönheit eine Grundbewegung für das Nachdenken über Gott. Begriffe bleiben notwendig; oft genug liegen Irrtum und Betrug am Wege zu Gott, der Verstand wird ja nicht negiert, sondern zur Vollendung geführt. Doch für das Ganze braucht es das Ästhetische, Schöne, das den Impuls zum subjektiven Vollzug hin und ins Geheimnis Gottes hinein leitet.

Dionysios hat dies – wie instinktiv – realisiert, als er sein Gesamtwerk mit der «Theologia Mystika» krönte. Sie ist nicht nur malerischer Schluß, sondern gibt dem Gesamtwurf erst seinen runden Sinn.

II. Um eine Theologie des Bildes, des Symbols, des Ästhetischen

Die Bedeutung des Ästhetischen für den religiösen, für den christlichen Vollzug wird augenblicklich neu bewußt und diskutiert[277]. Der Markt des Religiösen, des Psychologischen und der Lebenshilfen wird sogar überschwemmt von entsprechenden Angeboten – in gedruckter Form, als Vortrag, als Übungsangebot. Daß damit auch im christlichen Bereich Minderwertiges und Schädliches auftaucht, ist offensichtlich. Dabei gibt es gerade im deutschsprachigen Katholizismus bedeutende Vorkämpfer für die rechte Integration des Ästhetischen innerhalb der praktischen, aber auch theoretischen Theologie. Die tragische Gestalt Drewermanns darf zwar nicht – trotz allem Vorgefallenen – vergessen werden, aber tiefer führt das Werk R. Guardinis[278], dessen theologische Leistung inzwischen anerkannt ist. Und er ist nicht zu verstehen ohne sein intensives «Gespräch» mit den schöngeistigen Zeugnissen von Vergangenheit und Gegenwart und seinem Einsatz für eine ganzheitliche, leibseelische Frömmigkeit. H.U. von Balthasar beginnt seine theologische Trilogie mit einer Ästhetik und kann sich dafür auf die kulturgeschichtliche Jugendarbeit «Apokalypse der deutschen Seele»[279] stützen, eine Darstellung der philosophisch-literarischen, schöngeistigen Geschichte im Deutschen Sprachraum der letzten zwei/drei Jahrhunderte. Weithin vergessen ist Hugo Rahner[280], der in immer noch unübertroffener Weise einen psychologisch wie kirchengeschichtlich fundierten Weg zur Integration von Symbol und Bild in der Theologie bahnte. Was er 1964 schrieb, gilt heute noch wie damals und gilt nicht nur für die Lehre von der Kirche:

> Die Bilderwelt der Symbole der Kirche, die uns die Theologie der ersten tausend Jahre aufbewahrt hat, könnte

[277] Im Gespräch mit der bildenden Kunst stehen Autoren wie H. Schade, G. Rombold, A. Stock; mit der Literatur Autoren wie K.-J. Kuschel, P.-K. Kurz. A. Stock gab einen Sammelband heraus: Wozu Bilder im Christentum? Beiträge zu einer theologischen Kunsttheorie, St. Ottilien 1990.

[278] H.-B. Gerl, Romano Guardini (1885-1968), Mainz 1985.

[279] Dazu meine Vorstellung der Neuauflage, GuL 72, 1999, 471-474.

[280] Symbole der Kirche. Die Ekklesiologie der Väter, Salzburg 1964, 8; auch: Griechische Mythen in christlicher Deutung, Basel (Neuauflage) 1981.

> unser dogmatisch doch wohl auf weite Strecken hin steril gewordenes Denken von der Kirche wieder neu gestalten.

Das oftmals schon erwähnte Lebenswerk Henri de Lubacs kann wie ein offenes Bilderbuch dieser Symbolwelt gelesen werden.

Karl Rahner[281] machte schon 1932/33 auf die Bedeutung des Bildhaften in der Mitte der Gotteserfahrung, in der Mystik, aufmerksam, wenn auch unter pastoral-pädagogischen Vorzeichen:

> Der unmittelbare Charakter mystischer Erfahrung wird immer mit Bildern beschrieben werden, die aus der Welt sinnlicher Wahrnehmung entnommen sind. Selbst die feinsten Unterschiede zwischen den verschiedenen mystischen Erfahrungen lassen sich immer noch am besten dem Laien mit Hilfe von Vergleichen erklären, die aus den sinnlichen Wahrnehmungen stammen.

Solche Worte decken allerdings auch die Schwierigkeit im Umgang mit der Bilderfahrung der Mystik auf. So bleibt es bei dem Vorwurf der «Bildvergessenheit», den M. Schneider[282] mit L. Ziegler der heutigen Theologie macht:

> Das Bild führt unmittelbar in den Grund der Glaubensgeheimnisse, die in ihrer Tiefe niemals durch den Begriff allein erschlossen werden können. Deshalb muß gegenüber dem zeitgenössischen Ideal der absoluten Sicherung durch den starren Begriff, wie sie in der Neuscholastik vollzogen wurde, ein neuer Weg zu einer Theologie des Bildes eingeschlagen werden.

[281] Schriften zur Theologie XII, Einsiedeln-Köln 1975, 171; unverständlicherweise wurde der zuerst auf Französisch erschienene Aufsatz verkürzt.
[282] Theologie als Biographie, St. Ottilien 1997, 43f.

a) Zwei Zugänge

Immanuel Kants Wort: «Gedanken ohne Inhalt sind leer; Anschauungen ohne Begriffe sind blind», entlarvt den Irrtum der oft gehörten Behauptung: «Religiöse Erfahrung» werde auf ihrem Gipfel inhaltlos-leer. H. Waldenfels[283] macht in seiner «Interkulturellen Religionphilosophie» überdies darauf aufmerksam, daß solche Behauptungen, die sich weitgehend auf fernöstliche Religionen berufen, deren anscheinend «leere» Erfahrungen in ein abendländisches Begriffsschema von Sein und Nichts hineinpressen, womit eine oft tiefreichende Erfahrung als leere Abstraktion dargestellt wird. Der Weg zum gegenseitigen Verständnis der Religionen wird damit verfehlt.

Auf zweien von vielen anderen Wegen soll im folgenden die Bedeutung und die Rolle des Bildhaften in der religiösen Erfahrung und damit auch ein gemäßerer Ausgangspunkt zum Gespräch mit der fernöstlichen Religiosität aufgezeigt werden.

(1) Religionsphänomenologisch-philosophisch gibt Chr. Jamme[284] in der Neuauflage seines schon vorgestellten Buches über die «Grenzen und Perspektiven philosophischer Mythos-Theorien der Gegenwart» weiterführende Hinweise. Er klagt, daß noch wenig Verständnis für die Religiosität der ersten «mythischen» Epoche menschlicher Religiosität erarbeitet sei. (Gemeint ist die Zeit der noch mündlichen und rituellen Weitergabe der religiösen Tradition, die man z.B. nach den Höhlenzeichnungen rekonstruieren kann; die darauf folgende Epoche des «Mythos» fixiert die Mythen in ihrem Gehalt; erst später in der «mythologischen» Epoche werden diese auch hinterfragt und gedeutet):

[283] Der gleichnamige Aufsatz in: Krise der Immanenz. Religion an den Grenzen der Moderne, hgg. von H.-J. Höhn, Frankfurt 1996, 304-328.

[284] (Anm. 5) nach dem erweiterten Taschenbuch, XVI. X; erwähnt wird H. Reinwald, Mythos und Methode, München 1991.

> Noch aber sind wir weit davon entfernt, das Zeichenrepertoire der paläologischen Kunst und damit auch ihre möglichen mythischen Funktionen hinreichend zu entschlüsseln. Voreiligen Schlüssen bei der Deutung der Symbolik der Höhlenkunst ist zu mißtrauen.

Aber gerade diese erste «mythische» Zeit, von deren unmittelbarer Religiosität der oben abgedruckte Text aus den Upanishaden noch Zeugnis gibt, hilft, die Rolle von Bild und Mythos für das religiöse Leben aufzuschließen. Jamme stellt nämlich mit H. Reinwald fest:

> Die Wahrheit des Mythos besteht gerade darin, daß unsere Vorstellungen von Wahrheit an ihm zerbrechen, eben weil der Mythos sichtbar macht, was unsichtbar ist. Die Kantische, Humesche und Cartesische Aufspaltung in die verschiedenen Formen der Anschauung zumindest im Bereich der Subjekt-Objekt-Beziehungen wird gerade durch die Analyse der mythischen Welterfahrung sichtbar.
>
> Das Wirkliche ist nicht das Objekt, sondern das Phänomen in einer Welt von Phänomenen, in denen das Bewußtsein selbst Phänomen ist.

Das meint: Wenn das religiöse Anliegen in logischer Eindeutigkeit (gleichsam chemisch rein) aus dem Gesamtdasein des Menschen herauspräpariert wird, wird es verfälscht. Nur eingebunden in die Umwelt und verbunden mit dem weltanschaulichen Vollzug auch des Betrachters zeigt es sich in seiner Ganzheit. Die vermeintlich eindeutige Unterscheidung der Philosophie: Entweder dies oder das, Gegenständlichkeiten anstelle der subjektiven Qualität ganzheitlicher Erfahrung selbst, verfehlt die religiöse Urerfahrung des Mythischen. Dort nämlich lebt noch eine bewegte, übergreifende Einheit von Gegenstand und subjektiver Erfahrung; eine gestaltete Welterfahrung, die lebendig bleibt; eine Sichtbarkeit, in der Unsichtbares erfahren wird; eine Personalität, die nur aus dem Ganzen der Gemeinschaft zu verstehen ist. Das Göttliche wird im Sinnenhaften berührt und zugleich als «über»-berührbar erfahren. Was in der Denklogik auseinanderfällt, artikuliert sich als ein einziges, einheitliches Phänomen in Bild und Symbol, im ästhetischen Wort. Begriffliche Aufspaltung zerstört diese Einheit der religiösen Grunderfahrung. Die Wahrheit kann nicht wie ein Skelett herauspräpariert werden, ist kein «nacktes» Objekt, das als Rechenexempel kalt und eindeutig zu kalkulieren ist – so gehen erst spätere Generationen mit dem «Mythischen» um. Im Ursprung jedoch repräsentiert es eine Ganzheitserfahrung, die auch noch im «Zerbrechen» eine größere Geheimnistiefe eröffnet.

Jamme macht darauf aufmerksam, daß daher die Subjektivität des Beobachters in der Erfahrung mitvibriert. Seit H.G. Gadamers Hermeneutik[285] bedenkt man in der Philosophie solche Zusammenhänge bewußter. So spielt sich z.B. die «Nichts-», Leer-Erfahrung fernöstlicher Religiosität in einem rituell und ikonographisch gestalteten Lebensraum und nicht in akademischer Abstraktheit ab; sie darf also – wie auch die «Theologia Mystika» des Dionysios – nicht ohne diesen Hintergrund gedeutet werden. H. Sundéns Rollenpsychologie legt, wie gezeigt, darauf den Akzent.

Christlich gesehen: Die im Symbol dargestellte oder formulierte Wahrheit des Glaubens weist stets auf das größere Geheimnis Gottes hin und ist auch vom persönlichen Glaubensvollzug nicht vollständig abzulösen, nicht mehr «rein-objektiv» zu erarbeiten, was einmal die Gottesbeweise versuchten. Wie bei allen Existenz-Wahrheiten tritt die jeweilige subjektive Überzeugung und ebenso die tragende Umgebung und Tradition mit ein in die Evidenz der Wahrheit.

Siegfried Vierzig[286] geht in «Von der Höhle zur Kirche, Archaisches im Christentum» einigen Zeugnissen der «mythischen» Epoche und der Ursprünglichkeit ihrer Religiosität nach. Mit Jamme bedauert er, daß viele Deutungen aus Leicht-

[285] Die Nähe Gadamers zur Kunst ist keineswegs zufällig.
[286] Frankfurt 1998.

sinn oder Voreingenommenheit heraus zu kurz greifen. Dann aber kann er an einigen religiösen «Symbolen» die formale Kontinuität des «Mythischen» zum christlichen Dogma hin aufzeigen: «Mythische» Entsprechungen zu Taufe, Auferstehung, Maria, Trinität, Kirche usw. sind nicht zufällig, sondern werfen zweifelsohne Licht auf den christlichen Glauben selbst. Die «Renaissance des Archaischen» in der Postmoderne bei esoterischen, sektiererischen, oft sich progressiv gebärdenden Gruppen greift diese «mythische» Welt auf und stellt deren reiche Bildhaftigkeit dem angeblich kalten Begriffsgebäude des Christentums entgegen. Vierzig stellt diese Gegebenheiten nüchtern dar; doch das Anliegen des evangelischen Theologen ist unüberhörbar: Die christliche Reflexion müsse, statt das «Mythische» abzuwehren, dessen innere Bezüge zum christlichen Glauben aufarbeiten; statt es apologetisch zu widerlegen, die Chance ergreifen, dort die eigenen Werte wiederzufinden, zu vertiefen und so den Glauben zu verlebendigen.

Fr. Gruber[287] gibt seiner Arbeit den Untertitel: «Zur symbolischen Sprache eschatologischer Hoffnung» und kann im Gespräch mit der modernen Theologie und Philosophie zeigen, daß gerade in der Lehre von den «Letzten Dingen» der Symbolcharakter der Aussagen ein inhaltliches Gewicht hat:

> Die Symbolik des Gerichts und des Richtens darf nur christologisch von der Vergebung her entfaltet werden, wenn sie nicht in das Fahrwasser der Schuldaufrechnung geraten will. Daß die eschatologische Symbolik Hoffnungssymbol bleibt, muß sie praktisch und jesuanisch von der Auferstehungshoffnung (her) unter Beweis stellen. Nur so wird die Theologie der universalen Heilshoffnung nicht unter der Hand eine «Theologie der Trennung» (nach Bachl) in Versöhnte und Verdammte.

[287] Von Gott reden in geschichtsloser Zeit, Freiburg 1997, 432, mit Berufung auf G. Bachl, Über den Tod und das Leben danach, Graz u.a. 1980; dazu meine Arbeit: Religiöse Erfahrung (Anm. 84).

Die von Flasch, Baudler und vielen anderen angegangene Problematik eines «strafenden Gottes» muß grundsätzlicher, als man es meist tut, also von der Hermeneutik aller Aussagen über das Verhältnis von Gott und Welt, betrachtet werden, von einer Glaubenshermeneutik aus, die Dionysios in gewiß vergangener, aber vorbildlich bleibender Weise entworfen hat, von einer Hermeneutik aus, die den «Bild»-Charakter jeder Aussage über den je-größeren und je-unähnlicheren (nach dem IV. Laterankonzil) Gott ernstnimmt.

Damit ist auch die Tür geöffnet zum Gespräch mit nichtchristlichen Religionen, deren Gottes-Bild doch in ähnlicher Weise auf seine Analogie, auf seine «Nicht-Ähnlichkeit» hin zu befragen und eben darin mit der christlichen Vorstellung zu konfrontieren ist. Was z.B. Drewermann[288] in seinem Erstlingswerk, Kierkegaard zitierend, zur «Jungfrauengeburt» Jesu aus Maria schreibt, öffnet eine solche Tür. Es liegt auf der Ebene von de Lubacs «naturale desiderium in supernaturam», der natürlichen Sehnsucht nach der übernatürlichen Offenbarung; daß nämlich im «natürlichen» Existenzbewußtsein des Menschen schon etwas liege, was in der «übernatürlichen» Offenbarung durch Jesus Christus zur Entfaltung komme:

> Der Satz, es könne nicht wahr sein, daß Christus von einer Jungfrau geboren ist, weil man Ähnliches von Herkules usw. erzählt, was auch nicht wahr sei, ist doch verwunderlich; denn der umgekehrte Schluß scheint in gewisser Hinsicht richtiger zu sein: Gerade, weil man es von so vielen großen Männern erzählt, wo es nicht wahr gewesen ist, gerade deshalb muß es von Christus wahr sein; denn daß man es so oft gesagt hat, deutet auf den Drang des Menschen danach hin (auf das, was de Lubac das «desiderium naturale» nennt).

Zu bedenken also ist: Wie tief und wie deutlich findet sich in Äußerungen fremder Religiosität dasjenige, was der christliche

[288] Strukturen des Bösen II (Taschenbuch), Paderborn 1988, 235.

Glaube an Wahrheit verkündet? Es stehen sich eben nicht dogmatische Begriffssysteme gegenüber, sondern Lebenserfahrungen, die jeweils um den besten, adäquaten Ausdruck ringen müssen, weil Gott «je-größer», «je-anders» ist. Es ist eine theologische Aufgabe, christliche Glaubensaussagen mithilfe solcher religionsgeschichtlichen «Parallelen» neu zu verstehen und zu vertiefen.

Allerdings muß man dazu die Mythen oder die fremden Religionen in ihrer lebendigen Ganzheit nehmen und nicht von der begrifflichen Abstraktion der «wissenschaftlichen» Religions- oder Mythen-Kunde ausgehen. Es gibt glücklicherweise schon einige theologische Arbeiten, die in Verantwortung Wege vom Mythisch-Religionskundlichen zum Christlichen einschlagen. A. Weiß[289] hat schon vor einiger Zeit die formale Gestaltung einer Mariendarstellung nach altägyptischem Vorbild untersucht und theologisch gedeutet; M. Görg[290] geht den ägyptischen Einflüssen auf biblisch-christliche Aussagen in breiter Weise nach; H. Schade[291] hat ein theologisches Verständnis solcher Kontinuitäten erarbeitet; H. Timm[292] bringt die Aussagekraft von Bild und Symbol bewußt ins theologische Denken ein und steht damit in der Nachfolge P. Tillichs, der solche Wege in der modernen Theologie wohl als erster in umfassender Weise gegangen ist. Doch dieses Bemühen steht immer noch in den Anfängen und leidet unter den Fehlgriffen der «Religionswissenschaftlichen Schule», die zu Beginn des zwanzigsten Jahrhunderts den christlichen Eigenwert (und damit auch den Eigenwert anderer religiöser Erfahrungen) wegen solcher Verwandschaften ins vermeintlich Allgemein-Religiöse hinein nivellierte.

289 Die Madonna Platytera, Entwurf für ein Christentum als Bildoffenbarung und die Geschichte eines Madonnenbildes, Königstein 1983.

290 Mythos, Glaube und Geschichte. Die Bilder des christlichen Credo und ihre Wurzeln im alten Ägypten, Düsseldorf 1992 ([3]1998).

291 Lamm Gottes und Zeichen des Widders, Freiburg 1998.

292 Das ästhetische Jahrzehnt. Zur Postmodernisierung der Religion, Gütersloh 1990.

(2) (Tiefen-)psychologische Deutungen christlicher Glaubensinhalte häufen sich. Es gibt in der Religionspädagogik eine regelrechte C.G. Jung-Mode. Die Oberflächlichkeit vieler Angebote wird zu Recht kritisiert. Eine solide Grundlage der Auseinandersetzung bietet z.B. N. Bischof[293]: «Das Kraftfeld der Mythen». Er holt die archetypische Bilderwelt aus haltlosen Spekulationen heraus, stellt sie in den Zusammenhang auch mit der biologischen Wissenschaft und zeigt – in Kritik und zugleich Hochachtung gegenüber den Forschungen C.G. Jungs –, daß in ihrer Bildhaftigkeit sich psychologisch-biologische (eben auch religiöse) Konstituenten des Menschseins niederschlagen. Ein weites Feld der Reflexion tut sich auf: Inwieweit läßt sich z.B. in den «Dreier»-Daten menschlicher Erfahrung (und in religionswissenschaftlichen Parallelen) etwas vom christlichen Grundgeheimnis der Dreifaltigkeit erahnen? Und was besagt dies für das Verständnis dieser christlichen Wahrheit? Die Dreifaltigkeitstheologie des hl. Augustinus ging schon vor anderthalb Jahrtausenden einen ähnlichen Weg.

Zusammensehen – nicht ohne kritisches Hinterfragen – muß man dies auch mit den kultursoziologischen Faktoren, die in der Schule J. Assmanns[294]: «Das kulturelle Gedächtnis», erarbeitet werden. Statt sich nur auf irgendwelche geheimnisvolle Tiefen im Menschen zu berufen und auf diese Weise kritisches Nachfragen abzuwehren, wird dort das kulturell-soziale Umfeld untersucht, in dem die humanen und religiösen Urerfahrungen (Archetypen) leben und sich auch weiterformen. Die archetypische Welt ist nämlich kein Denkmal, das unbeeinflußt sich durch die Jahrhunderte durchhält, sondern wird geformt

[293] (Anm. 127). Mythische Entsprechungen gründen im gemeinsamen Menschsein der Völker, nicht unbedingt in kultureller Abhängigkeit, müssen also immer auch hermeneutisch (nicht nur philologisch) ergründet werden.

[294] Das kulturelle Gedächtnis. Schrift, Erinnerung und politische Identität in frühen Hochkulturen, München 1997 (^{2}1999). Der in anderen Schriften behandelte Rückgang des Ägyptologen auf den von S. Freud angeregten Mose-Echnaton-Vergleich (Ursprung des Monotheismus) kann außer Acht gelassen werden.

von vielfältigen Faktoren der natürlichen und sozialen Umwelt. Ist doch auch das Christentum nicht ohne den jüdischen, hellenistischen und auch germanisch-fränkischen Einfluß zu verstehen und kann heute nur im Gespräch mit der Umwelt die gemäße Gestalt für die kommende Zeit gewinnen. Was in der Diskussion über den christlichen Glauben für Morgen selbstverständlich ist, gilt noch stärker für den Rückblick in seine Geschichte und eben auch in die Geschichte der archetypischen Bildwelt. Wie von selbst nämlich wird unter diesem Blickwinkel das «Bildhafte», das «Erschaute», das «Ästhetische» wichtig.

Auf diesem Hintergrund ist P. Sloterdijks[295] philosophisch-kulturgeschichtlicher Entwurf in: «Sphären, Mikrosphärologie I, Blasen» (Bd. II: «Globen») erstaunlich. Scharf kritisiert er ein solipsistisches Menschenbild von Philosophie und Psychologie, als sei der Mensch als «Monade» konstituiert, die durch anderes höchstens ergänzt werde, aber doch stets den Selbstand allein in sich sucht. Die positive These aber entwirft Sloterdijk im Rahmen eines «Bild»-Denkens. Er will

> den Nachweis ... führen, daß das Sein-in-Sphären für Menschen das Grundverhältnis bildet...
>
> Noch nie haben die Menschen unmittelbar zur sogenannten Natur gelebt und erst recht haben ihre Kulturen niemals den Boden dessen betreten, was man die nackten Tatsachen nennt; sie haben ihr Dasein immer schon ausschließlich im gehauchten, geteilten, aufgerissenen, wiederhergestellten Raum,

also in ganzheitlicher und gemeinsamer Erfahrung geführt. Mit dem überraschenden Buchtitel schon distanziert sich Sloterdijk von einem alten idealistischen und einem neuen psychologischen Welt- und Menschenbild, das auf «Einheit», «Identität»,

[295] (Anm. 259), Sphären. Zitiert wird Bd. I (Mikrosphärologie, Blasen), 46; Bd. II (Makrosphärologie, Globen), 159.

«In-sich-geschlossen-Sein» als Urform der Existenz aufbaut; er argumentiert philosophisch und empirisch dagegen, daß die humane Urgestalt des Lebens immer schon im größeren Ganzen zuhause ist – in der Sphäre (Blase, Globus) –, wie der Embryo im Mutterschoß. Und weiterhin zeigt er, daß dieses «In-Sein» vom Ursprung her auch «dyadisch» konstituiert ist; das meint: weder einsam-narzistisch, aber auch nicht dualistisch-trennend; mit «dyadisch» soll gesagt sein: stets zusammen mit einem Gegenüber in der größeren «Sphäre» des «In-Seins»:

> Das Ergebnis des ersten Buches bestand in der Erkenntnis, daß das Wort Mikrokosmos nur für Paare, nicht für Individuen verwendet werden darf – was einen scharfen Bruch mit der metaphysischen Tradition bedeutet. Alle Geschichte ist die Geschichte von Beseelungen, die aus der Raumteilung der Zwei entstehen.

Mit einer Fülle von oft überraschenden Daten aus Psychologie, Philosophie und Kulturgeschichte erhärtet Sloterdijk seinen Weltentwurf: Das Behütetsein im bildhaft dargestellten Ganzen (Blase, Globus, Kugel, Kreis) und das «dyadische» Einander-Begegnen sind Urgrund und stehen daher auch für die Aufgabe des Menschen. Und dies entwickelt Sloterdijk aufgrund des bildhaften, philosophischen Ansatzes der «Sphärologie» (Kugel, Blase, Globus). Dies werde der metaphysischen Wirklichkeit mehr gerecht, als es begriffliche Abstraktionen können.

Auf dieser philosophischen Basis erhellt Sloterdijk viele Züge des konkreten (!) Menschseins: Die Rolle von Licht und Musik; die Bedeutung von Haus und Stadt, von Sterben und Kindsein usw.. Religion und insbesondere das Christentum seien Versuche, diesen Uranliegen und Urerfahrungen Wort und Gestalt zu geben (was er im II. Band auch malitiös kritisieren kann). Die «Tod-Gottes»-Theologie (d.h.: Tod der «Urkugel») sei ein Symptom dafür, daß der Mensch ins Unbehaustsein und in die Isolation gefallen ist. Seinem Zeitalter will Sloterdijk mit der «Sphärologie» offenbar eine neue Behausung (Kugel, Gott) anbieten.

Der I. Band «Blasen» analysiert das Menschsein «mikrosphärologisch» auf das Individuum hin und beginnt mit einem schönen Kapitel über das Herz, womit La Mettries «l'homme maschine» durch Zeugnisse aus der christlichen Mystik widerlegt wird. Der II. Band «Globen» analysiert «makrosphärologisch» das Zusammenleben der Menschen. Der III. Band lag noch nicht vor.

Man mag zu dem glänzend geschriebenen, aber oft kapriziös und auch eitel formulierten Weltentwurf stehen wie man will, zweifelsohne bietet Sloterdijks Kritik an einer egomanischen Psychologie und sein positiver Ansatz mit dem «In-Sein» (in der Sphäre) des «dyadisch» konstituierten Existierens wichtige Hilfen zum Verstehen der menschlichen Existenz. Mit all dem plädiert Sloterdijk dafür, daß erst mit einem Bilddenken der Mensch ganzheitlich zu verstehen sei. Martin Bubers «Ich-und-Du-Philosophie», Teilhard de Chardins «Kosmischer Christus», geeint in Liebe, aber auch Le Sauxs Versuch, die hinduistische «Advaita»-Religiosität (Nicht-Dualität, vielleicht «dyadisch») christlich zu verstehen, kommen in den Blick. Tatsächlich bringt das Schlußkapitel des I. Bandes eine «Theologische Vorschule zur Theorie des gemeinsamen Innen» unter dem Augustinus-Zitat: «Mir näher als ich selbst». Mit den christlichen Grundwahrheiten von Trinität, Menschwerdung und mit einem ständigen Blick auf die Gottesmystik erhellt und vertieft Sloterdijk darin sein Menschenbild des «dyadischen Seins-in», in polarer Spannung, in einer «Kugel»-Existenz. Als Objektivation und Ritualisierung dieser menschlichen Grunderfahrung habe das Christentum seinen Siegeszug angetreten.

Als Christ darf man darin – gleichsam umgekehrt und bestätigt von de Lubacs «natürlicher Sehnsucht nach der übernatürlichen Erfüllung» – die psychologische Stimmigkeit der christlichen Grundwahrheiten entdecken; daß nämlich selbst die Einheit des Seins in Gott zugleich «dyadisch», in trinitarischer Fülle, existiert, daß im christologischen Dogma Unendlichkeit und Endlichkeit grundsätzlich, das Böse überwindend, geeint sind, ohne sich aufzuheben.

Denn auch für das Verhältnis vom Endlichen (der Mensch in seiner Freiheit) zum Unendlichen (Gott in allumfassender Allmacht) beruft sich Sloterdijk[296] auf Augustinus und das mystische Zeugnis Margarete Poretes. Augustinus nämlich schildere in den «Bekenntnissen»

> seine Durchsichtigkeit für die absolute Intelligenz
> und sein Mediumsein für den Wahrheitsausdruck
> des großen Anderen.

Er habe damit der «existentiellen Verschränkung (des Endlichen) mit dem Umfassenden» in klassischer Weise Ausdruck gegeben. Dies komme in Wendungen zu Wort,

> die das Verhältnis zu Gott dilemmatisch als ein
> Da-Sein-in-einem-Umfassenden-und-Durchdringenden
> darstellen.

In Sloterdijks Entwurf ist es die «Kugel-Existenz», also das Identisch-in-sich-Sein, weil und indem man in dem Größeren der Kugel lebt. Das Dilemma: frei zu sein und doch vom Größeren, Allmächtigen umfaßt zu werden, löse auch Augustinus nicht durch Aufhebung einer der beiden Tatsachen in die andere, sondern durch eine existentielle Beziehung.

> Wenn Gott die Wahrheit und die Wahrheit die Substanz ist, dann muß die haltlose Subjektivität der Einzelnen, wenn es ihnen mit der Wahrheit ernst ist, sich von sich selber losreißen und sich aus ihrer eigenen Unwesentlichkeit und Scheinhaftigkeit ins Wesentliche ... retten.

Dieses Sich-hinüber-Retten in die Transzendenz ist aber kein neuplatonisches oder idealistisches Aufgeben des eigenen

[296] (Anm. 295); folgende Zitate stehen I, 563-569.

Selbstandes und der eigenen Freiheit, sondern im Gegenteil: Hiermit erst kommt der Mensch zu sich selbst:

> Wenn die Seele in ihr Äußerstes zurückgeht,
> so erreicht sie nicht,
> wie sie es beim metaphysischen Transzendieren
> beansprucht,
> ihre völlige Selbstaufhebung in der Substanz;
> sie steigt vielmehr nur auf bis an die geheimnisvolle Stelle,
> wo sie sich,
> obwohl in innigster Enthaltenheit geborgen,
> doch schon von Gott in gewaltloser Verschiedenheit
> abzuheben begann
> – die Rede ist vom Augenblick der Schöpfung...

Im Bilddenken Sloterdijks formuliert: Der Mensch als «Kugel-Existenz» ist dann genau er selbst, wenn er sein «In-Sein» in der Kugel, sein Geschaffensein von Gott, als seine ursprüngliche Identität ergreift. Sloterdijk liest diesen Gipfel der Erfahrung (dyadisch, nicht monistisch oder dualistisch) ab an den Dokumenten der christlichen Mystik und beendet die lange Passage mit dem berühmten Gebet des Augustinus aus dem III. Buch seiner Bekenntnisse:

> Du aber warst innerlicher meinem Innersten und höher meinem Höchsten.

Diese Psychologie des «In-Seins» (statt nur Selbstseins) greift einen Wesenszug des christlichen Weltbildes von profanen, psychologischen Voraussetzungen her auf. Es wäre für die meisten (tiefen-)psychologischen Zugänge zum Menschen aus christlicher Sicht wichtig, eine entsprechende Erweiterung des Grundansatzes vorzunehmen: Der Mensch ist er selbst, nicht allein in seiner persönlichen Identität, sondern erst in seinem Ur-Verhältnis zu Gott, in seinem «In-Sein als Kugel-Existenz»! Das entspricht der Analogie, wie sie K. Rahner darstellt: Man kann den Menschen, der durch sein Verhältnis zu Gott konstituiert ist, auf keinen begrifflich eindeutigen (univoken) Nenner bringen; man muß sich auf die Dynamik des Seins der «Schöpfung», auf sein Ausgerichtetsein hin zu Gott, hin zur Unbegreiflichkeit des Ur-Geheimnisses einlassen; man muß mit Augustinus und Dionysios anfangen zu beten; oder mit der Philosophie Sloterdijks gesagt: die «Kugel-Existenz» realisieren. In Gottes Geheimnistiefe, in seiner Schöpfermacht aber zeigt sich: Je mehr einer eins ist mit Gott (seine Kugelexistenz realisiert), desto freier ist er in sich, wie K. Rahner analysiert. Darstellen läßt sich dies im Bild, aber ergreifen letztlich nur in der Hinwendung zu Gott, die Beten heißt. Warum Sloterdijk im II. Band diese ehrfurchtsvolle Haltung vor der christlichen Religion aufgibt, wird wohl erst sein III., noch nicht erschienener Schlußband zeigen.

Doch gezeigt hat er, wie fruchtbar die Erweiterung des monadischen Ansatzes der Psychologie zum «dyadischen In-Sein» in der «Kugel-Existenz» und wie fruchtbar auch ein solches Bilddenken für die Menschlichkeit und für das christliche Gespräch mit der Psychologie sein kann.

b) Der Faktor der Subjektivität

Der Überstieg von der Philosophie ins Christentum schließt – was schon oft berührt wurde – den Überstieg in die Subjektivität des persönlichen Glaubens ein. Das ist kein irrationales Geschehen, sondern ein auch philosophisch bedachtes Postulat, was besonders die Hermeneutik H.G. Gadamers betont: Je näher eine Wahrheit der Existenz kommt, desto tragender wird die persönliche Haltung für die Rezeption dieser Wahrheit. In nackter Objektivität erstarren solche Wahrheiten schnell zu leeren Formalien. Dazu schreibt K. Rahner[297] in einem späten Aufsatz über «Die Kunst im Horizont von Theologie und Frömmigkeit»:

[297] Schriften zur Theologie XVI, Einsiedeln-Köln 1984, 368.

> Die ganze christliche Theologie muß, richtig verstanden, «subjektiv» sein. Sie kann nicht von Gegenständen reden, die jenseits der geistig-personalen freien Wirklichkeit des Menschen liegen. Über einen Maikäfer als solchen kann man keine theologische Aussage machen... Man könnte also sagen: Theologie fängt erst dort an, wo sie wirklich subjektiv wird...
>
> Christliche Theologie muß subjektiv sein, insofern sie ... letztlich direkt oder indirekt diese personalen geistigen Beziehungen (von Glaube, Hoffnung und Liebe) des Menschen auf Gott hin beschreibt und hervorruft.

Damit werden die Glaubensaussagen und darinnen liegend der Glaube selbst nicht immunisiert gegen vernünftige Befragung, sondern es wird die Ebene betreten, auf der eine legitime Auseinandersetzung erst beginnen kann. Auch Chr. Jamme hat in der Analyse des Mythos gezeigt, daß der «mythopoetische» Zugang zur Weltdeutung nicht «irrational» ist, sondern eine höhere Vernünftigkeit einschließt. Es ist eine «Vernünftigkeit», die den ganzen Menschen und nicht nur seinen Verstand umfaßt. Gerade das künstlerische Schaffen, dem Rahner im obigen Aufsatz nachgeht, gibt ein Exempel dafür, daß Wert und Unwert einem zwar rationalen Urteil unterliegt, aber zugleich die jeweilige Subjektivität des Urteilenden miteinbezieht. Trotz subjektiven Differenzen entschwebt das Kunsturteil nicht in subjektivistische Beliebigkeit, sondern bleibt rational übersichtlich. Hier berühren sich wahre Kunst und echte religiöse Erfahrung; denn beide ergreifen den Menschen in solcher Tiefe und Ganzheit, daß die formale Rationalität – der M. Schneider Neo-Scholastik vorwirft, die aber bei vielen Wissenschaftlern von heute zu Hause ist – überstiegen wird zum Urteil aus der ganzen Existenz heraus. Rahner[298] geht dem unter einer anderen Perspektive nach und stellt es in das Allgemein-Mensch-

[298] Zur Theologie der religiösen Bedeutung des Bildes, in: Schriften zur Theologie XVI, Einsiedeln-Köln 1984, 348-363, Zitat 361.

liche hinein, was er anderswo mit dem oft kritisierten Wort als «anonymes» Christsein zumindest berührt:

> Die Gesamtheit des Selbstvollzuges eines Freiheitssubjektes ist immer und unweigerlich ein Ja oder Nein zu Gott, auch wenn dies von diesem Freiheitssubjekt nicht immer thematisiert oder sogar verbalisiert ist. Von da aus ist der Satz, die Schau eines Bildes, das keine explizit religiöse Gegenständlichkeit hat, könne doch eine Erfahrung einer frei angenommenen Transzendentalität auf Gott hin, ein religiöser Akt sein und in diesem Sinne dieses Bild doch eine religiöse Bedeutung haben, für den Theologen nicht so befremdlich, wie es zunächst vieleicht scheinen mag.

Mit anderen Worten: Wahre Kunst ist in irgendeinem Sinne immer schon religiös, – weil sie mit der Gesamtheit der menschlichen Existenz auch seine Subjektivität, seine Freiheit herausfordert und auf Sinn oder Unsinn des Existierens befragt. Wiederum: Damit wird die Rationalität des Befragens von Kunst und Religion auf Wert und Unwert hin nicht negiert, sondern in den größeren, vollständigen Zusammenhang hineingestellt, also gesamtmenschlich integriert.

c) Gottes Unendlichkeit im Gewand endlichen Verstehens

Das Hölderlin-Zitat, mit dem Jamme sein Buch betitelt: «Gott an hat ein Gewand», besagt: Ganzheitliche Gottesbegegnung ist stets geprägt durch Bildhaftigkeit und übersteigt zugleich das Bild selbst hin ins (Gottes-)Geheimnis. Was alles unter «Bild» zu verstehen ist, wurde bisher vielfältig gezeigt. Der Mensch begegnet in Wahrheit dem wahren Gott – aber stets im Gewand von Bild, von Mythos, auf «analoge Weise», in «größerer Unähnlichkeit» nach dem IV. Laterankonzil. Er begegnet Gott in diesem Selbst-Überstieg des «Bildes». Dionysios zelebriert dies in seiner «Theologia Mystika» mit radikaler Konsequenz.

Oft genug – gerade auch im aktuellen Religionsgespräch – wird diese Glaubens- und zugleich humane -Wahrheit zu wenig beachtet. Sie besagt, daß jede (!) Aussage über Gott und die Dinge Gottes stets ein Moment der «Unähnlichkeit», also des Irrtums und der Falschheit enthält. Anders gesagt: Sie ist in irgendeiner Weise immer nur «Bild», nur «Symbol», nur «Gewand», womit das Letzt-Gemeinte sowohl ent-, wie auch ver-hüllt wird. Das gilt ebenso den sogenannt «ungegenständlichen» Erfahrungen von Gott wie den zentral-christlichen Aussagen wie Gott ist Person, ist ein «Du». Wird nicht das Sprechen (und damit auch Erfahren) von Gottes «Du» im Fundus des christlichen Glaubens korrigiert! Es ist die Rede von drei göttlichen Personen, deren dreimaliges «Du» nicht zu einem vierten zusammen-, aber auch nicht in dreifacher Isolierung auseinander-gezogen werden darf.

Deshalb nimmt Kardinal Joseph Ratzinger[299] die Glaubenswahrheiten aus deren starrer Begriffs-Identität heraus und stellt sie in die Entfaltung des lebendigen Vollzugs hinein:

> Es gibt nicht den geschichtslos-dauernden Begriff, dessen Sinn ich dann schon bewahrt und in seiner Identität festgehalten habe, wenn ich ihn verbal unverändert wiederhole.
>
> Damit eine Aussage dieselbe bleibe, muß sie mit den geschichtlichen Verwandlungen des Menschen neu angeeignet werden.

(!)

Was das für den konkreten Glauben besagt und wie sehr es ebenso in fundamentalistischer Verhärtung wie in liberalistischer Aufweichung mißachtet wird, steht hier nicht zur Debatte. Wohl aber die Bedeutung dieser Feststellung für die Gotteserkenntnis und Gotteserfahrung in sich. Auch die genaueste Umgrenzung eines Glaubensinhaltes bleibt zurück hinter dem Letztgemeinten selbst. Eine Glaubenserfahrung, die

[299] Dazu mein Buch: Gottes Geist ist konkret (Anm. 3) 42f.

im «Erkannten» und auch «Erfahrenen» bewegungslos ausruht, wird sich über kurz oder lang als irrig erweisen. Dies hat Dionysios verbalisiert: Sowohl mit den Gipfelaussagen seiner «Theologia Mystika», die selbst die «Negative Theologie» übersteigen, wie mit ihrer poetischen Gestalt, die den Gläubigen zur ästhetischen Empathie statt nur abstrakten Bejahung aufruft.

Zur Rubljov-Ikone von der Heiligsten Dreifaltigkeit macht G. Bunge[300] auf das Gleiche aufmerksam und stellt es in die Glaubensverantwortung vor der christlichen Wahrheit hinein:

> Wer die «Botschaft» einer solchen Ikone vernehmen will, darf sich daher, wie bei der Verkündigung der Kirche allgemein, weder von wesensfremden Vorstellungen noch von bloß subjektiven Empfindungen leiten lassen. Er muß sich vielmehr leiten lassen von der Entfaltung der Offenbarung in der Lehre der Kirche wie sie in Theologie, Liturgie, Spiritualität und Ikonographie ihren gültigen Ausdruck gefunden hat.
>
> In diesem demütigen Hören auf die Tradition auf den «Weg der Väter» gebracht, dürfen wir es dennoch wagen, uns dieser ganz persönlichen «Schau» der göttlichen Geheimnisse hinzugeben. Diese Schau ist ein fortschreitendes Geschehen, dessen Rhythmus von dem eigenen geistlichen Wachsen bestimmt wird. In diesem Leben wird es daher nie an ein definitives Ende gelangen.

Nur eingebettet in die Lebendigkeit des persönlichen Engagements und in das, was J. Assmann als «kulturelles Gedächtnis» analysiert und seine christliche Entsprechung im Leben der Kirche hat, findet der christliche Glaube seine Wahrheit. Denn diese ist keine begriffliche Formel, sondern lebt vom Überstieg und Hinweis auf die «je-größere», «ähnlich/unähnliche» Wirklichkeit Gottes, an die sich «hinzugeben» sie auffordert. Sie lebt

300 Der andere Paraklet (Anm. 265) 112.

aus der «apophatischen Mystik», wie sie Dionysios darstellt. Mit einem anderen Bild gesagt: Der volle christliche Glaube gibt keine Landkarte zur Hand, sondern führt in ein Haus mit vielen Zimmern und Gängen hinein, die dem Gläubigen die Möglichkeit schenken, hier oder dort auszuruhen; aber er hat seine Wahrheit nur in dem ganzen Haus mit den verschiedenen Räumen auch in die Geschichte hinein, die niemand zugleich betreten kann, die aber das Gebäude seines Glaubens ausmachen und die er immer weiter durchschreiten soll.

Die Parallele zur Begegnung von Mensch zu Mensch steht gewiß auch nur «analog» dazu, aber kann das Verständnis für das Glaubens-Verhältnis von Mensch zu Gott wecken. Man kann und muß sich vom anderen Menschen ein Bild machen (von Gott Begriffe, Vorstellungen und Erfahrungen haben). Doch eine persönliche Beziehung (also Glaube) entsteht erst, wenn man sich mit diesem Bild und in der Erfahrung dem anderen selbst zuwendet, der mehr ist als jedes Bild, auch mehr als all das, was im menschlichen «Bewußtsein» als Erfahrung lebt. (Im Bild des «Hauses» gesagt: wenn man weiß, daß nicht der Raum, in dem man sich aufhält, für sich allein den Glauben ausmacht, sondern das ganze Haus mit seinen vielen Räumen.) Man muß die Ego-Existenz grundsätzlich übersteigen und spricht daher vom Glauben als Vertrauen, Liebe. Dieser Überstieg ins «Transzendente» hinein spiegelt sich schon innerweltlich im Überstieg in den Reichtum der Tatsächlichkeiten des konkreten Christentums, in das Leben der Kirche hinein. Die Mystiker sprechen von der Gottesbegegnung als einem «Ex-Cessus», «Über-Stieg».

Bilder, die man von jemandem hat, können und müssen sich im Laufe der Zeit (der Zeit der Kirche, aber auch der Zeit des persönlichen Reifens) ändern; denn sie haben ihre Wahrheit in dem anderen, dem sie sich vertrauend zuwenden. Gott als der «Andere», nicht aber das Bild von ihm – und mag es noch so «Bild»-los und Un-gegenständlich sein –, bleibt durch alle Veränderung immer «er selbst». Der Künstler Max Frisch greift daher ebenso wie der Philosoph Emmanuel Lévinas das biblische Bild-Verbot von Gott auf und schreibt: «Wer sich vom anderen (Menschen) ein Bild macht (d.h. ihn damit festhalten will), tötet ihn!»

Im religiösen Glauben ist dieser Andere Gott, dem der Mensch sich vertrauend und betend zuwendet; er ist – darin liegt das Proprium der christlichen Überzeugung – in Jesus Christus zugleich Glied der menschlichen Geschichte, ist unser Bruder geworden. Er ist – als Schöpfer und heilbringender Gott – zugleich der Grund dafür, daß der Mensch sich frei Gott zuwendet. Paulus spricht hierzu vom «Geist Gottes», der in uns «Abba-Vater» betet. Der trinitarische Glaube, der nach Le Saux die Brücke zum Verständnis der fernöstlichen Spiritualität schlägt, zeigt damit seine (auch psychologisch aufzuweisende) Lebensnähe, sac-cid-ananda: Der eine und einzige Gott (Vater), der Glied der menschlichen Gemeinschaft geworden ist (Sohn), ist der Grund unseres christlichen Glaubens (Geist), der im einzelnen Christen «betet» und zugleich im Universum der Welt (in dem «Haus») lebt.

Mit welchen Bildern oder Analogien man dieses Verhältnis von Mensch und Gott nun ausformuliert, bleibt letztlich sekundär; primär ist der Bezugspunkt, den die Bibel mit dem frühen Bekenntnis ausdrückt:

«Jesus Christus ist der Herr!»

Im Blick auf das Religionsgespräch über den Raum der abrahamitischen Religionen hinaus mit den fernöstlichen Religiositäten darf gefragt werden: Besteht die Nomenklatur «pantheistisch» für manche buddhistische oder hinduistische Äußerung als Erfahrung eines «Du»-losen Absoluten wirklich zu Recht? Oder verbergen sich – für ein intensiveres Hinhören und Mitleben – nicht auch in diesen Traditionen Werte und Erfahrungen, die durchaus Platz haben in dem, was die christliche Tradition als «Du-Gott» bekennt, worin also K. Rahner vielleicht ein «anonymes» Christentum erkennen könnte? Daß allerdings hier äußerste Sorgfalt und behutsames Vorantasten vonnöten sind, muß nicht eigens unterstrichen werden.

III. Gott ist je grösser

Mit «je»(-größer) übersetzt E. Przywara in seinem Exerzitienkommentar (1938-1940, Neuauflage 1964) das ignatianische «mas», «mehr». «Deus semper maior», Gott ist je größer[301]. Damit ruft er auf geniale Weise die dionysische Tradition der negativen Theologie und Mystik auf. So überrascht es auch nicht, daß Przywara, der in der christlichen Tradition ebenso zu Hause war wie in der modernen Geistigkeit, sich immer wieder auch poetisch und in der Sprache der Paradoxe ausdrückte – seine Formel: Gott ist «in/über», also zugleich immanent und transzendent zur Schöpfung, kann für die durchgängige Fragestellung dieser Arbeit stehen. Der «je-größere» Gott in seiner Erfahrungsgegenwart unter uns Menschen verlangt entsprechende Sprachformen.

Wie reich und gesprächsoffen dieser dialektisch-poetische Zugang zur Gotteswirklichkeit ist, hat Przywara in vielen philosophischen und theologischen, ökumenischen und transreligiösen Gesprächen und Veröffentlichungen unter Beweis gestellt. Zugleich zeigte gerade er, daß eine solche Weite ohne persönliches Bekenntnis flach und inhaltsleer, aber ohne reflektierende Wissenschaftlichkeit zu leerem Geschwätz würde. So fordert auch ein zusammenfassender Blick auf die Schneisen, die im Vorangehenden geschlagen wurden, um sich dem Reichtum der Gottesbegegnung zu nähern, das persönliche Bekenntnis zum Christentum, während die reflektierende Wissenschaftlichkeit gleichsam als ständige Aufgabe gestellt bleibt.

a) «Nur das Mysterium tröstet» (Karl Pfleger)

So nannte der Priesterschriftsteller sein Buch: «Nur das Geheimnis tröstet»[302]. Er gehört zu den Autoren, die schon um

[301] M. Zechmeister, Gottes-Nacht. Erich Przywaras Weg Negativer Theologie, Münster 1997.

[302] Nur das Mysterium tröstet, Frankfurt 1957.

die fünfziger Jahre eine Brücke von der theologischen Gelehrsamkeit zu dem schlugen, was heute «Spiritualität» genannt wird, die also den «Ehebruch zwischen Theologie und Spiritualität» (Fr. Vandenbroucke) zu heilen suchten.

Mit «Mysterium» ist weder ein Rätsel gemeint, das man über kurz oder lang lösen kann, noch eine Finsternis, deren Sinnlosigkeit einen verschlingt. Es übersteigt auch den Blickwinkel, zu dem K. Ruh[303] sich mit B. Alemann bekennt: «Dem Begriff der Wissenschaft selbst immanent ist der Begriff Distanz zur Sache.» Das Mysterium in dem hier gemeinten Sinn hingegen will Trost bringen, Distanz und Abgrund überwinden; es will «mir» ganz persönlich nahekommen.

Wieder einmal kann die Formulierungskraft K. Rahners[304] weiterhelfen:

(Mysterium ist das)
woraufhin der Mensch
in der Einheit seiner erkennenden
und frei liebenden Transzendenz
immer schon sich selbst übersteigt.
Somit ist Geheimnis ein wesentlicher
und bleibender Uraspekt
der totalen Wirklichkeit,
insofern sie als ganze (also unendliche)
für den endlichen, kreatürlichen Geist
in dessen wesensgemäßer Offenheit
auf das Unendliche hinweist...
Es gibt im Grunde nur ein Geheimnis:
daß Gottes Unbegreiflichkeit, in der er Gott ist,
nicht bloß als die Ferne und der Horizont,
innerhalb dessen sich unsere Existenz bewegt,
gegeben ist,
sondern daß eben dieser Gott,

[303] Geschichte der abendländischen Mystik IV (Anm. 4) 61.
[304] Kleines theologisches Wörterbuch (Anm. 274) 136.

unbegreiflich bleibend,
sich uns zur Unmittelbarkeit schenkt,
so daß er als er selber
die innerste Wirklichkeit unseres Daseins wird.

Mehreres ist hervorzuheben:
(1) «Geheimnis» meint hier in erster Linie nicht dieses oder jenes, was als «geheimnisvoll» dargeboten wird, meint also auch nicht das eine oder andere Glaubensgeheimnis wie Dreifaltigkeit oder Inkarnation. Es meint vor allem das Ganze, dem der Mensch den Namen Gott (Absolutes, Sein usw.) zu geben wagt und wohinein letztlich auch er selbst gehört; dasjenige, das ihn umhüllt und trägt und durchzieht; dasjenige, vor dem er angstvoll zitternd stehen mag, das aber zugleich nahe und erfüllend sein kann. Die mittelalterliche Mystikerin Margarete Porete[305], die von der Pariser Inquisition hingerichtet wurde, nennt es den «longprès», den «Fern-Nahen». Das heutige Reden von «Spiritualität» meint weithin die Sehnsucht nach diesem Geheimnis. Manch eine (auch christliche) Theologie steht aber nicht nur in Gefahr, es in Verstehen aufzulösen; auch die Zersplitterung in eine Vielfalt von Einzelaspekten wird dem «christlichen Mysterium Gott» nicht gerecht.
(2) Dieses Geheimnis ist auf «mich» bezogen; auf mich, in meiner Offenheit, in meinem Selbst-Überschreiten hin auf die Schönheit der Welt und auf ihr Grauen; letztlich auf den Reichtum hin, den man Gott nennt und der als bergendes Geheimnis zugleich «die innerste Wirklichkeit» meines eigenen Daseins ist. Mit dem Hinweis auf das «Mysterium, Geheimnis» bin letztlich auch «ich», der Mensch, umschlossen.
(3) Mit «Nur das Geheimnis tröstet» spricht K. Pfleger vom «Geheimnis» des christlichen Glaubens. Seine «Fern-Nähe» wurde über alle Angst hinweg in Jesus Christus zur endgülti-

[305] S. 256 u. 288. Vorzüglich bei B. McGinn, Die Mystik im Abendland III. Blüte. Männer und Frauen der neuen Mystik (1200-1350), Freiburg-Basel-Wien 1999 (I. Ursprünge, 1994; II. Entfaltung, 1996).

gen «Nähe», wurde sichtbar, ansprechbar, nach K. Rahner zur «Unmittelbarkeit» und zur «innersten Wirklichkeit meines Daseins». H. de Lubac[306] schreibt dazu und will damit das undifferenzierte Reden von diesem oder jenem Geheimnis abwehren:

> «Als epiphanes (sichtbar gewordenes) Wort Gottes»,
> als Kundgebung seines Wesens und Heilsplanes,
> ist Jesus Christus nicht allein ein Mysterium:
> Er ist das Mysterium,
> und es gibt kein anderes.

Christentum sieht also in Jesus das Geheimnis schlechthhin. Paulus (1 Kor 1 u. 2) preist ihn als «das Geheimnis», als «Gottes Weisheit von Ewigkeit her».

(4) Als Nicht-Christ nähert man sich dieser kühnen Aussage, wenn man mit E. Lévinas bedenkt: Das vertrauende «Ja» zur Freiheit des «Anderen» meint die «wahre Unendlichkeit», die wahre und letzte Erfüllung menschlichen Suchens. Die «Totalität» des Denkens hingegen, aber auch eine dementsprechende «Bewußtseinserweiterung» steht nach ihm für das kalte, rationale Begreifen- und Konsumieren-Wollen: Mit «Unendlichkeit» aber sei der Mensch auf der Suche nach der Ganzheit, für die es keine bessere Erfahrung gibt als die der «Liebe», dem Vertrauen in Freiheit; sie nämlich vereint ohne zu verschlingen, ohne zu konsumieren. Im grundsätzlichen Überschritt über das eigene Wissen und Bewußtsein (Ek-zessus, Transzendenz) in die Unendlichkeit einer anderen Freiheit hinein liegt zugleich Liebe und Vertrauen, liegen die Grundwerte des Menschseins. Der Christ glaubt, daß er sie endgültig in Gott findet, der in Jesus Christus zu ihm spricht.

– Das ist das «Mysterium», das «tröstet».

[306] Geheimnis aus dem wir leben, Freiburg ^{2}1990, 31.

b) «Die Schönheit wird die Welt erlösen» (Feodor M. Dostojewskij)

Das schrieb der russische Schriftsteller[307] in seinem Roman «Der Idiot» (II, 1), bekanntlich eine Christus-Parabel. Das Wort steht neben dem anderen, das nach den «Dämonen»[308], ein Gegenroman über das Böse, zitiert wird:

> Die Liebe ist höher denn das Sein,
> die Liebe ist die Krönung des Seins.

Beide Worte heben über die bloße Rationalität hinaus in die Welt der Werte. Sie stellen nach Dostojewskij zwei Seiten eines einzigen Hochwertes dar, der heute neu gesucht wird. Man zweifelt zwar ebenso am Hochwert der Liebe, wie man die «Unmöglichkeit einer theologischen Interpretation der Kunst»[309] behauptet. Doch solche Urteile bewegen sich noch auf der Ebene der Rationalität, die Dostojewskij grundsätzlich übersteigen möchte.

Schönheit, Poesie, Kunst, Ästhetik im Sprechen über «Gott» zeigt an: Es wird eine Meta-Ebene der Sprache (und des Denkens und des Verhaltens) angezielt, die die syntaktische Logik von Sprechen (und Denken) übersteigt, ohne das Sprechen (und Denken) in sich nutzlos zu machen. Was in der Formulierung des widersprüchlichen Paradoxes wie irrational aussehen mag, zeigt in der künstlerischen Gestaltung seine humane Gültigkeit, die Rahner «wesensgemäße Offenheit», «übernatürliches Existential» nennt; nach de Lubac lebt darin die «natürliche Sehnsucht nach Übernatur»; die Mystiker sprechen vom Seelengrund, in dem der Mensch Gott berührt. Es ist kein Zufall, daß bei Dionysios Schönheit nicht nur als

[307] Nach dem Dostojewskij-Brevier von R. Lauth, Was vermag der Mensch?, München 1949, 180.
[308] Nach Kindlers neues Literatur-Lexikon, München 1989, 805.
[309] J. Heumann, W.E. Müller, Auf der Suche nach Wirklichkeit. Von der (Un-)Möglichkeit einer theologischen Interpretation der Kunst, Frankfurt u.a. 1996.

Aussage von Gott, sondern auch in der Form seiner Schriften zu finden ist.

Wie gefährlich es ist, den «schönen» Bild- und Symbol-Charakter religiöser Aussagen auf die Ja-Nein-Logik der Rationalität zu reduzieren, zeigt P. Sloterdijk, dessen Bilddenken im I. Band der «Sphären» wichtige Einsichten in die Anthropologie ergaben, nun im II. Band der «Sphären»[310]. Man kann es kurz kennzeichnen: Das Bilddenken, das in der Menschenkunde, Anthropologie des I. Bandes hilfreich war, wird in der Kosmologie, der Lehre von der Welt (und Gott), lächerlich gemacht. Dort kommt er auf christliche Glaubensinhalte zu sprechen und vernachlässigt dabei seine eigenen Vorgaben des I. Bandes und die vielen Untersuchungen über Symbol und Wirklichkeit. Sloterdijk setzt jetzt in naiver Weise Symbol/Bild gleich «nackte» (eine Qualifikation von ihm) Realität und zerstört damit logisch-systematisch den Zugang zum Religiösen. Dem unvoreingenommenen Leser muß das vorkommen wie eine radikale Rücknahme dessen, was er im I. Band, bild-haft denkend, dargeboten hat.

Religiöse Symbole wollen doch seit jeher mit Bild, Musik, Ritus, Gebärde usw. in der Welt des Feststellens und der Logik etwas erlebbar machen, was eben diese Welt übersteigt (Ek-Stase)[311]. Losgelöst vom «Symbol»-Charakter, wäre das Religiöse für den ehrlichen Vollzug inexistent oder abergläubisch. Doch im angeschauten und erlebten Symbol kann sich der religiöse Mensch, der Beter, dem Göttlichen zuwenden.

Eben noch hat Sloterdijk im Exkurs 4 – auf der Basis des Symboldenkens – eine aufschlußreiche kulturgeschichtliche Betrachtung am Bild des Kuppelbaus («Pantheon, zur Theorie der Kuppel») entwickelt; dann folgt eine Kritik des monothei-

[310] (Anm. 259. 295), Bd. II. Zitate werden im Haupttext verifiziert. Zu dem auch von Sloterdijk oft benutzten Paradox von Gott als Kreis, dessen Mittelpunkt überall und Umfang nirgends ist, vgl. Mahnke (Anm. 97) und oftmals.

[311] Dionysios war sich des Übersteigens der Logik sehr bewußt.

stischen Gottesbildes: «Deus sive Sphaera (Gott oder Kugel) oder: Das explodierende All-Eine». Darin vergißt er, daß mit der Kugel-Vorstellung ein Bild, ein Symbol von Gott, nicht aber Gottes Sein physikalisch-logisch eindeutig ausgesagt wird. Sloterdijk geht aber mit dem Bild des Kreises, der Kugel um wie die rationalistische Neo-Scholastik mit dem «Seinsbegriff».

So setzt er zwei Bilder des symbolischen Weltverständnisses gegeneinander: – Kosmologisch: Die Erde, der Mensch ist die Mitte, von vielen Sphären umgeben; das Göttliche ist die letzte, allumfassende, behütende Sphäre.
– Theologisch: Gott ist jetzt die Mitte, «Grund aller Geheimnisse der Welt»; aus dieser Geistquelle entspringt die Welt wie aus einem Brunnen.

> Die sich aufdrängende Idee, die beiden Reden ließen sich zu einer einheitlichen Gesamttheorie zusammensetzen, als seien Natur und Geistgott zwei komplementäre Aspekte desselben Kontinuums und ihre Theorien nur verschiedene Projektionen derselben an sich selber kohärenten Gesamtwirklichkeit, erwies sich ... als undurchführbar. (465f)

In immer neuen, bei Platon, Aristoteles, Plotin ansetzenden Überlegungen reißt Sloterdijk einen unheilbaren Bruch dieser zweifachen Gottes- und Weltvorstellung auf. An ihr sei – wie er besonders mit Nietzsche zeigen will – die abendländische Theologie (er nennt sie katholisch) gescheitert.

Ist Gott «theologisch» in der Mitte zu finden oder muß man «kosmologisch» den Himmelssphären entlang hochsteigen über die Ränder des Wirklichen hinaus, um seine bergende Wirklichkeit zu finden? Nikolaus von Kues wird zitiert; er habe noch versucht, beide Sichten zu verbinden in einem

> kosmologischen Argument, in dem sich die Agonie des mittelalterlichen «Weltbilds» konvulsivisch bekundet:...
>
> «Der also die Mitte der Welt ist, nämlich der hochgepriesene Gott, der ist die Mitte der Erde und aller Sphären

> und sämtlicher Weltdinge, und ist zugleich der unendliche Umfang von allem.» (471)

Auch das «kosmisch-überkosmische Bastardmodell» von Dantes Paradies demonstriere die Absurdität: Der Aufstieg aus der Erdenmitte in die sich weitenden himmlischen Sphären wird zum Streben nach der Mitte, nach

> einem hochgelegenen Zielpunkt, gewissermaßen einer ausgelagerten «Mitte» ..., die sich paradoxerweise am obersten Rand und außerhalb des Stufenkosmos befindet... Gott allein mag wissen, wie es anzustellen sei, sich in einem einzigen strahlenden Mittelpunkt zu verdichten und sich zugleich als weitester Wall und sublimstes Außenwerk der kosmischen Struktur zu präsentieren. (480ff)

Die «geozentrische Kosmographie» (477: Erde, Mensch als Mitte) wird radikal gegen die «Konstruktion der theozentrischen Kugel» (489: Gott als Mitte) gesetzt:

> Wenn bei der Weltkugel das tote Ende (Dantes Hölle, 593ff) in die Mitte fällt, während dem hohen Rand die Vollkommenheit zukommt, zeichnet sich die Gotteskugel durch die Monarchie der Mitte aus, indes ihre extreme Peripherie, genauer ihre Trans-Peripherie, nur eine diabolische Anarchie bedeutet. (500)

Das zeige die Widersprüchlichkeit dieses Gottes- und Weltbildes:

> – Heteropoietisch-demiurgisch: Die Herstellung (der Welt) durch den Demiurgen, der als quasitranszendenter Produzent das Weltganze in der Gestalt einer beseelten Sphäroplastik kreiert...
> – Autopoietisch-emanativ: (nach dem) Sonnengleichnis, das sich ganz legitim als Urszene einer Kugelschöpfung durch Aussstrahlung begreifen läßt. (524f zusammengezogen und umgeordnet)

Sloterdijk kann sogar behaupten, daß Augustinus, der Kronzeuge christlicher Mystik, es dem «Intimgott», dem «Nähegott» seines ehemaligen Manichäismus verdanke, daß ihm Gott zur liebenden «Mitte» wird; so habe er die majestätische, «platonische Seinsmitte» personal «aufgeladen» und damit die innere Widersprüchlichkeit des Welt- und Gott-Systems verstärkt (529ff). Die «affirmative Mystikforschung» habe dies nicht beachtet, weil sie «in der Hand der Naiven liege» (535f). Daß er aber selbst auf der anthropologischen Ebene im ersten Band sich diese Widersprüchlichkeit als Grundprinzip seines Menschenbildes erwählt hatte (das augustinische: «Gott innerlicher als mein Innerstes und höher als mein Höchstes»), scheint Sloterdijk nun auf der Ebene des Weltbildes vergessen zu haben.

Man darf fragen, wo die der Mystik-Forschung vorgeworfene Naivität wirklich zuhause ist. Für den Fürsten der Theologie, Thomas von Aquin, war doch die Analogie, d.h. nicht zuletzt die Bildgeprägtheit der Glaubenswahrheiten, selbstverständlich: Er nämlich schreibt:

> Non credimus sententiam,
> sed rem.
> Wir glauben nicht den Satz (Bild, Dogma),
> sondern die urgemeinte Sache.

Wer also bei der Satzlogik hängen bleibt, statt mit ihrer Hilfe den Blick auf die «Sache» zu lenken, bleibt letztlich bei einem Götzen stehen. Die Schwebe zu halten zwischen einer naiv verdinglichten Bildaussage und einer rational entleerten Abstraktion ist aber Grundaufgabe des Redens über Gott. Gerade was Sloterdijk hier als Bruch denunziert, das emotionale Zusammenschauen von Aufsteigen zur Höhe und Hineinsteigen in die Mitte, war für die Mystik ein beliebter Weg, um die überrationale Begegnung mit Gott auszudrücken, der zugleich die Transzendenz (Höhe) wie die Mitte (Immanenz) des menschlichen Suchens ausmacht. Und dieser Weg wurde in seiner Paradoxie bewußt begangen. So schreibt Bonaventura und greift nach McGinn[312] eine große Tradition auf, die Sloterdijk im I. Band mit dem Augustinuszitat aus den Bekenntnissen selbst lobend herangezogen hat:

> In der menschlichen Seele sind das Innerste und Höchste ein und dasselbe. Das zeigt sich daran, daß sich der Mensch ebenso mit seinem Höchsten ganz und gar Gott nähert wie mit seinem Innersten. Je mehr er folglich nach Innen zurückkehrt, desto höher steigt er auch auf und wird mit den ewigen Dingen vereint.

Sloterdijk, der in der Anthropologie Bilder, Symbole rehabilitiert und sich sogar für das Zusammenfallen von Hoch und Innen auf Augustinus beruft, läßt bei der kosmologischen Reflexion über Welt und Gott die Spannung von Bild und Sache unter den Tisch fallen, argumentiert neuscholastisch-rationalistisch gegen das christlich-mystische Gottesbild und degradiert das Göttliche zum Ding, zum Götzen. Es ist unverständlich, daß er z.B. den auch von uns des öfteren berührten Satz aus der hermetischen Literatur:

> Gott, das ist die unendliche Kugel,
> deren Mittelpunkt überall und deren Umfang nirgends ist,

bei Nikolaus von Kues kritisiert, aber selbst ihn breit und positiv behandelt (537-551).

Über die Vorstellung von Hölle – liegt sie in der Mitte der Welt? oder ist sie das drohende Außen jenseits des göttlichen Quellgrundes? – macht er in einem langen Kapitel («Anti-Sphären, Erkundungen im höllischen Raum») seine Scherze, benutzt aber die gleichen Paradoxien in der Anthropologie.

Zur Travestie wird seine Engführung, wenn er das christologische Dogma im Zusammenhang mit dem Exkurs: «Autokoprophagie. Zum platonischen Recycling» berührt. Mit einem Platonzitat wird die Weltkugel als ein in sich vollkommenes

312 McGinn (Anm. 305) III, 200. Er verweist auf: Ascension and Introversion in the Itinerarium mentis in Deum, in: San Bonaventura 1274-1974, 535-552.

Lebewesen dargestellt und dann der «Preis der Vollkommenheit» karikiert:

> ...das absolute Tier muß ein Autokoprophage sein, in deutscher Prosa ein Eigenkotfresser... Das Lebewesen, das alles durch sich selbst erleidet und alles durch sich selber tut, verwirklicht ein Gottesattribut, das in der Doktoren-(der Theologen)-Zeit mit dem Terminus aseitas oder Aus-Sich-heit wiedergegeben wurde, auch wenn keiner der scholastischen Theologen mehr die platonische Kaltblütigkeit aufbringen mochte, sich mit den Einzelheiten des Stoffwechsels bei dem göttlichen Tier zu befassen... (430)

Dieser Karikatur, die die Differenz von Symbol und eigentlich-Gemeintem als Struktur des Schönen völlig unterschlägt, setzt Sloterdijk mit dem Bezug zum christlichen Dogma von der Menschwerdung Gottes die Krone auf:

> Während die Weltwerdung Gottes (bei Platon) ein absolutes Tier erzeugt, das kraft seiner Autokoprophagie einen Lebensprozeß ohne Außen durchläuft, entsteht durch die Menschwerdung Gottes ein metaphysischer Zwitter, von dem die eine Seite von Ewigkeit her weder ißt noch trinkt, während die andere durch irdisches Essen und Trinken die Voraussetzungen für entsprechende Ausscheidungen schafft, von denen kultimmanent nicht geredet werden darf. (432)

Ich möchte auf die nun folgenden Peinlichkeiten nicht eingehen. Aber deutlich ist: Aussagen, die in klassischer Theologie «analog» heißen – über das Wort macht Sloterdijk sich lustig – und sprachlich-existentiell, als ein Grundzug von Schönheit, Symbol und Gemeintes – nach Thomas: Wort und Sache – zu verstehen sind, persifliert Sloterdijk so primitiv, daß es schwer fällt, an die Redlichkeit seiner Darstellung zu glauben – und dies insbesondere, weil er im I. Band mit einem entsprechenden Bilddenken seine Anthropologie erarbeiten konnte.

Gewiß fällt es jeder reflektierenden Darstellung der religiösen Welt schwer, den notwendigen Bezug zum Symbol, zur Kunst, zur Ästhetik, zur Schönheit nicht in rationales Argumentieren aufzulösen. Aber hier stellt Dostojewskijs Hinweis auf die Liebe, die über dem Sein steht, das Warnschild auf. Wo dies beim Sprechen und Nachdenken über Gott im Blick bleibt, wird auch das theologisch so wichtige Moment von Schönheit, von Analogie einfließen ins Nachdenken und dadurch die theologischen Aussagen recht gewichten.

c) «Poesie ist die Muttersprache des Religiösen» (nach A. Schimmel)

Paul Tillich[313], der in der modernen Theologie als erster gründlich über den Sinn des Symbolischen nachgedacht hat, schreibt:

> Über die Religion kann man in philosophischen
> und theologischen Begriffen Aussagen machen...
> Aber das Religiöse selbst kann sich nur in Symbolen
> ausdrücken.

Was das bedeutet, zeigt er zum Sprechen von «Gott», dem religiösen Ursymbol, der religiösen Urwirklichkeit schlechthin:

> Das Wort «Gott» läßt also im Bewußtsein einen Widerspruch erscheinen zwischen dem uneigentlich Gemeinten, das Bewußtseinsinhalt ist, und dem eigentlich Gemeinten, das von diesem Inhalt vertreten wird. Es hat die Eigentümlichkeit, seinen eigenen Vorstellungsinhalt zu transzendieren: darauf beruht der numinose Charakter.

Dionysios ist in seiner apophatischen Theologie diesem (scheinbaren) Widerspruch gerecht geworden wie kaum ein anderer Theologe oder Mystiker. Das ist zweifelsohne mit

[313] (Anm. 98), Symbol und Wirklichkeit, 207. In den gesammelten Werken Bd. 5, besonders: Religiöser Symbolismus, 187-244. Die Überschrift lehnt sich an die Friedenspreis-Rede A. Schimmels (Anm. 238) an.

Grund für die gewaltige Wirkungsgeschichte des ansonsten unbekannt gebliebenen Theologen. Diese Spannung hilft, auch die anderen poetischen Texte zu verstehen, die zur Illustration seiner «Theologia Mystika» angeführt wurden.

Dazu gehören sicherlich die oftmals zur Hilfe angezogenen Texte **Karl Rahners** über das Geheimnis (298f), über die Analogie (271f), besonders über das Reden von Gott (117f). Die Genialität seines Denkens ist unauflöslich mit der Kraft seiner Sprache verbunden, die oft kaum anders als künstlerisch-poetisch zu nennen ist. Leider geht die Theologie seiner Nachfolger daran vorüber.

Schon an den Urtexten des **Shetashavatara-Upanishad** (124f) werden solche Zusammenhänge deutlich. Die Aussagen über das Göttliche wurzeln in unmittelbarer Erfahrung von Welt und Selbst, weiten dies über die Empirie hinweg aus ins Unendliche, Übergroße und sprechen damit ihn an, «den Allgestaltigen, durch den alles wird», «den zu preisenden Gott, der in unserem eigenen Herzen weilt». Das Blicken nach Außen (objektiv) und die innere Erfahrung (subjektiv) sind noch vereint. Wie bei Dionysios wird dies zu einem Hymnus, in dem die Unterscheidung zwischen der «Du»- und der «Es»-Bestimmung des Absoluten unerheblich zu werden scheint. Preisen kann man nur «Ihn». Die Kenntnis der Originalsprache würde diesen Eindruck wohl noch vertiefen.

Wir begegnen aber einer religiösen Erfahrung, in der sich vieles von dem birgt, was durch die Offenbarung in Jesus Christus vollendet wird.

Im **neuplatonischen Hymnus** (135f) löst sich die so betonte Du-Anrede ab von der «symbolischen» Vernetzung mit der empirischen Welt, mit ihrer konkreten Erfahrung. Der philosophische Schritt zur leeren Metapher, in der das «Du» zum Göttlichen nur noch abstrakte Aussage für Unendlichkeit ist und keinen gelebten, betenden Vollzug mehr verlangt, liegt nahe. Der Hymnus klingt aber dennoch ebenso im Raum der biblischen Offenbarung wie in der Spekulation Plotins sinnvoll. Manche Aussage des Dionysios wäre, losgelöst von seinem unbezweifelbar bezeugten Christentum ähnlich mehrdeutig. Doch das würde seine Poesie loslösen vom konkreten Platz im Leben (der «Rolle» nach H. Sundén), den sie ebenso wie die Texte der Bibel oder des Augustinus innehat.

Gerade künstlerische Texte sind von der Subjektivität ihres Autors nicht zu trennen. In ihr Verständnis aber fließt auf der anderen Seite auch die Subjektivität des Lesers am stärksten ein.

Das Preislied des **Hildebert von Lavardin** (141ff) sollte man neben dem Hymnus des **Boethius** (146f) zur Kenntnis nehmen. Beide bewegen sich im Latein. Doch wie unterschiedlich gehen sie mit dem «Genie» dieser Sprache um! Der Leser muß sich auch mit der sprachlichen Eigengestalt auseinandersetzen, wenn er deren religiösen Impetus nachvollziehen will.

Es wurde schon darauf hingewiesen, wie sehr die Übersetzungen des Dionysios unter sprachlicher Inkompetenz leiden. Es kann zwar keine absolute Perfektion geben, wie es das italienische Bon-mot ausdrückt: «Traditore traduttore», «der Übersetzer ist immer auch ein Verräter». Doch gerade deshalb ist äußerste Sorgfalt auch im Umgang mit der poetischen Form vonnöten.

Hildegard von Bingen (148ff) und **Mechthild von Magdeburg** (154ff) konfrontieren uns mit ähnlichen und doch überaus verschiedenen poetischen Gestaltungen der Gottesbegegnung. Bei Hildegard ist es die liturgische Feierlichkeit des Lateins, bei Mechthild die oft erotische Innigkeit der deutschen Sprache, was bei einer so kraftvollen Persönlichkeit besonders bemerkenswert ist. McGinn[314] prägte für sie das Wort einer «Evangelistin» der neuen, mittelalterlichen Gestalt der Mystik (zusammen mit Angela von Foligno, Hadewijch von Antwerpen und Margareta Porete), deren Subjektivität sie zu gewaltigen sprachlichen Formen des Eins-Seins mit Gott ermächtigt. Was an christlicher Innigkeit bei Dionysios noch verborgen ist, tritt ins Licht des Bewußtseins und verlangt eine neue Sprache.

[314] (Anm. 305), besonders Bd. II. Entfaltung.

Für die Reflexion ist diese Erkenntnis McGinns wertvoll: Es zeichnet sich nämlich von Hildegard zu Mechthild ein Mentalitätsumbruch ab, von dem auch die Gotteserfahrung selbst beeinflußt worden zu sein scheint.

In **Meister Eckhart** (160ff) treffen wir nicht nur auf den Mystiker und den genialen Theologen, sondern ebenso auf den Sprachkünstler. Mit Recht weist ihm K. Ruh wohl den Dreifaltigkeitshymnus, das «Granum Sinapis», zu und würdigt damit die poetische Genialität Eckharts. Die untrennbare Einheit von mystischer Gotteserfahrung, von theologisch-philosophischer Genialität und von poetischem Ausdruck ist bei ihm exemplarisch zu greifen. Leider kümmert man sich wenig um diese so evidente Einheit. Von dorther könnten Parallelen auch zum dionysischen Werk sichtbar werden.

Für heute aber scheint gerade er ein Vorbild für den Brückenschlag zwischen Theologie und Spiritualität zu sein.

Johannes vom Kreuz (171ff) vereint als Vertreter der Neuzeit Mystik und Mystologie[315]. Er unterscheidet auch theoretisch seine Gotteserfahrung vom Reden darüber. Doch gerade er, der Doctor Mysticus, betont die Notwendigkeit der poetischen Wortgebung für die mystische Erfahrung. Ein Ernstnehmen der unterschiedlichen Erfahrungs- und Sprach-Strukturen, die bei Dionysios noch nicht reflektiert wurden, sollte jeden Umgang mit mystischen Zeugnissen leiten.

Unter den vielen Rücksichten, die sein Werk vorbildlich machen, darf sein deutliches Erspüren nicht vergessen werden, daß die damalige Theologie kaum fähig war, das Ereignis der mystischen Gotteserfahrung adäquat zu fassen.

Bei **Angelus Silesius** (185ff) kann man studieren, daß das «apophatische» und poetische Sprechen über die Gotteserfahrung Basis alles Redens über Gott und des Verhältnisses von Gott und Welt sein muß. Ansonsten kommt es zu den Mißverständnissen, die sich ebenso bei Karl Barth, dem Verteidiger

[315] I. Behns Unterscheidung von Mystik, Mystagogie und Mystologie ist solange hilfreich, wie man kein «Entweder-Oder» daraus konstruiert.

der Orthodoxie, wie bei manchen anderen finden, die den Konvertiten zum Katholizismus vor ihren pantheistischen Karren spannen.

Doch gerade dieser Irrtum sollte den Mut zur Frage geben: Ob nicht auch andere Zeugnisse von Gotteserfahrung zu schnell festgelegt werden auf eine ideologische Einseitigkeit.

Daß **Johann Wolfgang von Goethe** (190ff) in diese Abfolge «mystisch»-poetischer Zeugnisse einbezogen wurde, mag erstaunen. Aber man muß in das moderne Religions- und Weltanschauungs-Gespräch mit einer entsprechenden Weite des Horizonts eintreten. Gerade Goethe macht ein Zweifaches deutlich: Die Basis der Erfahrung wie die Poesie der Sprache. Auch Dionysios erweiterte doch den Horizont des Christlichen hin zum heidnischen Neuplatonismus.

Ähnliches ist in dieser oder jener Form Aufgabe des heutigen Christentums, eine Aufgabe, die Zeugnisse des Suchens nach dem Absoluten, auch wenn sie nicht mehr christlich sind, überaus ernst nehmen muß.

Mit dem Gedicht **Hans Arps** (204ff) wird deutlich, wie durchlässig die Grenze zwischen Mystik (Religion) und Poesie ist. Die Frage nach der Gottesbegegnung im «Gewand» (Jamme) von Naturerfahrung, von ethischem Verhalten, von zwischenmenschlicher Liebe usw. ist nicht nur akademisch. K. Rahner stellte sie unter das Stichwort «anonymer Christ»; man kann erweitern: «anonyme Gotteserfahrung».

Nicht in intellektueller Überheblichkeit und nicht in bornierter Beschränktheit, sondern nur in Ehrfurcht vor fremder Religiosität und vor dem «je größeren Gott» darf dem nachgegangen werden. So beginnt doch auch Dionysios seine «Theologia Mystika», die im Gespräch mit dem Neuplatonismus steht, mit einem Gebet.

Mit **Paul Celans** (212ff) erschütterndem Zeugnis wird diese Frage noch drängender. Einem deutschen Christen, der sich bewußt ist, wie sehr seine deutsche und seine christliche Vergangenheit sich an den Juden verging, kann es die Sprache verschlagen. Aber darf man nicht gerade hier wiederum auf die apophatische und zugleich hymnische Theologie des Dionysios verweisen! Ob seine Verse nicht Halt geben, auch mit Paul Celans «Psalm»-Singen und der Verneinung, der «Apophase» des biblischen Gottes umzugehen, und zugleich doch seiner Sinnerfahrung (von Gott?) gerecht zu werden?

Und dann darf man ahnen, daß Celans Erfahrung etwas von dem an sich hat, was Bernhard von Clairvaux[316] beschreibt als: «Rara hora et brevis mora», «selten und nur kurz».

Die beiden christlichen Zeugnisse aus der Moderne von **Eva Zeller** (219ff) und **Ernesto Cardenal** (226ff) sollte man miteinander und ineinander rezipieren. Sie bezeugen nämlich auch für heute die polare Spannweite der einen und einzigen christlichen Gotteserfahrung. Einerseits die kosmische Dimension, die alles umfaßt und Gott «in allen Dingen» begegnen und ihn erfahren darf. Doch zugleich die konkrete Botschaft von der Menschwerdung Gottes in Jesus Christus bis in die innerweltliche Sinnlosigkeit seines Kreuzes hinein.

Paulus verbindet beides in seiner Predigt, wenn er einerseits dem Christen eine fast esoterisch klingende Weltüberlegenheit zuschreibt:

> Der Geistbegabte beurteilt zwar alles,
> er selbst aber wird von keinem beurteilt. (1 Kor 2,15)

Und wenn er zugleich die Mitte und die Kraft für solche Aussagen aus dem Geheimnis Gottes zieht, das er findet in

> Jesus Christus, dem Gekreuzigten,
> den Juden ein Ärgernis, den Heiden aber eine Torheit.
> (1 Kor 1,23f)

Zum Schluß müssen noch **Hans Urs von Balthasar** mit seinem Lehrer **Henri de Lubac** erwähnt werden, die weitaus öfters, als es im Text erscheint, unsere Ausführungen gelenkt haben.

[316] McGinn (Anm. 305) III, 290. Bernhard benutzt die Formel des öfteren.

Daß ich Zeugnisse aus der abrahamitischen religiösen Tradition unter einer Überschrift anführen konnte, **Jalaluddin Rumi** (249ff), **Martin Buber** (251ff), **Teilhard de Chardin** (255ff), dient mir als Bestätigung dafür, daß kein distanzierter religiöser Liberalismus («Jeder soll nach seiner Façon selig werden»), sondern nur die Haltung dem religiösen Suchen der Menschen gerecht werden kann, die von der Wahrheit der eigenen Religion überzeugt ist und in ehrfurchtsvoller Offenheit[317] auf andere Überzeugungen hinhören kann. Diese Haltung von Standpunkt und Offenheit hat doch ihre Basis im Glauben an den «je größeren Gott», den Dionysios uns zeigt und über den zu schreiben er nur betend beginnen konnte.

So möge am Schluß ein Gebet zu diesem Gott stehen, das aus der Tradition der «Theologia Mystika» des Dionysios stammt. Mit ihm nämlich schließt der frühe Kommentar[318] zum Dreifaltigkeitslied Eckharts:

GRATIAS TIBI DEO,

qui per deificos tui luminis
superadventus
caelestium reserans cataractas
secretorum
mentes fidelium divinorum
irrigasti carismatum
fluentis et aeterni fulgoris
radium desiderantibus
indeficientem dei nationis
contulisti splendorem:

[317] S. meinen Aufsatz: Toleranz oder Ehrfurcht (Anm. 207).

[318] Bindschedler (Anm. 176) 158. Eigene Übersetzung: «Über-Ankunft» in Anlehnung an Dionysios; der «törichte Tod» wohl die asketische Absage an die Welt; «Gottesgeburt» («Natio» von «nasci») verbindet das mystische Thema mit dem Thema der «Vergöttlichung». Vgl. Deutsche Mystik, hgg., ausgewählt und übertragen von L. Gnädinger, München-Zürich ^{2}1994, 213-226.

QUIN IMMO
et post stultam mortem
   in talibus sapientiae
   eloquiis conantibus
divinos manifestavisti hymnos.
QUOS
   si ut indignum me contigisse
   accusat praesumptio,
devotio excuset.
AMEN.

DANK DIR, O GOTT!

Durch Deines Lichtes vergöttlichende
   Über-Ankünfte
hast du entbunden die Fluten der
   himmlischen Geheimnisse,
die Herzen der Gläubigen mit göttlichen
   Gnadengaben überschüttet,
denen, die des ewigen Lichtflusses
   Strahl ersehnen,
den unvergänglichen Glanz der Gottesgeburt
   zuteil werden lassen.
MEHR NOCH! Du hast denen,
die nach dem törichten Tod
   sich in so erhabenen Worten
   der Weisheit versuchten,
göttliche Hymnen geoffenbart.
SIE ALSO (wozu auch ich gehöre),
   wenn es unwürdig getan zu haben
   Anmaßung mich anklagt,
möge die fromme Hingabe entschuldigen.
AMEN.

PERSONENREGISTER